The World Bank Glossary

Glosario del Banco Mundial

Volume 2

Volumen 2

English—Spanish
Spanish—English

Inglés—Español
Español—Inglés

The World Bank
Washington, D.C., U.S.A.

Library of Congress Cataloging in Publication Data

The World Bank glossary = Glossaire de la Banque
   mondiale.

   Vol. 2 has parallel title: Glosario del Banco
Mundial.
   Contents: v. 1. English-French, French-English—
v. 2. English-Spanish, Spanish-English.
   1. World Bank—Language—Glossaries, etc.
2. Economic development—Dictionaries—Polyglot.
3. Economic assistance—Dictionaries—Polyglot.
4. Technical assistance—Dictionaries—Polyglot.
5. English language—Dictionaries—Polyglot.
I. International Bank for Reconstruction and
Development. II. Title: Glossaire de la Banque
mondiale. III. Title: Glosario del Banco Mundial.
HG3881.5.W57W67 1986   332'.042'03   86-15872

ISBN 0-8213-1733-4 (vol. 1)
ISBN 0-8213-1734-2 (vol. 2)

Table of contents / *Indice de materias*

World Bank Glossary

Foreword

This edition of the World Bank Glossary has been revised and expanded by the Terminology Unit of the Bank's Language Services Division, in close collaboration with the English and Spanish Translation Sections.

The Glossary is intended to assist the Bank's translators and interpreters, other Bank staff using Spanish in their work, and free-lance translators and interpreters employed by the Bank. For this reason, the Glossary contains not only financial and economic terminology and terms relating to the Bank's procedures and practices, but also terms that frequently occur in Bank documents, and others for which the Bank has a preferred equivalent. Although many of the terms, relating to such fields as agriculture, education, energy, housing, law, technology and transportation, could be found in other sources, they have been assembled here for ease of reference.

A list of acronyms occurring frequently in Bank texts (the terms to which they refer being found in the Glossary) and a list of international, regional and national organizations will be found at the end of the Glossary. A trilingual version of the Bank's organizational listing is available separately.

Comments and suggestions from users will be most welcome and should be addressed to:

Terminology Unit
Language Services Division
World Bank
1818 H Street, N.W.
Washington, D.C. 20433

Glosario del Banco Mundial

Prefacio

Esta edición del Glosario del Banco Mundial ha sido revisada y ampliada por la Unidad de Terminología de la División de Servicios Lingüísticos del Banco, en estrecha colaboración con las Secciones de Traducciones al Español y al Inglés.

El Glosario tiene por objeto ayudar a los traductores e intérpretes del Banco, a otros funcionarios que emplean la lengua española en su trabajo, y a los traductores e intérpretes independientes que el Banco contrata. Por esta razón, el Glosario contiene no sólo términos financieros y económicos y expresiones relacionadas con los procedimientos y prácticas del Banco, sino también ciertos vocablos que se presentan frecuentemente en sus documentos y otros para los cuales se prefiere una determinada traducción. Aunque muchos términos, pertenecientes a sectores como agricultura, educación, energía, vivienda, derecho, tecnología y transportes pueden encontrarse en otras fuentes, se han reunido aquí para facilitar la consulta.

Al final del Glosario se incluye una lista de abreviaturas de uso frecuente en los textos del Banco. Los términos a que corresponden esas abreviaturas se encontrarán en el cuerpo del Glosario. También al final hay una breve lista de organizaciones internacionales, regionales y nacionales.

La Unidad de Terminología ha preparado también una lista trilingüe de unidades orgánicas y títulos de cargos que se ha publicado separadamente.

Las observaciones y sugerencias de los usuarios, que se agradecen de antemano, deberán dirigirse a:

Terminolgy Unit
Language Services Division
World Bank
1818 H Street, N.W.
Washington, D.C. 20433
U.S.A.

English-Spanish Glossary
Glosario inglés-español

- A -

"A" loan	préstamo "A"
above quota	por encima de la cuota
above the line (item)	(partida) ordinaria
absolute poor	personas, grupos que viven en la pobreza absoluta
absorption accounting; full cost accounting	contabilidad de costo total
absorptive capacity	capacidad de absorción
abstract (of a publication)	extracto
academic research	investigación académica
accelerate a loan	exigir el reembolso anticipado de un préstamo; exigir el reembolso de un préstamo antes de su vencimiento
accelerated depreciation	depreciación acelerada, decreciente
accelerated recall [MOV]	reintegro acelerado
acceleration of maturity [IBRD]	aceleración, adelanto del vencimiento
acceptance; bank acceptance	aceptación bancaria
acceptance, accepting house [UK]	casa de aceptaciones
acceptance rate (by beneficiaries of a project)	tasa de aceptación
accession	accesión; adhesión; introducción [agricultura]

accommodation type

tipo de alojamiento

accountability

responsabilidad; rendición de cuentas

accounting

accounting *see also* accrual (basis) accounting; business accounting; cost accounting; current cost (value) accounting; double entry accounting; full cost accounting; general price level accounting; inflation accounting; job order accounting; management accounting; managerial accounting; single-entry accounting; social accounting matrix; standard cost accounting; stock accounting; time-adjusted

accounting entries; entries

asientos (contables)

accounting period

período contable; ejercicio contable

accounting practices

prácticas contables

accounting price

precio de cuenta

accounting procedure

método, procedimiento contable,
 de contabilidad

accounting rate of interest - ARI

tipo de interés contable - TIC

accounting ratio

relación de cuenta

accounting unit

unidad contable

accounts payable

cuentas por pagar

accounts receivable

cuentas por cobrar

accrual *see* nonaccrual status; overaccruals

accrual (basis) accounting

contabilidad según registro de derechos
 adquiridos u obligaciones contraídas;
 contabilidad en valores devengados

accruals

acumulaciones [acreencias;
 obligaciones]

accrued

accrued depreciation *see* accumulated depreciation

accrued income	ingresos devengados, acumulados
accrued interest	intereses devengados, acumulados
accrued liabilities	pasivo acumulado
accrued loan commissions	comisiones devengadas, acumuladas sobre préstamos
accumulated depreciation; accrued depreciation	depreciación acumulada
accumulated profit [accounting]	utilidades acumuladas

achievement *see also* educational achievements

achievement tests [education]	pruebas de aprovechamiento, de progreso escolar, de rendimiento; exámenes
acid-test ratio; liquid ratio; quick ratio	relación activo disponible-pasivo corriente
ACP countries [Lomé Convention]	países ACP (Africa, el Caribe y el Pacífico)
acquired immune-deficiency syndrome - AIDS	síndrome de inmunodeficiencia adquirida - SIDA
activity brief [EDI]	resumen de actividades previstas
adaptive research	investigación con fines de adaptación
additionality	adicionalidad
additional facility [ICSID]	mecanismo complementario
Ad Hoc Committee on the Valuation of Bank Capital [IBRD]	Comité Ad Hoc sobre la Valoración del Capital del Banco
adjustable peg [foreign exchange]	vínculo ajustable

adjustment | ajuste; reajuste
[adjustment *see also* agricultural sector adjustment loan; exchange adjustment; export adjustment loan; financial adjustment; industrial and trade policy adjustment; industrial and trade policy adjustment loan; price adjustment clause; sector adjustment loan; self-adjustment; Structural Adjustment Facility within the Special Disbursement Account; structural adjustment lending; translation adjustment]

adjustment aid	asistencia para fines de ajuste
admeasurement contract	contrato a precio unitario
administered price	precio administrado, controlado, impuesto
Administrative Council [ICSID]	Consejo Administrativo
administrative machinery	sistema, mecanismo administrativo
Administrative Manual Statement	documento del Manual Administrativo
ad valorem (customs) duty	derecho (aduanero) ad valórem

advance

advance account	cuenta de anticipos
advance deposit	depósito previo, anticipado
advance deposit requirements (on imports)	requisito de depósito previo, anticipado (a la importación)
advance repayment	reembolso anticipado

advanced

advanced export payments	pagos anticipados en, por concepto de exportaciones
advanced farmer	agricultor innovador
advanced studies	estudios avanzados, superiores, de perfeccionamiento
advanced training	formación avanzada, especializada; especialización

advocate [ICSID]	abogado
aeromagnetic survey	estudio aeromagnético; levantamiento aeromagnético
affiliate	institución afiliada; afiliada
affiliate bank	banco afiliado
affordability	accesibilidad financiera; capacidad de pago; capacidad de acceso a ...
affordability ratio; housing expenses/income ratio	relación gastos de vivienda-ingresos
afforestation	forestación [EE.UU.]; repoblación forestal [Reino Unido]
Africa Project Development Facility - APDF	Unidad de Preparación de Proyectos para Africa
Africa's Priority Programme for Economic Recovery, 1986-1990 - APPER	Programa de prioridades de Africa para la recuperación económica, 1986-1990

African

African Caucus (of the World Bank)	Grupo Africano (del Banco Mundial)

African Facility *see* Special Facility for Sub-Saharan Africa

African Management Services Company - AMSC	Compañía de Servicios de Gestión Empresarial para Africa
African Strategy Review Group [IBRD]	Grupo de Estudio de la Estrategia para Africa

agency line *see* credit line on an agency basis

agency securities, obligations [U.S.]	títulos de organismos federales; emisiones de organismos federales

agent *see also* billing agent; buying agent; extension agent; field agent; fiscal agent; procurement agent

agent [bank syndicate]	agente
agent [ICSID]	apoderado
agent bank	banco corresponsal; banco agente
aggregate	agregado; monto global
aggregate demand	demanda agregada, global
aggregate model	modelo agregado, global

aggregates *see* monetary aggregates

aggregative planning	planificación global, agregativa
aging schedule [accounts receivable]	estado, informe de cuentas por cobrar según fecha de vencimiento

agreement to reimburse *see* irrevocable agreement to reimburse; qualified agreement to reimburse

agribusiness; agroindustries; agro-based industry	agroindustrias

agricultural

agricultural credit intermediary	intermediario de crédito agrícola
agricultural extension	extensión agrícola
agricultural extension officer - AEO	agente de extensión agrícola; extensionista
agricultural production and export (apex) bank	banco, caja de crédito para la producción y las exportaciones agropecuarias
agricultural production and export (apex) cooperative	cooperativa de producción y exportaciones agropecuarias
agricultural sector adjustment loan - ASAL [World Bank]	préstamo para ajuste del sector agrícola

agriculturist	agrónomo; técnico agrícola
agro-based industry; agribusiness	agroindustrias
agro-economist	agroeconomista
agroforestry	agrosilvicultura
agroindustries; agribusiness	agroindustrias
agroprocessing	elaboración de productos agropecuarios
agroprocessing industries	industrias de elaboración de productos agrícolas; agroindustrias
agrosupport industry	industria de apoyo a la agricultura
air dried ton	tonelada en seco, secada al aire
airmag survey; aeromagnetic survey	estudio aeromagnético; levantamiento aeromagnético
alley cropping; strip cropping	cultivo en franjas
allocated costs	costos imputados

allocation

allocation of loan proceeds	asignación de los fondos del préstamo; distribución del importe, de los fondos del préstamo
allocation of net income	asignación de los ingresos netos
allocation, appropriation of profits	asignación de las utilidades; distribución de las utilidades
allocation of resources	asignación de los recursos; distribución de los recursos
allotment [budget]	asignación presupuestaria; crédito presupuestario

allowance for contingencies; reserve for contingencies	reserva para imprevistos, contingencias
allowance for depreciation; reserve for depreciation	reserva para depreciación
alternate [Executive Director, Governor]	Suplente
alternative [projects]	variante; opción [proyectos]; alternativa
alternative bid [procurement]	oferta alternativa
alternative energy	energía sustitutiva
amendment, amending agreement	convenio modificatorio
amendments to the Articles of Agreement	enmiendas al Convenio Constitutivo
amortization schedule	plan de amortización
animal husbandry	ganadería; cría de ganado, de animales; zootecnia
animal unit - AU	unidad de ganado
annotated agenda	temario anotado, comentado
Annual Meeting [ICSID]	Reunión Anual
Annual Meetings (of the Boards of Governors) of the World Bank and the International Monetary Fund	Reuniones Anuales (de las Juntas de Gobernadores) del Banco Mundial y del Fondo Monetario Internacional
annualization	cómputo sobre una base anual; anualización
annuity system [debt service]	sistema de pagos iguales de principal e intereses

annuity bond	bono perpetuo, de renta vitalicia
annuity-type repayment terms	condiciones de reembolso con pagos iguales de principal e intereses
anthracite; hard coal	antracita; carbón antracitoso
antidumping duty	derecho antidumping

apex (= agricultural production and export) bank, cooperative see agricultural production and export bank, cooperative

apex bank, institution	banco, institución principal
apex loan	préstamo principal
application for membership	solicitud de ingreso
application for withdrawal (from loan account or credit account)	solicitud de retiro de fondos (de la cuenta del préstamo o crédito)
application of funds	empleo, uso, utilización de (los) fondos
applied research	investigación aplicada
appraisal (technical and economic)	evaluación inicial (técnica y económica); evaluación previa; evaluación ex ante
appraisal mission	misión de evaluación inicial, previa, ex ante
appreciation (in value)	valorización
appropriate technology - AT	tecnología apropiada
appropriation [budget]	autorización presupuestaria [EE.UU]; crédito presupuestario; asignación presupuestaria

appropriation law [US]	ley del presupuesto
appropriation of profits; allocation of profits	asignación de las utilidades; distribución de las utilidades
aqua privy	letrina de pozo anegado
Arabian crude *see* light Arabian crude	
arbitrage *see* covered interest arbitrage; tax arbitrage	
Arbitral Tribunal [ICSID]	Tribunal de Arbitraje
arbitration clause	cláusula de arbitraje, compromisoria
Arbitration Rules [ICSID]	Reglas de Arbitraje
arbitrator [ICSID]	árbitro
area development	desarrollo subregional
arm's length	
arm's length contract	contrato entre iguales, entre compañías independientes
arm's length negotiation	negociación en pie de igualdad, entre iguales
arm's length price	precio de mercado, de plena competencia
arm's length principle	principio del trato entre iguales, entre compañías independientes
Articles of Agreement [IBRD, IDA, IFC, IMF]	Convenio Constitutivo
articles of incorporation	escritura de constitución
ash farming; burn-beating; burning	artiga; roza; roce

assessed income	renta presunta; ingreso imponible
assessment for tax *see* tax assessment	
asset and liability management [*see also* liability management]	administración de activos y pasivos
assets [*see also* capital assets; contingent asset; current assets; domestic asset formation; domestic assets; earning assets; fixed assets; foreign assets; intangible assets; liquid assets; nonperforming assets; performing assets; real assets; saleable assets; self-liquidating assets; sight assets; sundry assets; tangible assets; temporary assets]	activo(s); bienes
asset stripping	liquidación de activos
assignee	cesionario
assignment agreement	acuerdo de cesión
assignor	cedente
associated cost	costo asociado
associated crops, cropping	cultivo(s) asociado(s)
associated gas	gas asociado
attachment [commercial law]	embargo
Attitude Survey [IBRD]	encuesta de actitudes
attrition rate	tasa de desgaste, de eliminación, de atrición
audit	
audit, to	verificar, comprobar cuentas; auditar
audit [energy]	estudio de recursos energéticos [de un país]; examen del uso de la energía

audit [finance]	auditoría; verificación de cuentas; comprobación de cuentas
audit; management audit [management]	evaluación administrativa
audit [projects]	evaluación de los resultados

audit *see also* energy audit; internal audit; Joint Audit Committee; pass-through audit; project audit; project performance audit memorandum, report; tax audit

audit mission	misión de evaluación ex post

audit report *see* project performance audit report

audited statement of accounts	estado de cuentas verificado, auditado
auditor [*see also* management auditor]	auditor
authenticated specimen of signature	espécimen de firma autenticado; facsímil de firma autenticado
authority [IDA]; commitment authority	facultad para contraer compromisos
authority [legal]	autorización; facultad
authorized bank	banco autorizado
authorized positions [personnel]	cargos autorizados
authorized share capital	capital accionario autorizado
autoconsumption of food	producción de alimentos para consumo propio
automatic resetting mechanism [IFC]	mecanismo de reajuste automático (del tipo, de la tasa de interés)
availability [transportation]	disponibilidades (de equipo)
availability fee [IFC]	comisión de disponibilidad

average incremental cost - AIC [*see also* long-run average incremental cost]	costo incremental medio
avoidance *see* tax avoidance	
avoided cost	economía(s); reducción de costos
award [contracts]	adjudicación
award [ICSID]	laudo
awarding committee [contracts]	comité de adjudicación

- B -

"B" loan	préstamo "B"
background [education]	antecedentes (profesionales); formación
background noise	ruido de fondo
background paper	documento de antecedentes, de información básica
backhaul traffic	tráfico de regreso
backstopping	apoyo; servicios, mecanismos de apoyo
back-to-back credit	crédito con garantía de otro crédito
back-to-office report - BTO	informe sobre misión realizada
backup (underwriting) facility	mecanismo de suscripción de reserva
backup (underwriting) facility fee	comisión de garantía de compra
back value; netback value	ganancia neta
backward-forward integration, linkage	integración, vinculación vertical
backward integration, linkage	integración, vinculación regresiva
bad debt	deuda incobrable; deuda de pago dudoso
bail out, to	sacar de apuros

balance

balance, to (an account)	cuadrar (una cuenta)
balance carried forward	saldo traspasado

balance of payments *see* current balance of payments

balance of payments position	situación, posición de balanza de pagos
balance-of-system costs	costos de instalación y suministros
balance of trade; merchandise balance; trade balance	balanza comercial
balance sheet *see* consolidated balance sheet	
balances [cash]	saldos en efectivo; fondos en efectivo
balances held on a covered basis	saldos retenidos para cubrir operaciones a término, a plazo
balancing equipment	material complementario
balancing item, entry	partida compensatoria; contrapartida
balancing subsidy	subvención equilibradora
balloon loan	préstamo "balloon"; préstamo amortizable en su mayor parte al vencimiento
balloon payment	pago final, global
ballpark figure	cifra aproximada; dato aproximado
bankable assurances	seguridades aceptables para los bancos
bankable project	proyecto financiable (por el Banco)

bank

bank acceptance, bill; banker's acceptance	aceptación bancaria
bank examiner	inspector, superintendente de bancos

bank exposure	monto de los préstamos bancarios vigentes; monto de los préstamos desembolsados y pendientes; riesgo de los bancos
"Bank first" principle	principio de utilización de los fondos del Banco en primera instancia
"Bank last" principle	principio de utilización de los fondos del Banco en última instancia
bank money	dinero bancario
bank of issue; issuing bank	banco emisor, de emisión
Bank performance *see* performance	
bank rate [UK]	tipo, tasa oficial de descuento
banker's acceptance *see* bank acceptance	
banker's markup *see* gross earnings margin	
banker's spread *see* gross earnings margin	
Banking Advisory Panel [IFC]	Grupo de Asesores Bancarios
bar chart	gráfico, diagrama de barras
barefoot doctor	médico "descalzo"
barrels of oil equivalent - boe	barriles de equivalente en petróleo - bep
barrels per day of oil equivalent - bdoe	barriles diarios de equivalente en petróleo - bdep
barriers *see* tariff barriers	
barter terms of trade	relación de intercambio de trueque
basal dressing; bottom dressing	abono, estercoladura de base

base

base; road base [highways]	capa de base; base
base, baseline costs	costos básicos; costos iniciales [proyectos]
base course [highways]	capa intermedia, de base
base (lending) program [IBRD]	programa (de financiamiento) de base
base load [electricity]	carga de base, fundamental
base load station [electricity]	central de carga de base, fundamental
base year	año base

baseline costs *see* base costs

baseline data	datos básicos
baseline survey	encuesta básica; estudio básico

basic

basic account [balance of payments]	cuenta básica
basic education	educación básica
basic health care	atención básica de salud
basic research	investigación básica
basic skills	capacidades básicas; competencia básica; conocimientos básicos
basic subjects; core subjects	materias básicas
basin irrigation; level border irrigation	riego por compartimientos
basis point	centésimo de punto porcentual

basket unit of account	unidad de cuenta basada en una cesta de monedas
bearer bond	bono al portador
bear market	mercado bajista
"before-and-after" test	prueba de "antes y después"
beggar-my-neighbor policy	política de empobrecer al vecino
behest project	proyecto emprendido a instancias gubernamentales
bellwether (of economic trends)	indicador primario de las tendencias económicas
below the line (item)	(partida) extraordinaria
benchmark crude; marker crude	crudo de referencia
benchmark price; marker price	precio de referencia
beneficial interest	beneficio contractual; (derecho de) usufructo
beneficiation [minerals]	beneficio
benefit-cost ratio [US]; cost-benefit ratio [UK]	relación costos-beneficios

[see also entrepreneurial benefit-cost ratio; private benefit-cost ratio; social benefit-cost ratio]

benefits [social security]	prestaciones
benefit stream	serie de beneficios
benefit taxes [IBRD]	impuestos por beneficios
berth see multipurpose berth	
berthing capacity	capacidad de atraque

berth throughput	movimiento de mercancías en los muelles
"best effort" project [IBRD	proyecto en que se hará todo lo posible para lograr la participación de la mujer
"best efforts" sale	venta sin compromiso de garantía de emisión
betterment levy, tax	impuesto de valorización; impuesto sobre la plusvalía
beverage crop	producto agrícola para elaboración de bebidas
bias [economy; statistics]	tendencia; inclinación; sesgo; predisposición

bid

bid *see also* alternative bid; examination of bids; invitation to bid; lowest evaluated bid; model bid documents; takeover bid; unsuccessful bid

bid bond	fianza de licitación

bid documents *see* model bid documents

bid form	modelo de oferta
bid opening	apertura de ofertas
bid package	conjunto de bienes (obras, servicios, elementos) a licitar
bid price [contract]	precio de oferta
bid security	garantía de licitación
bid submission	presentación de ofertas
bidder (highest/lowest)	licitante (que somete la oferta más alta, más baja)

[*see also* highest bidder; lowest bidder; postqualification of bidders; prequalification of bidders; qualified bidder; second lowest bidder; successful bidder]

bidding *see* competitive bidding; competitive bidding in accordance with local procedures; component bidding; international competitive bidding; limited international bidding

bidding conditions	bases de licitación; pliego de condiciones de la licitación
bidding documents	documentos de licitación
billing agent	organismo agente de cobranza
bill of exchange	letra de cambio
bill of lading [*see also* through bill of lading]	conocimiento de embarque
bill of quantities [*see also* priced bill of quantities]	estimación cuantitativa
biochemical oxygen demand - BOD	demanda bioquímica de oxígeno - DBO
biochemical oxygen demand over five days - BOD5	demanda bioquímica de oxígeno en cinco días - DBO5
biodiversity	diversidad biológica
biogas plant	central (productora) de biogás
biomass energy	energía de biomasa; energía a partir de biomasa
biomass (power) plant, station	central (generadora) de energía a partir de biomasa; central a, de biomasa
birth control	control de la natalidad
birth spacing	espaciamiento de los nacimientos
bisque clause	cláusula de modificación parcial
black economy; underground economy; submerged economy; parallel economy	economía subterránea, paralela

black market	mercado negro, clandestino
blanket effect	efecto generalizado
blend country	país que puede obtener financiamiento combinado (del BIRF y la AIF)
blend financing	financiamiento combinado (del BIRF y la AIF)
blending (of flows)	combinación de financiamiento
blind trust	fideicomiso cuya composición es desconocida por el beneficiario; fideicomiso "ciego"
block release	licencia de tiempo completo
block trading	negociación de bloques de acciones
block train	tren bloque
blue chip; blue chip security	acción de primera clase; valor de primera clase
blueprint planning	planificación detallada

Board

Board of Directors [IFC, MIGA]	Junta de Directores
Board of (Executive) Directors; Executive Board [IBRD, IDA]	Directorio Ejecutivo
Board of Governors	Junta de Gobernadores [Banco, AIF, CFI]
Board seminar	reunión informal (del Directorio)
Boards of the Bank and the Fund	Directorios del Banco y del Fondo
body corporate; corporate body	persona jurídica

bond *see* annuity bond; bearer bond; bid bond; convertible bond; corporate bond; coupon bond; deep discount bond; development bond; discount bond; exit bond; floating rate bond; government bond; indexed bond; non callable; original issue discount bond; outstanding bonds; performance bond; perpetual bond; publicly issued; registered bond; serial bond; straight bond; Treasury bond; warrant bond; zero coupon bond

bonded

bonded area; free trade zone - FTZ	zona franca
bonded contractor	contratista con fianza, afianzado
bonded goods	mercancías en depósito, en almacén de aduanas
bonded industrial estate	zona industrial en régimen de franquicia aduanera
bonded warehouse	depósito, almacén de aduanas
bondholder	tenedor de bonos
bonding [customs]	depósito en almacén de aduanas
bonus clause [contracts]	cláusula sobre primas
bonus issue	dividendo en acciones
bonus share	acción recibida como dividendo
book value	valor contable, en libros
booster pump	bomba de refuerzo
booster (pumping) station	estación (de bombeo) de refuerzo, de rebombeo

border

border check, border ditch irrigation; strip irrigation	riego por tablares, por eras; riego por gravedad con retenes
border currency (unit)	(unidad de) moneda fronteriza

border industry	industria fronteriza
border irrigation; strip irrigation	riego por tablares, por eras; riego por gravedad con retenes

border point price *see* cost, insurance and freight port of entry/border point price

border price	precio en (la) frontera
border strip irrigation; strip irrigation	riego por tablares, por eras; riego por gravedad con retenes
border taxes	impuestos fronterizos

borrowing

borrowing capacity	capacidad de endeudamiento
borrowing cost	costo de los empréstitos
borrowing from the public	oferta pública; emisión ofrecida al público
borrowing pool [IBRD]	conjunto de empréstitos
borrowing rate; depositor rate of interest	tipo, tasa de interés sobre los depósitos; tipo, tasa pasivo(a)
bottleneck	estrangulamiento; *a veces*: congestión
bottleneck analysis	análisis de la capacidad limitante

bottom

bottom dressing; basal dressing	abono, estercoladura de base
bottom line	conclusión; resultado final
bottom out (of a recession)	pasar, superar el punto más bajo
bottom up (approach) [projects]	de abajo arriba

bracket creep, progression [taxation]	paso gradual a tasas impositivas más altas
brand name drug	específico; especialidad (farmacéutica)
brand name product	producto de marca registrada
breach of contract	incumplimiento de contrato; violación de contrato
breach of contract risk [MIGA]	riesgo de incumplimiento de contrato
bread grains	cereales panificables
breadwinner	sostén de la familia
breakbulk	carga fraccionada
break clause; escape clause	cláusula de salvaguardia, de elusión, de escape
breakdown	desglose; distribución
break-even analysis	análisis de punto muerto, de equilibrio
break-even point	punto muerto, de equilibrio
breed [livestock]	raza
breeder [agriculture]	genetista [especies vegetales]; criador; reproductor [ganadería]
breeder seed	semilla del mejorador

breeding

    breeding *see* plant breeding

breeding material	material genético, de mejora [especies vegetales]

breeding station [commercial breeding]	puesto de monta, de cubrición, de reproducción
breeding stock	(animales) reproductores
breeding unit	centro de genética ganadera
bridging arrangement, credit	disposiciones transitorias; financiamiento transitorio
bridging facility	mecanismo de financiamiento transitorio; servicio de financiamiento transitorio
brief, project	datos básicos de un proyecto
broad money	dinero en sentido amplio
broken cross rates [foreign exchange]	tipos cruzados dispares
broker	corredor (de cambio, de bolsa); agente (de cambio y bolsa)
brokerage	corretaje
brown coal	carbón bituminoso; lignito
Bruno ratio [*see also* modified Bruno ratio]	relación de Bruno
bubble-up effect	efecto de capilaridad, ascendente
bucket latrine	letrina de cubo

budget

> budget *see also* capital budget; cash budget; current budget; exchange budget; investment budget; Midyear Review; operating budget; partial budget; performance budget; program budget; special budget; unit activity (crop) budget; whole farm budget

budget amendment [U.S.]	enmienda presupuestaria presidencial

budget appropriation	autorización presupuestaria [EE.UU]; crédito presupuestario; asignación presupuestaria
budget authority	facultad presupuestaria
budget cuts	reducciones presupuestarias
budget deficit; budgetary gap	déficit presupuestario
budget estimates	proyecto de presupuesto; estimaciones presupuestarias
budget process	proceso presupuestario
budget surplus	superávit presupuestario
budgetary aid	ayuda presupuestaria, para el presupuesto

budgetary gap *see* budget deficit

budgeting *see* full budgeting; planning, programming, budgeting system; zero base budgeting

buffer fund	fondo de regulación, de estabilización
buffer stocks	existencias reguladoras
buffer stock scheme	plan de existencias reguladoras
built-in evaluation [projects]	evaluación incorporada en los proyectos
built-in stabilizers	elementos estabilizadores, automáticos, internos, intrínsecos
built-in tendency	tendencia intrínseca
bulk, in	a granel
bulk procurement	compra, adquisición en grandes cantidades, en grueso

bullet issue	emisión, empréstito reembolsable de una sola vez a su vencimiento
bull market	mercado alcista
bump integrator [highways]	integrador de irregularidades
bunching [see also debt bunching]	acumulación; congestión
bunching of maturities	acumulación de vencimientos
bund [see also contour bund]	dique; terraplén
bunker [coal]	carbonera
bunker; bunker oil	combustible para calderas, barcos
bunkering	aprovisionamiento de combustible [barcos]
buoyancy [economics] [see also tax buoyancy]	capacidad de reacción; dinamismo
buoyant demand	demanda intensa
buoyant market	mercado activo
burden sharing	participación en los costos, gastos [beneficiarios]; participación en la carga; distribución de la carga [donantes]
burn beating; ash farming	artiga; roza
burning [agriculture]; ash farming	artiga; roza
bush fallow	barbecho en maleza

business

business accounting	contabilidad de empresa, comercial
Business Advisory Council [IFC]	Consejo de Asesoría sobre Negocios
business community	medios, esferas, círculos empresariales, comerciales
business cycle	ciclo económico; coyuntura
business cycle policy	política coyuntural
business expenses	gastos de explotación, de operación
business plan	plan de actividades (empresariales)
business (profit) tax; corporate income tax [US]; corporation tax [UK]	impuesto sobre las utilidades
buyback agreement; take-out agreement	acuerdo de recompra
buyer credit; buyers' credit	crédito de compradores
buyer's market	mercado de compradores; mercado favorable a los compradores
buying agent [commodities]	agente comprador; agente de compras
buying rate of exchange	tipo de cambio comprador
bylaws	reglamento; a veces: estatutos
ByLaws [IBRD, IDA, IFC]	Reglamento

- C -

calendar quarter	trimestre del año civil
call	
call for capital; call of capital	requerimiento de capital
call in a loan, to	exigir el reembolso de un préstamo
call loan	préstamo a la vista
call money; day to day money; demand money; money at call	dinero exigible; dinero a la vista
call of capital *see* call for capital	
call option	opción de compra
call order contract	contrato de servicios ocasionales
callable (capital, subscription)	exigible
called up (share) capital; paid in (share) capital	capital pagado
calling in of a currency	retiro de una moneda de la circulación; desmonetización
calorie intake	ingestión de calorías
calving rate	tasa de parición
cancellation	condonación (de una deuda); anulación; cancelación
cancelled debt	deuda anulada

cap	tope; *a veces*: contrato, préstamo con interés tope
capability [urban development]	capacidad
capacity *see* rated capacity	

capital

capital *see also* commercial capital; domestic capital formation; equilibrating capital flow; equity capital; floating capital; foreign capital; frozen capital; General Capital Increase; gross fixed capital formation; incremental capital-output ratio; loan capital; marginal efficiency of capital; noncash working capital; official capital; overhead capital; paid-in (share) capital; paid-up capital; public (capital) expenditure; quasi-equity; recycling (of capital); return of capital; return on capital; return to capital; risk capital; seed capital; Selective Capital Increase; share capital; social overhead capital; uncalled capital; unimpaired capital; venture capital; volatile capital; working capital; World Bank Capital Markets System

capital account	cuenta de capital
capital adequacy	suficiencia de(l) capital
capital assets [accounting]; fixed assets	activos fijos; capital fijo
capital base	base de capital
capital budget	presupuesto de capital
capital consumption allowance	reserva para depreciación
capital cost	costo de inversión
capital deepening	aumento del capital con respecto al trabajo
capital deepening investment	inversión orientada a aumentar la eficiencia de la producción y reducir los costos
capital-deficit oil exporter	exportador de petróleo con déficit de capital
capital efficiency	productividad del capital; rentabilidad del capital

capital endowment	dotación de capital
capital equipment *see* capital goods	
capital expenditure; capital outlay	gasto(s) de capital; inversión en capital fijo
capital flight	fuga de capitales
capital flow; capital movement	corriente, flujo de capital
capital formation	formación de capital
capital gain	ganancia de capital; plusvalía
capital gains tax	impuesto sobre la plusvalía; impuesto sobre ganancias de capital
capital gearing ratio; gearing ratio	relación préstamos desembolsados y pendientes-capital y reservas [Banco Mundial]; relación pasivo-capital
capital goods; capital equipment	bienes de capital, de equipo
capital impairment	reducción del capital
capital inadequacy	insuficiencia de(l) capital
capital inflow	entrada, afluencia de capital
capital infrastructure	infraestructura (económica)
capital intensity	intensidad de capital
capital-intensive	con gran intensidad de capital; con uso intensivo de capital; con alto coeficiente de capital
capital investment	inversión (de capital)

capital-labor ratio	relación capital-trabajo
capital loss	pérdida de capital
capital market	mercado de capital(es)
Capital Markets System - CMS [World Bank]	Sistema de información del Banco Mundial sobre los mercados de capital
capital movement *see* capital flow	
capital outlay *see* capital expenditure	
capital-output ratio	relación capital-producto
capital position	posición de capital
capital recovery factor	factor de recuperación del capital
capital-service ratio	coeficiente, relación capital-servicio
capital stock	capital social; [para un país] capital nacional
capital structure	estructura de capital
capital supply	oferta de capital
capital-surplus country	país con superávit de capital; país superavitario
capital transfer	transferencia de capital
capital widening	ampliación del capital; aumento del capital
capital works	instalaciones físicas
capitalized expenses	gastos capitalizados; costos capitalizados
capitation approach [health financing]	sistema de capitación

capitation tax; poll tax; head tax	(impuesto de) capitación
career development	planificación del avance profesional
Caribbean Basin Initiative	Iniciativa para la Cuenca del Caribe

carrying

carrying capacity [pastures]	capacidad de carga; capacidad de sustento; capacidad ganadera
carrying capacity [transportation]	capacidad de acarreo
carrying cost, charge of capital	costo de inactividad del capital
carrying costs, charges [goods]	costo de mantenimiento en existencia
carryover loan	préstamo a corto plazo para salvar una dificultad temporal
carryovers	créditos, saldos que se traspasan; créditos, saldos traspasados
cascade tax	impuesto en cascada
case study	estudio de un caso práctico, de casos prácticos

cash

cash advance	anticipo de caja
cash balance; cash holdings; cash in hand; cash on hand	saldo de, en caja
cash (basis) accounting	contabilidad según registro de caja; contabilidad en valores de caja
cash basis, on a	según registro de caja

cash budget	presupuesto de caja
cash crop	cultivo comercial
cash deficit	déficit de caja
cash economy	economía monetaria
cash expenditures	gastos en efectivo
cash flow	flujo de fondos; corriente de fondos
cash forecast	previsiones de caja
cash generation; internal cash generation	recursos propios; recursos provenientes de las operaciones
cash grant	donación en efectivo
cash holdings *see* cash balance	
cash income	ingresos monetarios, en efectivo
cash inflows	afluencia de fondos; entradas de fondos
cash in hand *see* cash balance	
cash input [accounting]	aportación, aporte en efectivo
cash input [agricultural projects]	insumo de fondos en efectivo
cash management	gestión de caja
cash market; spot market	mercado al contado
cash on hand *see* cash balance	
cash payment	pago al contado; pago en efectivo
cash position	situación de efectivo, de liquidez
cash projections	proyección del flujo de fondos

casual labor	trabajadores ocasionales; mano de obra ocasional
catalytic role	función catalizadora
catch basin *see* catchment area	
catch crop	cultivo intercalado, intermedio
catchment area; catch basin	cuenca de captación; zona de captación [riego]; zona de captación, de influencia [educación, etc.]
cattle on the hoof	ganado en pie
cattle unit [*see also* tropical cattle unit]	unidad ganadera
caucus (of countries at Annual Meetings)	grupo
ceiling price	precio tope, máximo
center pivot sprinkle irrigation	riego por aspersión con pivote central
Central Bank Facility [IBRD]	Mecanismo para Inversiones de Bancos Centrales (en el BIRF)
centrally managed costs	costos, gastos centralizados
centrally planned economy (country)	economía de planificación centralizada; país con economía de planificación centralizada
central rate [exchange rates]	tipo de cambio central
certificate of deposit	certificado de depósito
certificate of payment	recibo; comprobante de pago

certified seed	semilla certificada
chain index	índice en cadena
chair [World Bank Executive Directors] *see* constituency	
chair representing ... [World Bank Executive Directors]	Representante de ...
changes in working capital statement; statement of changes in financial position	estado de flujo de fondos; estado de fuentes y utilización de fondos
channel [trade]	conducto, cauce, vía de comercialización
channel, river	cauce, lecho, canal de un río
charge; lien [legal]	cargo; gravamen
chargeback	cargo al usuario
charge number [currency pool]	número para fines de cargo de intereses
charges [utilities]	tarifas; cargos
chart *see* bar chart; chart of accounts; construction progress chart; flip chart; flow chart; performance chart; process chart; progress chart; scatter chart	
charter (of a company)	escritura de constitución; escritura social
charter party - c/p	contrato de fletamiento
chart of accounts	plan de cuentas
cherry picking	selección de lo mejor
chief economist	economista principal - Oficina Regional
child mortality [*see also* infant mortality]	mortalidad en la niñez [uno a cuatro años de edad]

cistern flush latrine	letrina de cisterna y sifón
civil service	administración pública; cuerpo de funcionarios públicos
civil works	obras civiles
claim	reclamación; demanda; exigencia; derecho; afirmación; etc.; acreencia [banca]; (título de) crédito [finanzas]

[*see also* financial claim; financial claims of Government]

claim [mining]	denuncio; concesión
claim (on resources)	utilización de recursos
Claims Committee [MIGA]	Comisión de Reclamaciones
clean coal	carbón limpio, libre de impurezas
clearance	autorización; compensación [cheques]; despacho aduanero; aprobación; espacio libre; luz [entre cuerpos]; despeje [transporte]

[*see also* slum clearance; tax clearance]

clearing [agriculture]	desmonte; desbroce
clearing house	cámara de compensación [bancos]; centro de intercambio de información
client country	país solicitante; país que recurre a los servicios del Banco
clinker	clínquer; clínker [fabricación de cemento]
closed-end investment company, fund; investment trust [UK]	sociedad de inversión con número de acciones fijo
closely-held corporation	empresa con pocos accionistas

close of business - c.o.b.	cierre de las actividades
closing date	fecha de cierre
closing stock [livestock]	número de animales al final del período contable
closure of the proceeding [ICSID]	conclusión de los procedimientos
club deal	operación concertada por, con un club bancario, consorcio
club loan	préstamo concedido por un club bancario, por un consorcio
cluster sampling	muestreo por conglomerados, grupos
coal	
coal-based fuel	combustible derivado del carbón
coal field	yacimiento de carbón
coal fired power station	central eléctrica a carbón, que utiliza carbón como combustible
coal gasification	gasificación del carbón
coal liquefaction	licuefacción del carbón
coarse grain(s)	cereales secundarios
coastal shipping	cabotaje
coastal state	estado ribereño, costero
coastal strip country	país de franja litoral estrecha
codetermination; comanagement; management participation system	cogestión; coadministración; sistema de participación en la gestión, administración
co-exposure [insurance]	riesgo conjunto

cofinanc(i)er	cofinanciador
cofinancing	cofinanciamiento
coinsurance *see* qualitative coinsurance; quantitative coinsurance	
coke oven gas	gas de horno de coque
coke oven plant	coquería
coking coal	carbón coquificable
colead manager	(banco) codirector [emisiones de bonos]
collateral	garantía
collateral financing	financiamiento con garantía
collect call; transfer charge call; reverse charge call	llamada de cobro revertido
collection of data	recopilación de datos
collection of taxes	recaudación de impuestos
collective self-reliance	autosuficiencia colectiva; confianza de la colectividad en sí misma
collegial management	administración colegiada
coloan	préstamo cofinanciado
comanagement *see* co-determination	
combined cycle [energy]	ciclo combinado
command area [irrigation]	zona bajo riego controlado
command economy; controlled economy	economía dirigida

commercial

commercial bills *see* commercial paper

commercial capital	capital comercial, en condiciones de mercado
commercial deposit [mining]	yacimiento rentable
commercial energy	energía comercial
commercial, commercialized GDP	PIB comercial
commercial lending	préstamos, financiamiento en condiciones comerciales
commercial paper; commercial bills	efectos comerciales; papel comercial; papeles de comercio
commercial production	producción a escala comercial
commission, to	encargar; encomendar; poner en servicio
commissioned company	empresa comisionista; compañía comisionista [emisiones de bonos]
commitment authority; authority [IDA]	facultad para contraer compromisos
commitment charge, fee	comisión por compromiso, por inmovilización de fondos
commitment deflator	deflactor de los compromisos
Committee of the Whole [IBRD]	Comité Plenario
Committee on Directors' Administrative Matters - CODAM	Comité sobre Cuestiones Administrativas Relativas a los Directores Ejecutivos
Committee on Staff Compensation Issues	Comité sobre Cuestiones Relativas a la Remuneración del Personal

commodity

commodity   producto básico, primario; bienes
[*see also* core commodities; international commodity agreements; international commodity organizations; non-food agricultural commodity; primary commodity; self-targeting (commodity)]

commodity agreement   acuerdo, convenio sobre un producto
                  básico, primario

commodity assistance   asistencia en especie

commodity loan   préstamo en especie

commodity producing countries, sectors países, sectores de producción primaria

commodity trade   comercio de productos básicos, primarios

common share; common stock; ordinary acción ordinaria
share; equity

community facilities; social   instalaciones comunitarias;
infrastructure   infraestructura social

community health services   servicios comunitarios de salud

community health worker - CHW   trabajador de salud de la comunidad

commuter   viajero frecuente o cotidiano (por
                  razones de trabajo, de negocios)

companion crops   cultivos simbióticos

comparative advantage   ventaja comparativa

compensation   indemnización; remuneración; compensación

competent court or other authority   tribunales competentes o cualquier
(to enforce awards) [ICSID]   otra autoridad (para ejecutar laudos)

competing claims (on resources)   competencia por la obtención de recursos

competitive bidding   licitación pública

competitive bidding in accordance with local procedures; local competitive bidding - LCB	licitación pública según procedimientos nacionales, anunciada localmente
competitive market	mercado de competencia, competitivo
complementarity	complementación; aspectos complementarios
complementary financing	financiamiento complementario
completely knocked down - CKD	completamente desmontado
completion certificate (of a project)	certificado de terminación
component (of a project)	elemento; componente
component bidding	oferta parcial
composite currency unit	unidad monetaria compuesta
composite mission	misión multidisciplinaria
composite peg [foreign exchange]	vínculo compuesto; vínculo a una combinación de monedas
composting	producción de abonos a partir de desechos
compound	
compound [West Africa]	recinto (ocupado por una familia extensa)
compound fertilizer; mixed fertilizer	fertilizante compuesto
compound interest	interés compuesto
compound rate of growth	tasa compuesta de crecimiento
compounding factor	factor de interés compuesto
comprehensive insurance	seguro contra todo riesgo

comprehensive planning	planificación global, integral
comprehensive school	escuela diversificada, polivalente
comptroler	contralor
compulsory saving	ahorro forzoso
computable general equilibrium (CGE) model	modelo computadorizado de equilibrio general

computer

computer *see* mainframe computer	
computer aided design - CAD	diseño con ayuda de computadoras
computer aided manufacture - CAM	fabricación con ayuda de computadoras
computer language	lenguaje de programación de computadoras
concealed, covert, disguised, hidden unemployment	desempleo encubierto, oculto, disfrazado
conceptual design	diseño conceptual

concessional

concessional; concessionary	concesionario; en condiciones concesionarias, muy favorables
concessional, concessionary aid	asistencia, ayuda en condiciones concesionarias, muy favorables
concessional, concessionary element	factor, elemento concesionario, de donación
concessional flow	corriente (de fondos) en condiciones concesionarias
concessional terms	condiciones concesionarias, muy favorables

concessionary *see* concessional

Conciliation Commission [ICSID]   Comisión de Conciliación

Conciliation Rules [ICSID]   Reglas de Conciliación

concurrent indicator   indicador contemporáneo

conditionality   condicionalidad

conditions of effectiveness   condiciones de entrada en vigor

conformed copy   ejemplar auténtico

consent (to jurisdiction) [ICSID]   consentimiento (a la jurisdicción)

conservation *see* energy conservation

consideration, for a *see* value, for

consideration [legal, economic]   contraprestación; compensación;
              honorario; pago

consolidated balance sheet   balance (general) consolidado

consolidated income statement   estado consolidado de ingresos y gastos

consolidate maturities   consolidar los vencimientos

consolidation, land   concentración parcelaria

consolidation (of companies)   fusión (mediante fundación de
              una nueva empresa)

consortium (for a country)   consorcio (de coordinación de la ayuda a
              un país)

conspicuous consumption   consumo suntuario, de ostentación

constant elasticity of substitution elasticidad constante de sustitución
 - CES

constant energy intensity	intensidad constante de utilización de energía
constant prices	precios constantes
constituency, chair of an Executive Director	país(es) representado(s) por un Director Ejecutivo; *a veces*: jurisdicción
constituent(s) of an Executive Director	país(es) representado(s) por un Director Ejecutivo; *a veces*: jurisdicción
constituent subdivision or agency (of a Contracting State) [ICSID]	subdivisión política u organismo público (de un Estado Contratante)
constructed value	valor calculado
construction progress chart	gráfico de ejecución de las obras
construction sector	sector, industria de la construcción
consulting firm	firma consultora, de consultores
consumables	bienes fungibles, de consumo

consumer

consumer [telecommunications]	usuario; abonado
consumer credit	crédito a los consumidores
consumer demand	demanda de los consumidores
consumer durables	bienes de consumo duraderos
consumer goods	bienes de consumo
consumer price	precio al consumidor
consumer price index - CPI	índice de precios al consumidor

consumer subsidy

subsidio a los consumidores; subvención a los consumidores

consumer surplus

excedente del consumidor

consumption conversion factor - CCF

factor de conversión basado en el consumo

consumption economy

economía de consumo

consumption rate of interest - CRI

tipo, tasa de interés del consumo - TICO

contact farmer [agricultural extension]

agricultor de enlace

containerization

uso de contenedores; contenedorización

contingencies

imprevistos

contingencies, physical

asignación para exceso de cantidades físicas

contingencies, price

asignación para alzas de precios

contingency allowance; reserve for contingencies

reserva para imprevistos, contingencias

contingency mechanism [IMF/World Bank]

mecanismo de emergencia

contingency plan

plan para situaciones imprevistas

contingent

contingent asset

activo disponible bajo ciertas condiciones

contingent commitment [IFC]

compromiso contingente [CFI]

contingent interest

interés condicional, contingente

contingent liability

pasivo contingente

contingent obligation	obligación contingente
contingent reserve	reserva para imprevistos
continuation rate [contraception]	tasa de continuidad de utilización
continuing education; lifelong education	educación permanente
continuous cropping	cultivo constante, continuo
Continuously Offered Longer-Term Securities - COLTS	valores a más largo plazo de oferta continua - COLTS
contour bund	dique en curva de nivel; terraplén en curva de nivel
contour farming	cultivo en curvas de nivel

contract

contract *see* arm's-length contract; breach of contract; breach of contract risk; call order contract; cost-plus fixed fee contract; cost-plus percentage fee contract; fixed cost contract; fixed term contract; lump sum contract; man-month contract; open-ended contract; percentage (fee) contract; performance contract; product in hand contract; production-sharing contract; program contract; risk contract; schedule contract; "slice and package" contract; subcontract; take-and-pay contract; take-or-pay agreement, contract; time-based contract; turnkey contract; unit price contract

contract documents	documentos contractuales
contract out, to	dar en contrato; contratar
contract price	precio contractual
Contracting State [ICSID, MIGA]	Estado Contratante
contractionary policy	política de contracción

contractor *see* bonded contractor; prime, principal, main contractor; subcontractor

contributory school *see* feeder school

control	lucha contra [enfermedades, desastres, etc.]; control; ordenación; etc.
controlled economy; command economy	economía dirigida
controlled flooding	anegación controlada
controlling interest	interés mayoritario
conurbation	conurbación
conventional energy	energía de fuentes convencionales
conventional terms	condiciones corrientes, comerciales, de mercado
Convention on the Settlement of Investment Disputes between States and Nationals of other States [ICSID]	Convenio sobre Arreglo de Diferencias Relativas a Inversiones entre Estados y Nacionales de Otros Estados
convergent indicator	indicador coincidente
conversion at par	conversión a la par
convertible bond	bono convertible
convertible debenture loan investment [IFC]	préstamo representado por obligaciones convertibles [CFI]
cooperative program	programa de cooperación
core	
core *see* drill core; dwelling core	
core commodities [IBRD]	principales productos básicos, primarios
core curriculum	currículo, plan de estudios común
core departments *see* core ministries	
core (working) hours	horario (de trabajo) básico

core housing; nuclear housing	unidad mínima de vivienda; vivienda mínima
core inflation	inflación básica
core ministries, departments	ministerios de hacienda y de planificación
core process [IBRD]	actividad básica
core project	proyecto básico
core staffing	dotación mínima de personal
core subjects; basic subjects	materias básicas
core working hours *see* core hours	

corporate

corporate body, institution	persona jurídica
corporate bond	bono de una empresa privada, de una compañía, de una sociedad anónima
corporate finance	gestión financiera de las sociedades
corporate income tax; business (profit) tax	impuesto sobre las utilidades
corporate management	dirección de la institución, empresa
corporate restructuring	reestructuración empresarial, de empresas
corporate sector	sector empresarial
corporate stocks	acciones
corporate structure	estructura social
corporate tax	impuesto a las sociedades; impuesto a las empresas
corporation tax [UK]; business (profit) tax	impuesto sobre las utilidades

correction *see* monetary correction

correspondent bank   banco corresponsal

corrugation irrigation   riego por corrugación; riego por surcos
                                                     pequeños y próximos

cost

    cost accounting   contabilidad de costos

    cost and fee contract *see* cost-plus fixed fee contract

    cost-benefit analysis   análisis de costos-beneficios

    cost-benefit ratio   relación costos-beneficios

    cost center   centro de costos

    cost-effective   eficaz en función de los costos;
                                                   eficiente y de costo mínimo

    cost-effectiveness   eficacia en función de los costos

    cost estimate   estimación de costos; presupuesto

    cost, insurance and freight - CIF   costo, seguro y flete - c.i.f.

    cost, insurance and freight (cif)   precio c.i.f./puerto de entrada
      port of entry/border point price

    cost overrun   costos superiores a los
                                                   previstos; sobrecostos

    cost-plus contract   contrato al costo más honorarios

    cost-plus fixed-fee contract;   contrato al costo más honorarios fijos
      cost and fee contract

    cost-plus percentage fee   contrato al costo más honorarios
      contract   porcentuales

cost-plus pricing system	sistema de determinación de precios en función del costo más honorarios
cost price	precio de costo
cost pricing	determinación del precio de costo; fijación de precios en función del costo
cost-push inflation	inflación provocada por el alza de los costos
cost recovery	recuperación de costos
cost sharing	participación en los costos; distribución de los costos
cost underrun	costos inferiores a los previstos; infracostos
costing	determinación de costos
cottage industry	industria familiar, casera, artesanal
counsel [ICSID]	consejero
counter-memorial [ICSID]	contramemorial
counterpart agency	organismo de contrapartida
counterpart funds	fondos de contrapartida
counterpart staff	personal, funcionarios de contrapartida
countertrade	comercio compensatorio
countervailing duty	derecho compensatorio

country

country assistance management - CAM administración de la ayuda a los países

country director Director del Departamento Geográfico ...

country economic and sector work - CESW estudios económicos y sectoriales de países

country economic memorandum - CEM memorando económico (sobre un país)

country economist economista (a cargo) de un país,
países

country exposure [IBRD] compromisos por países; préstamos (a un
país) desembolsados y pendientes

country implementation review - CIR examen de la ejecución de proyectos (en un país)

country loan [IBRD] préstamo para programas de un país, de países

country officer oficial de la División Central de Operaciones

country program paper - CPP documento programático (del Banco)
para un país

country sector memorandum memorando sectorial (sobre un país);
memorando sobre el sector de...

coupon bond bono con cupón

coupon equivalent yield rendimiento equivalente a un interés
nominal

coupon rate (of a bond) interés nominal; tasa de emisión

course *see* base course

course interchange [education] curso de elementos intercambiables

covenants [loan agreements] estipulaciones

cover *see* plant cover

coverage	cobertura; campo de aplicación; alcance
cover crop; nurse crop	cultivo protector, de cobertura
covered interest arbitrage	arbitraje de intereses con cobertura
covering memorandum	memorando de transmisión
covert unemployment; concealed unemployment	desempleo encubierto, oculto, disfrazado
crawling peg [rate of exchange]	vínculo móvil; ajuste gradual del tipo de cambio
creative financing	financiamiento innovador, imaginativo; formas novedosas de financiamiento

credit

credit *see also* back-to-back credit; financial credit

credit account [IDA]	cuenta del crédito
credit arrangements	acuerdos de crédito

credit balance *see* unspent credit balance

credit ceiling *see* credit limit

credit facilities	sistemas, mecanismos, servicios de crédito, crediticios
credit-in-kind	crédito en especie
credit limit; credit ceiling	límite, tope de crédito
credit line [IFC]	línea de crédito
credit line on an agency basis; agency line [IFC]	línea de crédito a través de un agente

credit multiplier	multiplicador del crédito
credit squeeze; credit tightening	restricción del crédito
credit standing	reputación en materia de crédito; crédito
creditworthiness	capacidad crediticia; solvencia
creep *see* grade creep	
creeping inflation	inflación progresiva
critical consumption level - CCL	nivel crítico de consumo - NCC
critical path method - CPM	método del camino crítico
cronyism	favoritismo; preferencia por los amigos; amiguismo
cropping intensity	intensidad de cultivo
cropping pattern	sistema de cultivo
crop production	producción agrícola, de cultivos
crops	cultivos; cosechas; productos agrícolas
crop year	año agrícola; campaña
cross bred progeny [livestock]	animales de cruza
cross-classification	doble clasificación; clasificación cruzada
cross-conditionality clause	cláusula de condicionalidad recíproca
cross-default clause	cláusula recíproca en caso de incumplimiento

cross-effectiveness clause	cláusula recíproca de entrada en vigor
cross elasticity	elasticidad cruzada
crossover discount rate; equalizing discount rate	tasa de actualización de equilibrio
cross price elasticity	elasticidad-precio cruzada
cross rate [see also broken cross rates]	tipo cruzado; tasa cruzada
cross-reference clause	cláusula de referencia
cross-sectional analysis	análisis transversal
cross-sectional data [econometry]	datos transversales
cross section sample	muestra representativa
cross subsidization	subvención cruzada; subsidio cruzado
crowding in	atracción; invasión
crowding out	desplazamiento
crude birth rate - CBR	tasa bruta de natalidad
crude death rate	tasa bruta de mortalidad
culled cow	vaca de desecho
cumulative charge number [currency pool]	número acumulado para fines de cargo de intereses
cumulative write offs	anulaciones, cancelaciones acumuladas en libros

currency

currency *see also* border currency; calling in of a currency; composite currency unit; domestic currency; 18% currency; 18% currency out on loan; eligible currency; Eurocurrency market; European currency unit; foreign currency; gold-pegged currency; hard currency; intervention currency; local currency; major currency

currency-hedged transaction	transacción cubierta contra riesgos cambiarios
currency liabilities	pasivos en moneda
currency mix	combinación de monedas

currency option bond *see* multiple currency option bond

currency pool	fondo común de monedas
currency swap	swap, intercambio de monedas
currency transfer risk [MIGA]	riesgo de transferencia de moneda
currency translation	traducción de monedas
currency unit	unidad monetaria

current

current account deficit	déficit en cuenta corriente
current assets	activo corriente; activo disponible y realizable a corto plazo
current balance of payments	balanza en cuenta corriente
current blend [IFC]	índice combinado de desempeño de la cartera
current budget	presupuesto ordinario, corriente
current cost (value) accounting	contabilidad según el costo (valor) de reposición

current (entry) value; replacement value; current cost [accounting]	valor de reposición
current exit value; exit value	valor de realización
current international payments	pagos internacionales corrientes
current liabilities	pasivo corriente; pasivo exigible a corto plazo
current maturities	vencimientos a menos de un año
current prices	precios corrientes
current ratio; working capital ratio	relación corriente [América Latina]; coeficiente de solvencia [Esp.]
current revenues	ingresos corrientes; ingresos fiscales corrientes
current terms, in	en términos, cifras corrientes
current value; current (entry) value	valor de reposición

current value accounting *see* current cost (value) accounting

current yield	rendimiento corriente
curriculum [*see also* core curriculum]	plan de estudios; currículo
custom retrofitting	modificación de productos fabricados en serie
customs duty bill	letra aduanera garantizada
customs valuation (practices)	(prácticas de) avalúo aduanero, de aduana

cutoff point (for Bank or IDA
  financing)

cutoff rate (of return) [projects]

límite (para la concesión de
  financiamiento de la AIF o del Banco)

tasa de rentabilidad aceptable,
  de desistimiento; tasa límite de
  rentabilidad aceptable

- D -

dam *see* diversion dam; earthfill dam; storage dam

data collection	recopilación de datos
Data on Consulting Firms - DACON	datos sobre firmas de consultores
dated information	información desactualizada
day release; block release	licencia de tiempo completo
day-to-day money; call money	dinero exigible; dinero a la vista
dead storage (capacity)	capacidad no utilizable
deadweight (losses)	(pérdidas de) peso muerto
deadweight tonnage - DWT	toneladas de peso muerto
deadwood equity	capital improductivo, inactivo

dealer *see* securities dealer

debenture	bono sin garantía específica; debenture [EE.UU]; bono con garantía de activos [Reino Unido]

[*see also* convertible debenture loan investment]

debt

debt bunching	acumulación de vencimientos
debt cancellation	anulación, condonación de una deuda
debt carrying capacity	capacidad de endeudamiento
debt conversion	conversión de la deuda

debt distressed country	país agobiado por la deuda
debt due	deuda vencida
debt equity conversion, swap	capitalización de la deuda; conversión de la deuda en capital
debt-equity conversion fund [IFC]	fondo de conversión de la deuda en capital; fondo de capitalización de la deuda
debt-equity ratio; debt-to-equity ratio; debt-to-capital ratio	relación deuda-capital; coeficiente de endeudamiento
debt-equity swap *see* debt equity conversion	
debt financing	financiación mediante endeudamiento
debt funding	financiamiento de la deuda
debt outstanding and disbursed - DOD	deuda desembolsada y pendiente
debt overhang	deuda pendiente
debt ratio	relación de endeudamiento
debt relief	alivio de la carga de la deuda
debt rephasing; rescheduling of debt	reprogramación (del servicio) de la deuda
debt reporting system [World Bank]	Sistema de notificación de la deuda al Banco Mundial
debt representation letter	carta de declaración de la deuda externa
debt rescheduling; rescheduling of debt	reprogramación (del servicio) de la deuda
Debt Restructuring Facility - DRF	servicio de reestructuración de la deuda
debt retirement	rescate de la deuda

debt sales	descuento de instrumentos de deuda
debt security	garantía de una deuda
debt service coverage	cobertura de servicio de la deuda
debt-service ratio	relación del servicio de la deuda
debt service requirements	obligaciones relacionadas con el servicio de la deuda
debt service schedule	calendario del servicio de la deuda
debt servicing capacity	capacidad para atender el servicio de la deuda
debt-to-capital ratio *see* debt-equity ratio	
debt-to-equity ratio *see* debt-equity ratio	
debt work-out program [World Bank]	programa de reestructuración de la deuda
debtor reporting system [World Bank]	Sistema de notificación de la deuda al Banco Mundial
decapitalize	descapitalizar
decision-maker	persona responsable de adoptar decisiones
decision-making body	órgano decisorio, de decisión
decision-making power	facultad decisoria, de decisión
Declaration of Environment Policies and Procedures Relating to Economic Development	Declaración sobre Políticas y Procedimientos Ambientales Relativos al Desarrollo Económico
declining balance method; reducing charge method	sistema (de amortización, de depreciación) de saldo decreciente

deduction *see* tax deduction

deed of trust

escritura de constitución de deuda;
 escritura de fideicomiso

deep

   deep discount bond, note

bono de descuento intensivo

   deep market

mercado muy activo

   deep sea fishing

pesca de altura

   deep water port

puerto de aguas profundas

deepening *see* capital deepening; capital deepening investment; financial deepening

deepening of the industrial
 structure

modernización de la estructura industrial

default [ICSID]

rebeldía (únicamente en el
 sentido del Art. 45[2] del
 Convenio)

default on obligations

incumplimiento de obligaciones

deferred charges, expenses

cargos diferidos; gastos diferidos

deferred depreciation

depreciación diferida

deficiency *see* vitamin deficiency

deficit country

país deficitario

deficit financing

financiación con, mediante
 déficit presupuestario

deflate, to

deflactar

deflation

deflación

deflationary gap

brecha deflacionaria

deflator	deflactor

[*see also* commitment deflator; GNP price deflator; implicit deflator; implicit gross domestic product deflator]

deforestation	deforestación
degree of concessionality	medida en que la asistencia es concesionaria, muy favorable
degressive scale	escala decreciente
dehusking; husking	descascarar; deshojar
delegation of authority	delegación de atribuciones, facultades
delink, to [foreign exchange]	desvincular
delinquent taxes	impuestos en mora
delivered energy	energía entregada
delivery (of a contract)	formalización; perfeccionamiento
delivery system; supply system	sistema de prestación, de suministro (de un servicio); sistema, red de distribución, de reparto

demand

demand deposit	depósito a la vista
demand management	gestión, regulación de la demanda
demand money; call money	dinero exigible; dinero a la vista
demand note	pagaré a la vista
demand-pull inflation	inflación producida por la presión de la demanda
demand shift	desplazamiento de la demanda

demonstration

demonstration activity	operación, actividad de demostración
demonstration effect	efecto de demostración
demonstration plot	parcela de demostración
demonstration school; laboratory school; model school; practice school	escuela de aplicación; escuela experimental
dendrothermal power plant	central eléctrica dendrotérmica
denominated in (dollars, etc.)	expresado; denominado
departmentalization [education]	departamentalización, división de la enseñanza
dependency allowance	asignación por cargas familiares, por persona a cargo
dependency ratio	relación de dependencia (por edades)
dependent	persona a cargo; carga familiar
depletion allowance, reserve	asignación por agotamiento; reserva por agotamiento
deposit *see* geothermal deposit	
deposit liabilities	obligaciones en, por concepto de depósitos
depositor rate of interest; borrowing rate [banks]	tipo, tasa de interés sobre los depósitos; tipo, tasa pasivo(a)
depository bank	banco depositario

depreciation *see* accelerated depreciation; accumulated depreciation; allowance for depreciation; deferred depreciation; straight-line depreciation

depreciation allowance	asignación, reserva para depreciación, amortización
depreciation on a straight line; straight line depreciation	amortización (depreciación) lineal, constante, de cuotas fijas
depressed industry	industria en decadencia, en crisis
Deputy [Development Committee; IDA]	Suplente
Deputy Secretary General [ICSID]	Secretario General Adjunto
deregulate	desreglamentar

design

design	diseño; idea; creación; proyecto; plano; modelo; concepto; etc.

[*see also* conceptual design; detailed design; engineering design; preliminary design; project design]

design capacity	capacidad nominal, de diseño
design engineering	ingeniería de diseño
design speed	velocidad de diseño, nominal
design standards	normas de diseño
Designating Authority (of Panel Members) [ICSID]	Autoridad que efectúa la designación
designer	proyectista; diseñador
desk officer	funcionario encargado de un país
desk study	estudio documental, de referencia
desktop publishing	edición, publicación mediante microcomputadora
destination check charges	cargos por comprobación de destino

destination taxes	impuestos según mercado final
detailed design, engineering	diseño detallado; estudios técnicos detallados; planos técnicos detallados
deterrent	factor, elemento de disuasión, disuasivo
developing island country	país insular en desarrollo

development

development	desarrollo; fomento; aprovechamiento; evolución; preparación; elaboración; bonificación; urbanización; explotación; mejoramiento; auge; progreso; adelanto; acontecimiento; invención; creación; avance; nueva circunstancia; nueva situación; etc.

[*see also* area development; engineering development; Evaluation Capability Development Program; land development; letter of development policy; management development; manpower development; site development; skills development; staff development; whole farm development; World Development Indicators]

development area	zona en desarrollo
development bank	banco de desarrollo, de fomento
development bond	bono de desarrollo
Development Committee	Comité para el Desarrollo
development credit agreement [IDA]	convenio de crédito de fomento
development drilling	perforación de explotación
development finance company - DFC	institución financiera de desarrollo
development finance institution - DFI	institución financiera de desarrollo

development period (of a project, of a company)	fase, etapa inicial
development planner	planificador del desarrollo
development planning	planificación del desarrollo
diagnostically related group - DRG	grupo de enfermedades afines
diesel fuel; diesel oil	(combustible) diesel; gasóleo
diesel (fired) power plant	planta eléctrica diesel; central eléctrica diesel
dilution *see* stock dilution	
diminishing returns [*see also* law of diminishing returns]	rendimientos decrecientes
dip [stockbreeding]	baño
dipping tank	tanque de inmersión
direct contracting [procurement]	contratación directa
direct costing	cálculo de costos directos; determinación de costos directos
directed credit	crédito dirigido
directed economy; controlled economy	economía dirigida
direction of lending	distribución del financiamiento (entre los países)
directly unproductive profit seeking (DUP) activities	actividades con fines de lucro directamente improductivas
direct shopping [procurement]	compra directa
disadvantaged group	grupo desfavorecido

disbursement

    disbursement deflator   deflactor de los desembolsos

    disbursement letter   aviso, notificación de desembolso

    disbursement officer   oficial de desembolsos

disclaimer   declinación de responsabilidad

discontinuance [ICSID]   desistimiento (únicamente en el sentido del Art. 45 del Convenio)

discount

    discount   descuento
    [*see also* exchange discount]

    discount, to [finance]   descontar; actualizar

    discount bond   bono descontado

    discount factor   factor de descuento, actualización

    discount note   pagaré descontado

    discount rate [central bank]   tasa, tipo de redescuento

    discount rate [project appraisal; securities]   tasa de actualización
    [*see also* shadow discount rate; social rate of discount]

    discount window [central bank]   redescuento

discounted cash flow (DCF) method   método de actualización de los flujos de fondos

discretionary income   ingreso discrecional

discretionary spending   gasto discrecional

discussion paper	documento de trabajo

disease *see* pest and disease control; vectorborne disease; water-based disease; waterborne disease; water-washed disease

diseconomies	deseconomías
disestablish	suprimir
disguised unemployment; concealed unemployment	desempleo oculto, encubierto, disfrazado
dishoarding	desatesoramiento
disincentive	desincentivo
disinflation	desinflación
disinflationary	desinflacionario
disintermediation	desintermediación
disinvestment	desinversión
disposable income	ingreso disponible

disposal *see* waste disposal

dispose (of) for value, to	enajenar a título oneroso
disqualification [ICSID]	recusación
dissaver	ahorrador negativo
dissaving	desahorro; ahorro negativo
distance learning, teaching	enseñanza a distancia; educación a distancia
distress borrowing	endeudamiento forzoso

distressed loan	préstamo (que se halla) en dificultades
distress price	precio de necesidad
distress sale, selling	venta de bienes embargados, secuestrados; venta a cualquier precio, de urgencia
distributional weight	ponderación distributiva
disutility	desutilidad
diversion dam	presa, represa de derivación
divestiture	cesión; traspaso de intereses; venta (de una empresa); desposeimiento
dividend *see* stock dividend	
dockage *see* wharfage	
documentary credit	crédito documental
documentary evidence	pruebas documentales
dollar gap	escasez de dólares
dollarization	dolarización
domestic	
domestic asset formation; domestic capital formation	formación interna de capital
domestic content	contenido de origen nacional
domestic currency	moneda nacional
domestic economy	economía interna, nacional
domestic finance studies	estudios sobre finanzas nacionales

domestic preference; preference margin; margin of preference [procurement]	margen de preferencia a empresas nacionales; preferencia por los productos nacionales
domestic resource cost - DRC	costo en recursos internos
domestic savings	ahorro interno
domestic value added	valor agregado, añadido en el país
donor country	país donante

double

double cropping; sequential cropping	cultivos dobles; cultivos sucesivos
double-day phenomenon	fenómeno de la doble tarea (de la mujer)
double digit inflation; two digit inflation	(tasa de) inflación de dos dígitos; inflación de 10% o más
double entry accounting	contabilidad por partida doble
double factorial terms of trade	relación de intercambio de dos factores
double shift teaching system	enseñanza en doble jornada, de doble turno
double taxation	doble tributación, imposición
double-weighted borrowing cost [IBRD]	costo de los empréstitos con doble ponderación
doubtful debt	deuda dudosa, de cobro dudoso
downgrade (a loan)	rebajar de categoría
down payment (on the budget deficit)	reducción inicial

downsize	reducir de tamaño
downstream effect, benefit	efecto (o beneficio, etc.) mediato
downstream innovations	innovaciones inducidas por el usuario
downstream plant, facilities	planta de elaboración secundaria [petróleo]; instalaciones de elaboración, transporte y distribución
downswing	fase descendente, de contracción; movimiento descendente
down time	tiempo de inactividad
downturn (economic)	iniciación de la fase descendente; cambio desfavorable de la coyuntura
downward trend	tendencia descendente
drainage system *see* storm water drainage system	
draw, to (funds)	girar, retirar, utilizar fondos
drawback [customs]	reintegro
drawdown	disminución; reducción; giro; utilización
drawdown of equity	utilización del capital
dressing *see* basal dressing; surface dressing; top dressing; window dressing	
dressing section, hall [slaughtering]	sección de evisceración
dribble irrigation *see* drip irrigation	
drill core	testigo
drilling	perforación
drilling rig, platform *see* oil (drilling) rig	

drip irrigation; dribble irrigation; trickle irrigation	riego por goteo
droppage [IFC]	abandono; renuncia
drop out [education]	desertar; deserción; desertor escolar
dropout rate [education]	tasa de deserción
drought stress	tensión debida a la sequía
drug *see* brand name drug; generic drug	
dry farming; dryland farming	cultivo de secano
dry process [cement manufacture]	elaboración, fabricación por vía seca
dual executive director	director ejecutivo con doble función (en el BIRF y el FMI)
dual-purpose cattle	ganado de doble finalidad
dummy variable	variable ficticia, artificial, simulada
dumping	dumping
dung cake	torta de estiércol
durable goods; durables	bienes duraderos
dutiable	sujeto al cobro, al pago de derechos
duty-free	libre, exento de derechos
duty station	lugar de destino
dwelling core	núcleo habitacional; vivienda mínima
dynamic life index [commodities]	índice de vida dinámica

- E -

early (maturing) [crops]	de maduración temprana, precoz
early retirement scheme	plan de jubilación anticipada
early warning system	sistema de alerta anticipada
earmark, to (funds)	consignar, destinar (fondos) para un fin determinado
earmarked account	cuenta reservada, especial
earmarked tax	impuesto para fines específicos
earned income	ingreso(s) proveniente(s) del trabajo; *a veces*: ingreso(s) salarial(es)
earned surplus	utilidades no distribuidas
earning assets	activos productivos
earning power	rentabilidad; capacidad de obtención de ingresos
earnings	ingreso(s); ganancia(s); utilidad(es); remuneración
earthfill dam	presa, represa de terraplén
earth resources satellite	satélite de exploración de los recursos terrestres; satélite para el estudio de los recursos terrestres
earth road	camino de tierra
ease, monetary	relajación monetaria; flexibilidad monetaria

easy money	dinero barato, abundante
economic	
economic and sector work - ESW	estudios económicos y sectoriales
economic indicator	indicador económico
economic internal rate of return *see* economic rate of return	
economic life	duración, vida útil
economic man	homo economicus
economic management	gestión económica, de la economía
economic performance	comportamiento, actuación, desempeño de la economía
economic policy note	nota sobre política económica
economic price; efficiency price	precio económico; precio de eficiencia
economic rate of return - ERR; economic internal rate of return - EIRR	tasa de rendimiento económico, de rentabilidad económica
economic recovery loan - ERL [World Bank]	préstamo para recuperación económica
economic rent	renta económica
economies of scale	economías de escala
edit (texts for publication)	editar
edited by	compilado por
editor	editor (de un texto); compilador (de una colección de textos); coordinador, encargado de una edición; redactor jefe

educational achievements	resultados escolares
educational background	antecedentes académicos; formación
educational material	material didáctico

effective

effective *see also* cost effective

effective date	fecha de entrada en vigor
effective exchange rate [*see also* real effective exchange rate]	tipo de cambio efectivo
effective interest rate	tipo, tasa de interés efectivo(a)
effective protection coefficient - EPC	coeficiente de protección efectiva

effectiveness *see* conditions of effectiveness; cost effectiveness

effectiveness of an agreement	entrada en vigor de un convenio
effects method [project appraisal]	método de los efectos

efficiency

efficiency price; economic price	precio económico; precio de eficiencia
efficiency price; efficient price; long-run marginal cost [electricity]	costo marginal a largo plazo
efficiency unit	unidad de eficiencia
efficiency wage	salario de eficiencia
18% currency [IBRD maintenance of value]	monto(s) del 18% (pagado(s) por un miembro en su moneda)

18% currency out on loan [IBRD maintenance of value]

montos del 18% en préstamo

elasticity of demand

elasticidad de la demanda

elasticity of substitution [*see also* constant elasticity of substitution]

elasticidad de sustitución

elastic money

dinero elástico

electronic funds transfer - EFT

transferencia electrónica de fondos

eligibility; eligibility conditions

habilitación; requisitos, condiciones que deben cumplirse

eligibility to bid

habilitación para participar en una licitación

eligible

    eligible currency

moneda admisible

    eligible expenses

gastos admisibles, aceptables, financiables

    eligible paper

efectos, valores negociables

    eligible source country

país de origen calificado

emergency reconstruction loan - ERL

préstamo para reconstrucción de emergencia

emerging markets [securities]

mercados incipientes

Emerging Markets Growth Fund [IFC]

Fondo de Inversión en Mercados Incipientes

eminent domain

dominio eminente; derecho de expropiación

enabling legislation	ley(es) que autoriza(n); autorización legislativa
encashment [IDA]	conversión en efectivo
enclave project	proyecto enclave
end-of-mission document	informe de fin de misión
end use (of a commodity)	uso final
end use (energy) efficiency	eficiencia del uso final de la energía
end use tax	impuesto según uso final

energy

energy *see also* alternative energy; biomass energy; commercial energy; constant energy intensity; conventional energy; net energy ratio

energy affiliate	organismo de energía afiliado al Banco; organismo afiliado de energía
energy assessment	evaluación de recursos energéticos
energy audit	estudio de recursos energéticos [de un país]; examen del uso de la energía
energy cascading	utilización escalonada de energía
energy conservation	conservación, ahorro de energía
energy cropping	cultivos para fines energéticos
energy-efficient	eficaz en el uso de la energía
energy-intensive	de uso intensivo de energía
energy lending	financiamiento para energía

Energy Sector Assessment Programme [IBRD/UNDP]	Programa de evaluación del sector de la energía
Energy Sector Management Assistance Programme - ESMAP [IBRD/UNDP]	Programa de asistencia para la gestión en el sector de la energía
engineered road	camino trazado técnicamente

engineering

engineering *see also* design; design engineering; detailed design, engineering; environmental engineering; financial engineering; heavy (engineering) industry; preliminary design, engineering

engineering consultant	ingeniero consultor
engineering design	diseño técnico
engineering development	desarrollo técnico
engineering industry	industria técnica, mecánica, metalmecánica
engineering, preliminary	diseño técnico preliminar
engineering studies	estudios técnicos, de ingeniería
enhanced recovery [oil]	recuperación mejorada
enrollment ratio	tasa de matrícula; coeficiente de matrícula
[*see also* gross (primary) enrollment ratio]	
enrollments	matrícula; número de alumnos matriculados
entrepreneur	empresario
entrepreneurship	capacidad, espíritu empresarial
entrepôt trade	comercio de reexportación

entrepreneurial benefit-cost ratio - EBC	relación costos-beneficios empresariales, de las empresas
entries *see* accounting entries	

environmental

environmental degradation	deterioro del medio ambiente; degradación ambiental
environmental engineering	ingeniería ambiental, del medio ambiente
environmental health, sanitation	higiene ambiental; saneamiento ambiental
environmental impact assessment	evaluación de efectos ambientales
epidemic disease [livestock]	epizootia
equalization fund	fondo de igualación, de equiparación
equalizing discount rate; cross-over discount rate	tasa de actualización de equilibrio
equalizing rate of return	tasa de rentabilidad de equilibrio
equilibrating capital flow	corriente de capital equilibradora
equilibrium exchange rate	tipo de cambio de equilibrio
equilibrium income	ingreso(s) de equilibrio
equilibrium model *see* computable general equilibrium model	
equipment	equipo(s); material (de transporte)
equipment grant	donación en, para equipos

equity

equity	capital (social, accionario); patrimonio (neto); acciones; equidad

[*see also* capital; deadwood equity; debt-equity conversion, swap; debt-equity conversion fund; quasi-equity; real estate equity; stockholders' equity]

equity; common share [stock exchange]	acción ordinaria
equity capital; capital stock (of a corporation)	capital social, accionario
equity feature [IFC]	opción a participar en el capital social; préstamo convertible en acciones de capital [CFI]
equity financing, investment	inversión, participación en (el) capital social
Equity Fund of Brazil	Fondo de inversión en acciones brasileñas
equity grant	donación en capital
equity-like instrument	instrumento financiero con características patrimoniales
equity line [IFC]	línea de capital accionario
equity loan	préstamo en forma de participación en el capital
equity ownership	participación en el capital social
equity portfolio fund	fondo de inversiones de cartera
equity ratio	relación capital-activo
equity subscription [IFC]	suscripción de capital social, de capital accionario

equity-type loan

préstamo con características de
contribución al capital social

equity underwriting

compromiso de suscripción de acciones

escalation *see* price adjustment clause; tariff escalation

escalation clause [prices]

cláusula de reajuste (de los precios)

escalator clause [wages]

cláusula de escala móvil

escape, break, jeopardy clause

cláusula de salvaguardia, de elusión,
de escape

escrow account

depósito en custodia

estimates of quantities *see* preliminary estimates of quantities

Eurobonds

eurobonos

Eurocurrency market

mercado de eurodivisas

Eurodollars

eurodólares

Euroissues

euroemisiones

European Currency Unit - ECU

unidad monetaria europea - ECU

European flotations

emisiones (de obligaciones) en Europa

European Unit of Account - EUA

unidad de cuenta europea - UCE

Eurosterling

euroesterlina

evacuation road

camino de salida

evaluated portfolio [IFC]

valor estimado de la cartera

evaluation [projects]

evaluación ex post

Evaluation Capability Development
Program [IBRD]

Programa de Desarrollo de la Capacidad
de Evaluación Ex-Post

evaluation mission; audit mission	misión de evaluación ex post
evidence [ICSID]	prueba; medio de prueba
examination (of witnesses or experts) [ICSID]	interrogatorio; examen
examination of bids	análisis de las ofertas
examiner *see* bank examiner	
ex ante evaluation	evaluación previa, ex ante
ex ante financing gap	brecha financiera ex ante
excellence center [education]	centro de excelencia
excess capacity	excedente de capacidad; capacidad excedentaria

exchange

exchange *see also* foreign exchange	
exchange adjustment	ajuste cambiario
exchange allocation	asignación de divisas
exchange arbitrage	arbitraje de cambios
exchange budget	presupuesto de divisas
exchange control regulations	disposiciones de control de cambios
exchange cost	costo en divisas
exchange discount	descuento cambiario; pérdida cambiaria
exchange equalization account	cuenta de igualación de tipos de cambio
exchange market *see* foreign exchange market	

exchange premium	prima, ganancia cambiaria
exchange rate differential	diferencia(s) de tipos de cambio
exchange rate policy	política cambiaria
exchange risk	riesgo cambiario
exchange stabilization fund	fondo de estabilización cambiaria
exchange system	régimen, sistema cambiario
excise tax	impuesto al consumo
exclusive economic zone - EEZ	zona de soberanía económica
execute an agreement, to	celebrar, firmar un convenio, un acuerdo
executing agency [UNDP]	organismo de ejecución

executive

Executive Board; Board of (Executive) Directors [IBRD; IDA]	Directorio Ejecutivo
Executive Director	Director Ejecutivo
Executive Directors/Management Ad Hoc Committee on Budget Processes - COBP	Comité Ad Hoc de los Directores Ejecutivos y la Administración sobre Cuestiones Presupuestarias
[Executive Directors'] Committee on Cost Effectiveness and Budget Practices	Comité [de los Directores Ejecutivos] sobre Eficicacia en Función de los Costos y Prácticas Presupuestarias
Executive Project Summary - EPS [IBRD]	Resumen del Proyecto
executive summary	resumen

ex factory price; price ex factory; factory gate price	precio en fábrica
exhaustion of local administrative or juridical remedies [ICSID]	(exigir) el agotamiento previo de las vías administrativas o judiciales (de un Estado
exit bond	bono de exclusión
exit value; current exit value; net realizable value [UK] [accounting]	valor de realización
ex-officio [ICSID]	ex officio
expansionary policy	política expansionista
expatriate	expatriado
expectation [mathematics] *see* expected value	
expected value	valor esperado
expendable equipment	material fungible
expense, to; to write down	castigar; rebajar el valor en libros; amortizar parcialmente
expert appraisal	tasación, avalúo pericial; peritaje
expertise	conocimientos especializados; pericia; expertos
explanatory variable; predictor	variable independiente, predictiva
export	
export adjustment loan - EAL	préstamo para ajuste del sector exportador, de exportación
export credit	crédito de exportación, a la exportación
export development fund - EDF	fondo para el fomento de las exportaciones

export earnings, proceeds	ingresos de exportación
export-enclave economy	economía dependiente de la exportación de un solo producto
export-oriented	orientado hacia la exportación
export parity price	precio paritario de exportación
export processing zone - EPZ	zona franca industrial
export rehabilitation project - ERP [IBRD]	proyecto de rehabilitación del sector exportador, de exportación
export shortfall	insuficiencia de las exportaciones; insuficiencia de los ingresos de exportación
export subsidy	subvención, subsidio a las exportaciones
exports of goods and services (XGS)	exportaciones de bienes y servicios
ex post cofinancing	cofinanciamiento ex post
ex post evaluation	evaluación ex post, a posteriori
ex post real interest rate	tipo de interés real ex post
exposure	riesgo; préstamos pendientes; participación en una inversión; compromisos netos

[*see also* bank exposure; co-exposure; country exposure]

exposure diversification	diversificación de los riesgos
extended family	familia extensa
extended payment plan	venta a plazos
extender [gasoline]	aditivo (que aumenta la cantidad)

extension

extension [agriculture]   extensión; divulgación

extension [building]   ampliación

extension agent, worker   agente de extensión, de divulgación agrícola; extensionista

[*see also* field-level extension worker]

extension officer   oficial de extensión, de divulgación agrícola

[*see also* agricultural extension officer]

external

external debt outstanding   deuda externa pendiente

external debt reporting system   sistema de notificación de la deuda externa

external payment position   situación de pagos externos

external review mission   misión de examen externo

externalities [projects]   efectos externos; externalidades [proyectos]

- F -

face value	valor nominal
facility	mecanismo; servicio; instalación
factor	
factor cost, at (f.c.)	al costo de los factores
factor income	ingresos de los factores
factor income payments	pagos en concepto de ingresos de los factores
factor price	precio de los factores
factoring	factoraje
factory farming	agricultura industrial
factory gate price; ex factory price	precio en fábrica
fair market value	valor justo, equitativo de mercado
fallacy of composition	falacia de composición
family planning	planificación familiar, de la familia
FAO/UNIDO/World Bank Working Group on Fertilizers	Grupo de Trabajo FAO/ONUDI/Banco Mundial sobre Fertilizantes
farm	
farm	explotación agrícola; granja; finca
farm budget	presupuesto de la explotación agrícola

farm gate price	precio a nivel de la explotación agrícola
farm income	ingreso(s) agrícola(s)
farmer-pull innovations	innovaciones inducidas por el agricultor

farming

farming system	sistema de explotación agrícola
farming systems research - FSR	investigación sobre sistemas de producción agrícola
farming techniques	métodos, técnicas de cultivo
farming unit	unidad agrícola, de explotación agrícola
fast disbursing (loan); quick disbursing loan	(préstamo) de rápido desembolso
feasibility study	estudio de factibilidad, de viabilidad
fecundity	fertilidad

fee *see* availability fee; backup facility fee; commitment charge, fee; cost plus fixed fee contract; cost plus percentage fee contract; front-end fee; guarantee commission, fee; harbor fees; loan origination fee; management fee; percentage (fee) contract; service and support fee; stumpage fee; tuition fees; zero fee policy

fee for lodging requests [ICSID]	cargo por presentación de solicitudes
fee-for-services basis	sistema de honorarios por servicios

feed

feed balance; feed estimate	balance forrajero
feed conversion ratio	índice de aprovechamiento del forraje
feed estimate *see* feed balance	
feed grains	cereales forrajeros
feed unit	unidad forrajera

feedback (of information)	retroacción; información obtenida; retroinformación
feedback loop	circuito de información
feeder road	camino de acceso, secundario, vecinal
feeder school; contributory school; preparatory school	escuela preparatoria
feedlot	corral de engorde
feedstock	materiales
fellow [EDI]	ex participante
fertility rate	tasa de fecundidad
fiber crop	planta textil

field

    field *see also* coal field

field agent	agente en el terreno
field assignment, mission	misión en el terreno, de observación en el terreno
field crop	cultivo; cultivo extensivo
field-level extension worker	agente de extensión a nivel de poblado

    field mission *see* field assignment

field office	oficina exterior, fuera de la sede
field seeds	semillas, simientes de campo

field staff	personal de las oficinas exteriores, fuera de la sede; personal en el terreno
field trip	viaje de observación, estudio, etc.
field unit [agricultural extension]	unidad de extensión (agrícola)
field work	trabajo en el terreno
field worker	funcionario destacado en el terreno
filing claims [MIGA]	presentación de reclamaciones
fill ratio [staff]	coeficiente de ocupación de cargos, puestos
final design	planos definitivos
final design quantities	cantidades para los planos definitivos
finance, financial, full pay out lease	contrato de arrendamiento con opción de compra; leasing

financial

financial adjustment	ajuste, reajuste financiero
financial claim	título de crédito; acreencia; activo financiero
financial claims of government	uso de recursos por el gobierno
financial contingency	imprevistos financieros
financial credit	crédito de financiación
financial deepening	intensificación financiera

financial engineering	técnicas financieras; ingeniería financiera [México]
financial flows	corrientes financieras; flujos financieros
financial futures	futuros financieros
financial intermediary loan - FIL	préstamo a un intermediario financiero
financial internal rate of return *see* financial rate of return	
financial lease *see* finance lease	
financial leverage *see* leverage	
financial package	serie, conjunto de medidas financieras
financial paper	efectos, valores financieros
financial performance, results	actuación financiera; resultado(s) financiero(s)
financial, financing plan	plan financiero, de financiamiento
financial rate of return; internal rate of financial return; financial internal rate of return - FIRR	tasa de rendimiento financiero, de rentabilidad financiera
financial ratios	relaciones financieras
financial replicability	posibilidad de repetición financiera
financial repression	represión financiera
financial restraint, stringency	austeridad, moderación financiera
financial statement	estado financiero
financial year *see* fiscal year	
financialization	financialización

financing gap	déficit de financiamento
financing plan *see* financial plan	
fineness (of a precious metal)	ley (de un metal precioso)
fine tuning (of the economy)	afinamiento (de la economía)
first in, first out - FIFO	salida en el orden de adquisición, fabricación, etc.
[*see also* last in, first out]	
first-loss deductible [insurance]	franquicia correspondiente a la primera pérdida
first refusal rights; preemptive rights	derechos prioritarios, preferenciales
first year rule - FYR [project analysis]	regla del primer año
fiscal	
fiscal agent	agente financiero
fiscal balance	saldo presupuestario
fiscal drag	lastre fiscal; rémora fiscal; freno fiscal
fiscal gap	déficit fiscal
fiscal policy	política fiscal
fiscal revenue	ingresos fiscales, tributarios
fiscal transparency	transparencia fiscal
fiscal year; financial year	ejercicio (económico)
five day biochemical oxygen demand; biochemical oxygen demand over five days - BOD5	demanda bioquímica de oxígeno en cinco días - DBO5

fixed

fixed assets; capital assets; permanent assets; fixed capital [accounting]	activos fijos; capital fijo
fixed cost contract; fixed price contract	contrato a precio fijo
fixed costs	costos, gastos fijos
fixed investment	inversión en capital fijo
fixed price contract *see* fixed cost contract	
fixed-rate financing	financiamiento con tipo de interés fijo
fixed term contract	contrato de plazo fijo
fixed term staff	personal contratado a plazo fijo
fixed variate; predictor	variable independiente, predictiva

fixing *see* price fixing

flag of convenience; open registry flag	bandera de conveniencia, de favor
flat rate	tasa, tarifa uniforme, a tanto alzado
flattening out	aplanamiento de una curva; nivelación
fleet [transportation]	flota; parque
flexitime	horario flexible
flight of capital; capital flight	fuga de capitales
flip chart	rotafolio

float [banking]	efectos en cobro, cobranza
float a loan, to	obtener un empréstito; lanzar una emisión de bonos
floating	
floating capital	capital circulante, flotante
floating cash reserve	reserva flotante en efectivo; encaje circulante, flotante
floating rate	tipo de cambio flotante
floating rate bond	bono con interés variable, flotante
floating rate note	pagaré con interés variable, flotante
floating rice	arroz flotante
flood control irrigation	riego por anegación controlada
flooded rice	arroz acuático
flooding *see* controlled flooding	
flood irrigation	riego por inundación
floodplain	llanura inundada, de inundación; terreno aluvial, de aluvión
floodplain agriculture, cultivation	agricultura, cultivo en tierras de aluvión
flood recession crop	cultivo de decrecida
floor price	precio mínimo
floor rate of exchange	tipo de cambio mínimo
flotation [bonds]	emisión

flotation costs [bonds]	gastos de emisión

flow *see* capital flow; capital inflow; cash flow; cash inflows; concessional flow; discounted cash flow; equilibrating capital flow; financial flows; funds flows; inflow of capital; nonconcessional flows; official flows; other official flows; student flow

flow chart; process chart	gráfico de circulación; diagrama de movimiento; diagrama de flujo; diagrama de producción
flow of funds; funds flow	corriente de fondos; flujo de fondos
fluidized bed combustion	combustión en lecho fluidizado
follow-up	seguimiento; complemento; etc.
follow-up financing	financiamiento complementario
follow-up project	proyecto complementario

food

food crop	cultivo alimentario
food demand program	programa de demanda de alimentos
food-for-work programme	programa de alimentos por trabajo
food grains	cereales, granos alimentarios
food intake	ingesta, ingestión de alimentos; alimentos ingeridos
food plant	planta alimentaria
Food Price Index [IBRD]	Indice de precios de los alimentos
food processing industry	industria de elaboración de alimentos
food production	producción alimentaria, de alimentos

food security	seguridad alimentaria
foodstuffs	productos alimentarios
footloose industry	industria no localizada, sin vinculación permanente
forage tree	árbol forrajero
forage unit	unidad forrajera
force account, by/on	por administración
forced investment	inversión forzosa
forced sale value; liquidation value	valor de venta forzosa
forced savings	ahorro forzoso
foreclosure	ejecución (de una hipoteca); juicio hipotecario
foregone *see* forgone	

foreign

foreign assets	activos en el exterior; activos sobre el exterior
foreign borrowing	empréstitos en el exterior
foreign capital (official, private)	capital extranjero, externo (oficial, privado)
foreign currency	divisas; moneda extranjera
foreign currency issue	emisión en divisas
Foreign Investment Advisory Service - FIAS [IFC]	Servicio de Asesoría sobre Inversión Extranjera - FIAS
foreign-owned	de propiedad extranjera

foreign tax credit	crédito por pago de impuestos en el extranjero
foreign trade	comercio exterior

foreign exchange

foreign exchange auction	subasta de divisas
foreign exchange component	elemento, componente en divisas
foreign exchange cost	costo en divisas
foreign exchange market	mercado de divisas, de cambios
foreign exchange position	situación en materia de reservas de divisas
foreign exchange reserves	reservas de divisas
foreign exchange resources	recursos en divisas
foreign exchange risk	riesgo cambiario
forest fallow	barbecho forestal

forestry *see* social forestry

forfaiting	forfetización
forgiveness (of a debt)	condonación
forgone output	producción a que se renuncia

formal

formal adherence	adhesión oficial
formal credit	crédito institucional
formal education	educación formal, académica

formal sector	sector estructurado
formal suspension of disbursements [IBRD]	suspensión oficial de los desembolsos
formal vote [ICSID]	votación formal
formation expenses; organization expenses	gastos (iniciales) de constitución

forward

forward cover	entrega futura, a plazo
forward exchange market	mercado de divisas a término, a plazo
forward exchange rate	tipo de cambio a término, a plazo
forward integration	integración progresiva
forward linkage of an industry	eslabonamiento descendente de una industria
forward-looking	de visión hacia el futuro; con visión hacia el futuro
foundation seed	semilla básica
founder's share	participación de fundador
four-wheel drive vehicle	vehículo de tracción en las cuatro ruedas
frame agreement [IBRD]	acuerdo básico
framework cooperative arrangement [MIGA]	acuerdo de cooperación general
franchise	concesión; licencia; franquicia; etc.

free

free alongside ship - FAS	franco al costado del buque - f.a.s.
free-enterprise economy; free market economy	economía de libre empresa
free (foreign) exchange	divisa(s) de libre convertibilidad
free funds [IDA]	fondos de libre utilización
free in and out - fio	franco de carga y descarga - f.i.o.
free limit [IBRD]	límite de aprobación autónoma
free-limit loan [DFCs]	préstamo de aprobación autónoma
free limit of loan [DFCs]	límite máximo de los préstamos de aprobación autónoma
free-limit sub-loan	subpréstamo de aprobación autónoma
free market economy *see* free enterprise economy	
free on board - FOB, fob	franco a bordo - f.o.b.
free on board (fob) port of shipment price	precio f.o.b. puerto de embarque
free on quay - foq; free on wharf - fow	franco en muelle
free on rail - FOR	franco vagón
free port	puerto franco, libre
free reserves	reservas disponibles
free resource ratio *see* gearing ratio	
free rider [economics]	aprovechado; aprovechador
free standing; self-contained	independiente; autónomo

- 103 -

free trade	libre comercio; libre intercambio
free trade area	zona de libre comercio
free trade zone - FTZ	zona franca
freeze (of salaries, prices, etc.) [see also price freeze]	congelación
freeze drying	deshidratación por congelación; liofilización
fresh fruit bunch - FFB	racimo de frutas frescas
frictional unemployment	desempleo friccional
fringe benefits	prestaciones suplementarias
front-end cost	costo inicial
front-end fee	comisión inicial
frontier technology	tecnología avanzada, de vanguardia
front-loaded spending	gasto concentrado al comienzo de un período
front loading	desembolsos, gastos, reembolsos, etc., concentrados al comienzo de un período
frozen capital	capital congelado, bloqueado
fruit vegetable	hortaliza de fruta
fuel cell	célula energética; pila de combustible
fuel efficiency	eficiencia en la utilización del combustible
fuel oil	petróleo residual, combustible; fuel oil

full

full budgeting — presupuestación completa

full cost accounting; absorption accounting — contabilidad de costo total

full development, at [project] — en pleno funcionamiento

full mission — misión general

full pay out lease; finance lease — contrato de arrendamiento con opción de compra; leasing

fully funded system — sistema financiado con fondos propios

fully paid stock; paid-up stock — acciones pagadas

functional literacy — alfabetización funcional

funded debt — deuda consolidada

funding gap — brecha, déficit de financiamiento

funding latter maturities — financiamiento de los últimos vencimientos

funding pro rata — participación proporcional

funds

funds flow; flow of funds — corriente de fondos; flujo de fondos

funds flow statement; statement of change in financial position — estado de flujo de fondos; estado de fuentes y utilización de fondos

funds-in-trust — fondos fiduciarios

funds statement; statement of change in financial position — estado de flujo de fondos; estado de fuentes y utilización de fondos

fungible — fungible; intercambiable

funk money [UK]; hot money	capitales itinerantes
furrow irrigation	riego por surcos
futures	futuros
futures market	mercado de futuros

- G -

galloping inflation	inflación galopante

game *see* management game; negative sum game; plus sum game; zero sum game

gap	brecha; déficit; diferencia
gearing [UK]; leverage	nivel de endeudamiento relativo al capital; relación endeudamiento-capital propio
gearing ratio; free resource ratio	relación préstamos desembolsados y pendientes-capital y reservas [Banco Mundial]; relación pasivo-capital
gene bank [plants]	banco de germoplasma

general

General Algebraic Modeling System - GAMS [IBRD]	sistema de modelos algebraicos generales
General Capital Increase - GCI	aumento general del capital
general cargo	carga general; carga mixta
general equilibrium analysis	análisis del equilibrio general

general equilibrium model *see* computable general equilibrium model

general government [national accounts]	administraciones públicas
general price level accounting; price level accounting	contabilidad según el nivel general de precios
general procurement notice	anuncio general de adquisiciones
General Reserve(s) [IBRD]	Reserva General

English	Español
Generalized System of Preferences - GSP	Sistema Generalizado de Preferencias - SGP
generated traffic	tráfico generado
generic drug	producto farmacéutico genérico; medicamento genérico
geothermal deposit	yacimiento geotérmico
germplasm	germoplasma
gilt-edged securities	valores de primer orden; bonos del Gobierno británico
ginning [cotton]	desmotado
Global Cap Authority [IFC]	facultad de adquisición de contratos con interés tope
globalization	globalización
Global Swap Authority [IFC]	facultad para efectuar swaps
GNP price deflator	deflactor de precios del PNB
going concern	empresa en plena actividad y crecimiento
going price	precio corriente, vigente
gold holdings	tenencias en oro; reservas de oro
gold-pegged currency	moneda vinculada al oro
gold value	valor oro
goods and services	bienes y servicios
goodwill	crédito mercantil; plusvalía mercantil; fondo de comercio; a veces: "derecho de llave"; goodwill

goodwill clause	cláusula de buena voluntad
governing law	derecho, ley aplicable
government	
government	gobierno; autoridades; Estado
government bond	bono público, del Estado
government expenditure	gasto(s) público(s)
government paper	efectos públicos
government receipts, revenues	ingresos públicos; rentas públicas
government securities	efectos, valores públicos, del Estado
government services	administración pública
grace period	período de gracia
grade creep	tendencia hacia categorías más altas de clasificación del personal
grade ratio; retention rate [education]	tasa de retención
grading *see* land grading	
graduate, to [Bank, IDA]	"graduarse"; pasar de las condiciones de asistencia de la AIF a las del Banco; dejar de reunir las condiciones para recibir financiamiento del Banco
graduated tax	impuesto progresivo
graduation [IBRD]	graduación (paso de las condiciones de la AIF a las del Banco; terminación del derecho a financiamiento del Banco)

graduation mission [IBRD]	misión de finalización (previa a la terminación de un proyecto)
grandfather clause	cláusula de exención por derechos adquiridos
grant	
grant basis, on a	a título de donación
grant element	factor, elemento concesionario, de donación
grant equivalent	equivalente en donación
grant-in-aid	donación; subvención
grant-like contribution	aportación con características de donación
grass root, greenfield plant	planta totalmente nueva
grass root(s) level, at the	a nivel popular, comunitario, local; de base
graveling; regraveling	recubrimiento, aplicación de grava
gravel road	camino de grava
gravity irrigation	riego por gravedad
gray market *see* grey market	
greenfield investment	inversión de tipo totalmente nuevo
greenfield plant; grass root plant	planta totalmente nueva
greenfield project	proyecto totalmente nuevo
green manure	abono verde
grey, gray market	mercado gris

gross

gross calorific value *see* gross heating value

gross domestic income - GDY

ingreso interno bruto   - YIB

gross domestic investment - GDI

inversión interna bruta - IIB

gross domestic product - GDP

producto interno bruto - PIB; producto
geográfico bruto - PGB [Chile]; producto
territorial bruto [Peru]

[*see also* commercial, commercialized GDP; monetized GDP]

gross domestic product at
 factor cost

producto interno bruto al costo de los
 factores

gross domestic product at market
 prices

producto interno bruto a precios de
 mercado

gross earnings margin [banks];
 gross margin; banker's spread;
 banker's markup

margen (bancario) bruto

gross enrollment ratio *see* gross (primary) enrollment ratio

gross fixed capital expenditure *see* gross fixed investment

gross fixed capital formation
 - GFCF

formación bruta de capital fijo

gross fixed investment; gross
 fixed capital expenditure

inversión bruta en capital fijo; gasto
 bruto de capital fijo

gross heating value - GHV;
 gross calorific value - GCV;
 higher heating value

poder calorífico bruto - PCB

gross margin *see* gross earnings margin

gross material product - GMP

producto material bruto - PMB

gross national income - GNY

ingreso nacional bruto - YNB

gross national investment - GNI	inversión nacional bruta - INB
gross national product - GNP	producto nacional bruto - PNB
gross operating profit	utilidad bruta de operación, de explotación
gross (primary) enrollment ratio	tasa bruta de matrícula (primaria)
gross (register) tonnage - GRT [shipping]	tonelaje (de registro) bruto
groundwater table	nivel freático; capa freática
Group of Seventy-Seven	Grupo de los 77
Group of Twenty-Four	Grupo de los Veinticuatro
growing concern	empresa en plena actividad y crecimiento
growth accounting [econometry]	análisis del crecimiento

guarantee

guarantee authority	facultad de garantía
guarantee capacity [MIGA]	capacidad de garantía
guarantee, commission fee [IBRD]	comisión de garantía
guarantee holder [MIGA]	tenedor de la garantía
guarantee leverage	capacidad de endeudamiento en, por concepto de garantías
Guaranteed Recovery of Investment Principal - GRIP [IFC]	Recuperación Garantizada del Principal de las Inversiones - GRIP
guidance *see* vocational guidance	
guidelines	directrices; pautas, normas generales

guiding price   precio indicativo

- H -

halfway country	país medianamente industrializado; país parcialmente industrializado
handles *see* tax handles	
handling charges	cargos por manipulación, tramitación, etc.
harbor dues, fees; port dues	derechos portuarios
hard	
hard-blend countries	países que reciben financiamiento en condiciones predominantemente gravosas
hard coal; anthracite	antracita; carbón antracitoso
hard component [projects]	componente físico
hard copy	copia impresa; salida impresa
hard core [projects]	núcleo; base; básico; mínimo
hard currency	moneda fuerte
hard loan	préstamo en condiciones ordinarias, de mercado
hard loan window	servicio, entidad de préstamos en condiciones ordinarias, no concesionarias
hardening of loan terms	tendencia a condiciones de préstamo más gravosas
hardship allowance	subsidio por lugar de destino difícil
hardware	componentes físicos; equipo de computación

harmonic mean [statistics]	media armónica
harnessing	captación; movilización; aprovechamiento; etc.
head gate structure [irrigation]	estructura de cabecera
head hunting	búsqueda de personal calificado
head tax; poll tax	impuesto de capitación
headroom [World Bank]	margen de maniobra
health delivery system	sistema de prestación de servicios de salud
health maintenance organization - HMO	organización de mantenimiento de la salud
health post	puesto de salud; dispensario
heating oil	petróleo, combustible para calefacción
heat rate	rendimiento térmico; consumo calorífico
heat value	poder calorífico

heavy

heavy commodities	productos pesados
heavy engineering industry	industria metalmecánica
heavy fuel oil	petróleo combustible pesado
heavy industry	industria pesada
heavy oil	aceite, petróleo pesado
hedge [securities market]	valor de protección

hedge clause	cláusula de salvaguardia
hedging	operaciones de cobertura, de protección cambiaria
hedonic price analysis	análisis hedónico de los precios
hidden inflation	inflación latente, oculta
hidden reserves	reservas ocultas
hidden unemployment; concealed unemployment	desempleo oculto, encubierto, disfrazado

high

high absorber [oil exporter]	país de elevada absorción, de gran capacidad de absorción
high fructose corn syrup - HFCS	sirope, jarabe de maíz de alto contenido en fructosa
high income countries	países de alto(s) ingreso(s)
high-power(ed) money	dinero de alta potencia [teoría monetarista]; dinero de la Reserva Federal de los EE.UU para uso de los bancos comerciales
high school *see* junior high school	

higher

higher heating value *see* gross heating value	
higher income brackets	grupos de ingresos más elevados
higher level staff	personal, funcionarios de nivel profesional
higher training	estudios avanzados

highest bidder	licitante que presenta la oferta más alta
highland rice; upland rice	arroz de montaña, de tierras altas
highly indebted country	país muy endeudado, sumamente endeudado, fuertemente endeudado
highly leveraged	con gran endeudamiento
Highways Design and Maintenance Model - HDM [IBRD]	modelo de normas de diseño y mantenimiento de carreteras
hillside farming	cultivo en pendiente
hire purchase [UK]	compra a plazos
historical cost	valor inicial; precio de compra, de adquisición
historically valued assets	activos a su valor de adquisición
holding company	sociedad de cartera, de inversiones
holdings [foreign exchange, gold]	tenencias [en, de divisas, oro]
home leave allowance [World Bank]	asignación para vacaciones en el país de origen
hoof *see* cattle on the hoof	
horizontal integration	integración horizontal
host country	país huésped, anfitrión; país receptor [inversiones]
Host Organization [ICSID]	Organismo Anfitrión
hot money; funk money [UK]	capitales itinerantes
house connection	conexión domiciliaria

household expenditure survey - HES	encuesta de gastos familiares
household goods	enseres domésticos
housing expenses/income ratio; affordability ratio	relación gastos de vivienda-ingresos
housing stock	disponibilidades de viviendas
human immunodeficiency virus - HIV	virus de la inmunodeficiencia humana
human resource development	perfeccionamiento de los recursos humanos
human settlements	asentamientos humanos
hurdle rate	tasa crítica de rentabilidad
husbandry *see* animal husbandry	
husking; dehusking	descascarar; deshojar
hydrant; standpipe	toma de agua
hydrocracking	hidrocraqueo
hydrodevelopment	aprovechamiento de la energía hidroeléctrica
hydropower; hydroelectric power	energía hidroeléctrica

- I -

IDA

IDA-eligible country	país que puede recibir créditos, financiamiento de la AIF; país habilitado para recibir créditos de la AIF
IDA management fee	comisión por administración de la AIF
IDA recipient	país prestatario de la AIF; receptor de créditos de la AIF
IDA's "free-funds"	fondos de libre utilización de la AIF
idle cash	dinero inactivo
illegal housing	vivienda ilegal
illegality clause	cláusula de ilegalidad
immunity from taxation	inmunidad tributaria
impact (evaluation) report	informe de evaluación de los efectos; informe sobre las repercusiones (de un proyecto)
implementing agency	organismo de ejecución
implementing agreement	acuerdo de ejecución
implicit deflator	deflactor implícito
implicit gross domestic product deflator	deflactor implícito del producto interno bruto
implied money control theory	teoría del control del dinero implícito

import

import coefficient	coeficiente de importaciones (importaciones/producción total)
import component	componente importado, de importación
import coverage index	índice de cobertura de las importaciones
import coverage ratio	coeficiente, relación de cobertura de las importaciones
import growth rate	tasa de aumento, crecimiento de las importaciones
import-intensive	con gran intensidad de importaciones; con alto contenido de importaciones
import levy	gravamen a las importaciones
import licensing	sistema, régimen de licencias de importación
import parity price	precio paritario de importación
import quota	cuota, cupo de importación
import subsidy	subvención, subsidio a las importaciones
import substitution	sustitución de importaciones
import surcharge	recargo a la(s) importación(es)
importing power of exports	capacidad de importación derivada de las exportaciones
imprest account, fund	cuenta de anticipos; fondo de anticipos
imputed costs	costos imputados
imputed value	valor imputado
Inaugural Meeting [ICSID]	Reunión Inaugural

in-bond industries	industrias de zona franca; empresas, industrias maquiladoras [Mexico];
incentive	incentivo; estímulo
incentive payment	incentivo en dinero; prima; bonificación
inception report	informe inicial
incidence [medicine]	incidencia

income

income	ingreso(s); renta
income (and expenditure) account	cuenta de ingresos y gastos, de pérdidas y ganancias
income and outlay accounts [national accounts]	cuentas de ingresos y gastos
income bracket	grupo, categoría, nivel de ingreso(s)
income effect	efecto de ingreso, de renta
income elasticity	elasticidad-ingreso; elasticidad con respecto al ingreso
income elasticity of demand	elasticidad-ingreso de la demanda; elasticidad de la demanda en función del ingreso
income statement [US]; profit and loss account [UK] [see also consolidated income statement]	estado de ingresos y gastos, de pérdidas y ganancias
income tax	impuesto sobre, a la renta
income tax [corporations]	impuesto sobre, a las utilidades, los beneficios
income tax return	declaración del impuesto sobre la renta
income terms of trade	relación de intercambio de ingresos

incremental

incremental benefits

beneficios adicionales

incremental budgeting

presupuestación incremental

incremental building, housing

construcción progresiva de
  viviendas

incremental capital-output ratio
 - ICOR

relación incremental capital-producto

incremental cost
[*see also* average incremental cost]

costo incremental

incremental housing *see* incremental building

incremental rate of return

tasa diferencial de rentabilidad

independent variable; predictor

variable independiente, explicativa

indexed, index-linked bond

bono ajustable, indizado

indexed, index-linked, index-tied loan

préstamo indizado, reajustado según un
  índice

Indicative Planning Figures - IPF
 [UNDP]

cifras indicativas de planificación

indicator *see* concurrent indicator; convergent indicator; economic indicator; lagging indicator; leading indicator;
performance indicators

indifference curve

curva de indiferencia

indigenization

reemplazo de personal extranjero por
  personal nacional

indirect costs; on-costs [UK]

costos indirectos

induced-by benefit

beneficio inducido indirecto

industrial

industrial and trade policy adjustment - ITPA	ajuste de la(s) política(s) industrial y comercial
industrial and trade policy adjustment loan - ITPAL [World Bank]	préstamo para ajuste de la(s) política(s) industrial y comercial
industrial deepening	intensificación industrial
industrial estate [UK], park [USA]	zona, parque, polígono industrial
industrial goods	bienes, productos industriales
industrial market economy	país industrial con economía de mercado
industrial park *see* industrial estate	
industrial relations; labor-management relations	relaciones entre empleados y empleadores; relaciones obrero-patronales
ineligible	inadmisible; carente de derecho a; no habilitado; que no cumple los requisitos
infant industry	industria naciente, incipiente
infant mortality [*see also* child mortality]	mortalidad infantil; mortalidad de niños menores de un año
infected area	zona infestada, de infestación
inflation accounting	contabilidad en períodos de inflación
inflationary expectations	expectativas, previsiones inflacionarias
inflationary gap	brecha inflacionaria
inflation premium	prima de inflación
inflation tax	impuesto de la inflación; impuesto que significa la inflación

inflow *see also* capital inflow; cash inflows; flow

inflow of capital	entrada, afluencia de capital

informal

informal credit	crédito no institucional
informal education	educación informal
informal meeting	reunión oficiosa
informal sector	sector no estructurado; sector informal
informal suspension of disbursements [IBRD]	suspensión no oficial de los desembolsos
in-house training	capacitación, formación en la empresa
initial expenses	gastos iniciales, de instalación
initial operation	actividades iniciales; explotación inicial
initial subscription [IDA]	suscripción inicial
initiating memorandum - IM [World Bank]	primer memorando oficial
in-kind costs	costos de, en servicios
inland fisheries, fishing	pesca en aguas interiores

input

input [*see also* cash input; noncash input]	insumo; aportación
input mix	combinación de insumos
input-output coefficient	coeficiente de insumo-producto

input-output model	modelo de insumo-producto
input-output ratio	relación insumo-producto
input-output table	tabla de insumo-producto
input subsidy	subvención para insumos
in-service training	capacitación, formación, adiestramiento en el servicio
insider dealer, trader	especulador (en Bolsa) que aprovecha información interna
insider dealing, trading	especulación (en Bolsa) aprovechando información interna
installed capacity [electricity]	capacidad instalada

institutional

institutional framework	marco, estructura institucional
institutional investors	instituciones inversionistas
institutional performance	desempeño de las instituciones; actuación de las instituciones
institutional programs [IBRD]	programas de fortalecimiento institucional
institution building	desarrollo, fortalecimiento institucional
instructional aid	material didáctico, pedagógico
instrument [ICSID]	instrumento (oficial)
instrument of acceptance	instrumento de aceptación
insurance *see* social insurance	
intake [*see also* calorie intake]	toma (de agua); ingesta; ingestión; admisión; contingente; entrada

intangible assets, property	activos, bienes intangibles, inmateriales
integrated management training program	programa integrado de capacitación y perfeccionamiento de funcionarios que ocupan cargos de dirección
integrated rural development project	proyecto de desarrollo rural integrado

integration *see* backward-forward integration; backward integration

interchange *see* course interchange

intercompany pricing	fijación de precios de transferencia entre empresas
intercropping	cultivo intercalado

interest

interest *see also* beneficial interest; controlling interest; covered interest arbitrage; depositor rate of interest; effective interest rate; working interest

interest bearing note	pagaré que devenga intereses
interest charges	intereses (cobrados, pagados)
interest coverage ratio	relación de cobertura de intereses
interest during construction - IDC	intereses durante la construcción
interest earnings *see* interest income	
interest equalization tax	impuesto de igualación, de equiparación de intereses
interest income, earnings	ingresos por intereses
interest leakage	fluctuación de los tipos de interés debida a la fuga de capitales
interest rate cap [IBRD]	tope de los tipos de interés

interest-rate differential	margen, diferencia entre tipos, tasas de interés
interest rate risk	riesgo de pérdida en, por concepto de intereses
interest (rate) swap	intercambio, swap de tipos de interés
interest rebate	rebaja de intereses
interest service ratio	coeficiente del servicio de los intereses
interest subsidy, subsidization	subvención de intereses
Interest Subsidy Fund [= Third Window]	Fondo de Subvención de Intereses [= Tercera Ventanilla]
Interim Committee	Comité Provisional
interim financial statement	estado financiero intermedio
interindustry linkages	eslabonamientos interindustriales, entre industrias
interlocking debt	deuda(s) recíproca(s)
intermediate goods	bienes intermedios
intermediation [see also market intermediation]	intermediación
intermediative borrowing	préstamos obtenidos de intermediarios financieros
internal	
internal audit	auditoría interna; control interno
internal cash generation; internally generated funds; cash generation	recursos propios; recursos provenientes de las operaciones

internal cross subsidy	subvención, subsidio cruzada(o) interna(o)

internal exchange rate; modified
  Bruno ratio
	tipo de cambio interno; coeficiente
	  modificado de Bruno

internal importing costs	costos internos de importación

internal rate of financial return;
  financial rate of return
	tasa de rendimiento financiero,
	  de rentabilidad financiera

internal rate of return - IRR	tasa de rentabilidad interna

internal rate of return - IRR | tasa de rentabilidad interna
[*see also* economic rate of return; financial rate of return]

internally generated funds *see* internal cash generation

international

international agricultural
  research centers - IARC
	centros internacionales de investigaciones
	  agrícolas

international banking facility - IBF	servicio bancario internacional

international commodity
  agreements - ICAs
	convenios internacionales sobre productos
	  básicos

international commodity
  organizations - ICOs
	organismos internacionales de productos
	  básicos

International Comparison Project
  - ICP
	Proyecto de Comparación Internacional -
	  PCI

international competitive bidding - ICB	licitación pública internacional

International Compilers Working
  Group on External Debt Statistics
  [WB/IMF/BIS/OECD/Berne Union]
	Grupo de Trabajo Internacional de
	  Compiladores de Estadísticas sobre la
	  Deuda Externa

international credit guarantee
  fund
	fondo internacional de garantías de
	  crédito

international credit guarantee system	sistema internacional de garantías de crédito
International Development Strategy - IDS	Estrategia Internacional del Desarrollo
International Drinking Water Supply and Sanitation Decade	Decenio Internacional del Agua Potable y del Saneamiento Ambiental
international financial institutions - IFIs	instituciones financieras internacionales
international liquidity	liquidez internacional
international payments position	situación de pagos internacionales
international reserves	reservas internacionales
international shopping	comparación internacional de precios
internship	pasantía; internado; práctica(s)
intervention currency	moneda de intervención
intervention price	precio de intervención
inventory	
inventory; inventories	existencias; inventario(s)
inventory control	control de existencias, inventario(s)
inventory investment	inversión en existencias
inventory turnover	movimiento, rotación del inventario, de las existencias
inverted rates [electricity tariffs]	tarifas progresivas

investment

investment agreement [IFC]	convenio de inversión [CFI]
investment bank [US]; merchant bank [UK]	banco de inversiones
investment budget	presupuesto de inversiones
investment center [accounting]	centro de inversión
investment commitment [IFC]	compromiso de inversión [CFI]
investment company, fund	compañía de inversiones; sociedad de inversiones; fondo de inversiones

[*see also* closed end investment company, fund; open end investment company, fund]

investment gap	déficit de inversiones
investment goods	bienes de inversión, de equipo, de capital
investment grant	subvención para inversión
investment incentives	incentivos para la inversión
investment income	ingresos por (concepto de) inversiones, derivados de inversiones
investment insurance	seguro de inversión

[*see also* multilateral investment insurance]

investment project	proyecto de inversión
investment return, yield	rentabilidad, rendimiento de la inversión
investment review mission [IBRD]	misión de estudio de oportunidades de inversión
investment tax credit	crédito impositivo por inversiones
investment trust; closed-end investment, company fund	sociedad de inversión con número de acciones fijo

invisible transactions	operaciones, transacciones invisibles
[see also surplus on invisibles]	
invitation to bid, to tender	llamada a licitación
invitation to prequalify [contracts]	invitación a la precalificación
involuntary lending	préstamos no voluntarios
inward-looking; inward-oriented [country; policy]	orientado hacia el interior
irrevocable agreement to reimburse	garantía irrevocable de reembolso

irrigation see basin irrigation; border check irrigation; border ditch irrigation; border irrigation; center pivot sprinkle irrigation; corrugation irrigation; drip irrigation; flood control irrigation; flood irrigation; gravity irrigation; micro-sprayer irrigation; runoff irrigation; small-scale irrigation; sprinkle irrigation; strip irrigation; subirrigation; surface irrigation; trickle irrigation; wild flooding

island developing country	país insular en desarrollo
issued share capital	capital accionario emitido
issues on tap; tap issue	emisión continua
issues paper	documento de exposición de problemas; Temas del Banco Mundial [IBRD]
issuing bank; bank of issue	banco emisor, de emisión
item [budget] [see also tariff item]	partida

- J -

jeopardy clause; escape clause | cláusula de salvaguardia, de elusión, de escape

jeopardy loan | **préstamo con riesgo de posibles pérdidas**

jitney | **colectivo**

jobbing | **trabajo a destajo**

job

    job description | descripción de cargo, puesto

    Job Grading Program | Programa de Clasificación de Cargos

    job order accounting | contabilidad por órdenes de trabajo, por pedidos

    job-related training | formación, capacitación para el puesto, cargo

joint

Joint Action Program *see* Joint Program of Action for Sub-Saharan Africa

    joint and several | mancomunado y solidario

    Joint Audit Committee | Comité Conjunto de Auditoría

    Joint Bank/Fund Committee for Review of Certain Elements of the Staff Compensation System [defunct; replaced by Joint Bank/Fund Committee of Executive Directors on Staff Compensation] | Comité Conjunto del Banco y del Fondo para el estudio de ciertos elementos del sistema de remuneración del personal

Joint Bank/Fund Committee of Executive Directors on Staff Compensation

Comité Conjunto de los Directores Ejecutivos del Banco y el Fondo sobre la Remuneración del Personal

joint committee

comité conjunto; comisión conjunta

Joint Committee of the Boards of Governors (Muldoon Report)

Comisión conjunta de las Juntas de Gobernadores (Informe Muldoon)

Joint Committee on the Remuneration of Executive Directors and their Alternates

Comité Conjunto Encargado de Estudiar la Remuneración de los Directores Ejecutivos y de sus Suplentes

Joint Ministerial Committee of the Boards of Governors of the Bank and the Fund on the Transfer of Real Resources to Developing Countries (Development Committee)

Comité Ministerial Conjunto de las Juntas de Gobernadores del Banco y del Fondo para la transferencia de recursos reales a los países en desarrollo (Comité para el Desarrollo)

joint monitoring committees

comités conjuntos de fiscalización

Joint Procedures Committee

Comisión Conjunta de Procedimiento

Joint Program of Action for Sub-Saharan Africa

Programa Conjunto de Acción para Africa al Sur del Sahara

joint stock company

sociedad en comandita por acciones

joint venture

operación, empresa conjunta; empresa con participación de capital extranjero

jumbo borrowing(s)

(obtención de) empréstitos gigantescos

junior creditor

acreedor no prioritario

junior debt; subordinated debt

deuda subordinada

junior high school

escuela secundaria de primer ciclo

juridical personality; legal existence	personalidad jurídica
justification	documentos justificativos; documentación de apoyo

- K -

key data	datos clave, básicos
key interest rates	tipos, tasas de interés clave
key money rate; central rate	tipo, tasa central
keynote address, speech	discurso principal
keynote speaker; keynoter	orador principal
knapsack spraying	rociado, fumigación con tanque llevado a la espalda
know-how	conocimientos técnicos, tecnológicos
Korea Fund	Fondo de Corea

- L -

labor

labor costs	costos de mano de obra; costos del factor trabajo; costos laborales
labor force	fuerza de trabajo, laboral; mano de obra; *a veces*: población activa
labor force penetration; labor force participation rate	tasa de actividad
labor-intensive	con gran intensidad de mano de obra; de uso intensivo de mano de obra; de alto coeficiente de mano de obra
labor-intensive industry	industria con gran intensidad de mano de obra
labor-management relations; labor relations; industrial relations	relaciones entre empleados y empleadores; relaciones obrero-patronales
labor market	mercado de trabajo, laboral
labor shed	zona de contratación de mano de obra

laboratory school; demonstration school	escuela de aplicación; escuela experimental
lag; slippage	retraso; demora; desfase
lagging indicator	indicador retrospectivo
Lagos Plan of Action (for the Implementation of the Monrovia Strategy for the Economic Development of Africa)	Plan de Acción de Lagos (para la aplicación de la Estrategia de Monrovia para el Desarrollo Económico de Africa)

land

land betterment tax	impuesto de valorización, sobre la plusvalía
land consolidation	concentración parcelaria
land development	aprovechamiento, habilitación, acondicionamiento de tierras; urbanización
land equivalent, equivalency ratio - LER	coeficiente de la tierra de cultivo equivalente
land improvement	mejoramiento de tierras
landlocked country	país sin litoral, mediterráneo
land reclamation	bonificación, recuperación, saneamiento de tierras
land reform	reforma de la tenencia de la tierra
land register	registro catastral; catastro
land settlement	asentamiento; colonización
land tax	contribución, impuesto territorial
land tenure rights	derecho de tenencia de la tierra
land tenure system	régimen de tenencia de la tierra
land use plan	plan de utilización de tierras
land use planning	planificación de tierras
land use ratio	coeficiente de utilización de tierras
landed price	precio al desembarque
landfill	relleno

lapse-of-time decision	decisión tácita por vencimiento de un plazo
last in, first out - LIFO	salida en orden inverso al de adquisición, fabricación, etc.
late maturing [crop]	de maduración tardía

latrine *see* bucket latrine; cistern flush latrine; pit latrine; pour flush latrine; vault toilet; ventilated improved pit latrine

law of diminishing returns	ley de rendimientos decrecientes
layout	diseño; planos generales (de un proyecto); distribución
layout plan	plan de distribución

lead

lead agency	organismo director, principal
lead bank; lead manager	banco director
lead donor	donante principal
lead economist	economista principal - Departamento Geográfico
lead time of a project	período de gestación de un proyecto
leading indicator	indicador anticipado
leads and lags	adelantos y atrasos
learning curve	curva de aprendizaje
learning by doing	aprender sobre la marcha; aprender con la práctica
learning rate	tasa de asimilación de conocimientos

lease *see* finance lease; operating lease; true lease

leaseback	retroarriendo; retrocesión en arrendamiento
leasing	arrendamiento; arrendamiento financiero; *a veces*: leasing financiero
least cost analysis	análisis de costo mínimo
least developed countries - LLDCs	los países (en desarrollo) menos adelantados - PMA
least squares method	método de mínimos cuadrados

legal

legal authority	autorización legal; facultad legal
legal entity, person	persona jurídica
legal existence; juridical personality	personalidad jurídica
legal force	fuerza de ley
legal instruments [agreements, etc.]	instrumentos jurídicos, legales
legal opinion	dictamen jurídico; opinión jurídica
legal person *see* legal entity	
legal remedy	recurso (legal)
legal reserve	reserva obligatoria; encaje legal
legal tender	moneda de curso legal
lender of last resort	prestamista en última instancia

lending

lending agency, institution	organismo de crédito, crediticio; institución de crédito, crediticia
lending authority	facultad para conceder préstamos
lending commitment	compromiso de préstamo
lending limit	límite de crédito, de préstamos
lending pipeline; pipeline of projects	proyectos en tramitación, en reserva
lending program	programa de operaciones crediticias; programa de financiamiento
lending rate	tipo, tasa de interés sobre los préstamos; tipo, tasa activo(a)

lengthman [highway maintenance]	peón caminero
less developed country - LDC	país menos desarrollado - PMD; país en desarrollo
less than carload freight - LCL	tráfico, mercancías de detalle

letter

letter of comfort	carta de seguridades
letter of credit	carta de crédito
letter of development policy [IBRD]	carta de intenciones sobre la política de desarrollo
letter of intent	carta de intención, de intenciones
letter of sectoral policy [IBRD]	carta de intenciones sobre la política sectorial
letter of understanding	carta de entendimiento

leveling off	nivelación; estabilización
level annuity system	sistema de pagos totales iguales (de principal e intereses)
level repayment	reembolso en cuotas iguales
leverage (ratio) [US]; gearing (ratio) [UK] [see also guarantee leverage]	nivel de endeudamiento relativo al capital; relación endeudamiento-capital propio; relación pasivo-capital
leverage [verb] [see also highly leveraged; underleveraged]	ejercer influencia; ejercer, producir efecto multiplicador [finanzas] [diferentes contextos pueden requerir distintas traducciones]
leveraged buyout	compra de una empresa con fondos tomados en préstamo
levy [see also betterment levy]	gravamen (tributario)
liabilities [see also accrued liabilities; contingent liability; currency liabilities; current liabilities; deposit liabilities; long-term liabilities; sight liabilities; sundry liabilities; tax liability; temporary liabilities; unfunded liabilities]	pasivo; obligaciones
liability management [see also asset and liability management]	gestión de pasivos
LIBOR [London interbank offered rate]	LIBOR [tipo, tasa de oferta interbancaria de Londres]
licensing agreement	acuerdo, convenio de licencia, de concesión de licencia
lien [see also charge]	gravamen; embargo preventivo
life (of a project)	duración, vida útil
life expectancy	esperanza de vida

lifeline tariff	tarifa mínima, vital
lifelong education; continuing education; recurrent education	educación permanente
life of a loan	vigencia de un préstamo
light Arabian crude; Saudi Arabian light crude	(petróleo) crudo liviano, ligero de Arabia Saudita
light industry	industria ligera, liviana
limited international bidding - LIB	licitación internacional limitada
limited liability company	sociedad de responsabilidad limitada
limited recourse finance	financiamiento con recurso limitado

line

line department	departamento ejecutivo, de ejecución, de operaciones
[see also line ministry]	
line-haul [transportation]	transporte, acarreo entre terminales
line item [budget]	partida (presupuestaria)
line kilometer [surveying]	kilómetro lineal
line management	dirección; supervisión
line management position	cargo ejecutivo de dirección, de supervisión
line manager	supervisor directo, inmediato
line ministry, department	ministerio, departamento de operaciones, sectorial, de ejecución
line position	cargo, puesto ejecutivo de operaciones
line staff	personal ejecutivo, de operaciones

linear programming	programación lineal
liner (shipping) conference	conferencia marítima
link *see* UHF link; VHF link	
linkage *see* backward-forward integration, linkage; backward integration, linkage	
liquefied natural gas - LNG	gas natural licuado - GNL
liquefied petroleum gas - LPG	gas de petróleo licuado - GPL
liquid assets; quick assets	activos líquidos, disponibles; disponibilidades
liquid assets portofolio; liquidity portfolio [IFC]	cartera de activos líquidos
liquidation value; forced sale value	valor de venta forzosa

liquidity

liquidity management; liquidity portfolio management	gestión de la liquidez
liquidity portfolio *see* liquid assets portfolio	
liquidity position	situación de liquidez
liquidity ratio	coeficiente de liquidez
liquidity shortage	insuficiencia de liquidez
liquidity squeeze	crisis de liquidez
liquid ratio; acid test ratio	relación activo disponible-pasivo corriente
listing (of securities)	cotización (de valores en la bolsa)

literacy; literacy education	**alfabetización**
literacy level	**nivel de alfabetización**
live storage, capacity	**capacidad útil**
living area	**área, superficie habitable**

load

load *see also* peak load	
load, base	carga de base, fundamental
load bearing capacity; traffic bearing capacity	capacidad de tráfico
load factor [electricity] [*see also* system load factor]	factor de carga
load fund	fondo mutuo que cobra comisión

loan

loan account	cuenta del préstamo
loan agreement	convenio de préstamo
loan application	solicitud de préstamo
loan assumption agreement	convenio de asunción de préstamo
loan capital	capital en préstamo; empréstito
loan commitment	compromiso de préstamo
loan investment	inversión en forma de préstamo
loan officer	oficial del préstamo, de préstamos
loan origination fee	comisión por tramitación de solicitud

loan portfolio	cartera de préstamos
loan proceeds *see* allocation of loan proceeds	
loan processing	tramitación del (de un) préstamo
loan recovery	recuperación de un préstamo, de préstamos

local

local authority *see* local government	
local competitive bidding (LCB); competitive bidding in accordance with local procedures	licitación pública según procedimientos nacionales, anunciada localmente
local cost; onshore cost	costo en moneda nacional
local currency	moneda nacional
local employee [IBRD]	funcionario, empleado contratado localmente
local government; local authority	administración local; autoridades municipales, provinciales, etc.
localization	autoctonización
locked in capital gains	ganancias de capital realizadas
locked in interest rate	tipo, tasa de interés inmodificable
locked-up capital	capital inmovilizado
lock gate price; sluice price	precio de compuerta [avicultura]
logging [forestry]	corte y extracción de madera en trozas; explotación forestal; extracción de madera

long-run average incremental
cost - LRAIC

costo incremental medio a largo plazo

long-run marginal cost - LRMC;
efficiency price; efficient price
[electricity tariffs]

costo marginal a largo plazo

long-term

long-term blended cost rate
- LTB [IFC]

coeficiente de costos combinados
a largo plazo

long-term debt ratio

relación de endeudamiento a largo plazo

Long-term Facility for Financing
Purchases of Capital Goods by
Developing Countries [IBRD]

Servicio de financiamiento a largo plazo
para la compra de bienes de capital por
los países en desarrollo

long-term liabilities

pasivos a largo plazo

long-term prime rate - LTPR

tipo, tasa preferencial a largo plazo

loss in weight; waste [commerce]

pérdida; desperdicio

loss leader

artículo de propaganda, de cebo, de
reclamo

loss provision; reserve for losses

reserva para pérdidas

low absorber [country]

país de baja capacidad de absorción

lower middle income country - LMIC

país de ingresos medianos bajos

lower secondary education

educación secundaria de primer ciclo,
de ciclo básico

lowest bidder

licitante que presenta la oferta
más baja

[*see also* second lowest bidder]

lower heating value *see* net heating value

lowest evaluated bid	oferta evaluada como la más baja
low income country	país de bajo(s) ingreso(s)
low load factor consumer [electricity]	consumidor de bajo factor de carga
low standard road	camino, carretera de normas reducidas, bajas
low voltage consumer [electricity]	consumidor de bajo voltaje
lump sum borrowing [IFC]	empréstito de suma global
lump sum contract [consultants]	contrato a suma alzada
lump sum price	tanto alzado; monto global; suma alzada; precio global

- M -

main contractor; prime contractor	**contratista principal, primario**
mainframe computer	**gran computadora; gran ordenador [Esp.]**
main power grid (electricity)	**red principal**
maintenance of value - MOV (of IBRD capital)	**mantenimiento del valor**

maintenance of value settlement *see* settlement of maintenance of value

major currency	**moneda importante**
malnourished	**malnutrido**
malnutrition	**malnutrición**
manageable	**controlable; manejable; gobernable; etc.**
managed economy	**economía dirigida**

management

management *see* asset and liability management; **cash management; collegial management;** comanagement; corporate management; country assistance **management; demand management; economic** management; IDA management fee; labor-management relations; liability management; line management; liquidity management; participative management; **project management; range management; risk** management; supply management; water management; watershed management

Management [World Bank]	**la administración**
management accounting	**contabilidad de gestión**
management audit	**evaluación administrativa**
management auditor	**inspector administrativo**
management by objectives - MBO	**gestión, administración por objetivos**

management chart; performance chart	diagrama, gráfico de situación
management company	compañía administradora, de administración, de gestión
management consultant	consultor en dirección de empresas, en administración de empresas
management contract	contrato de administración
management development	perfeccionamiento del personal directivo; perfeccionamiento de la función de gestión
management fee	comisión de administración; comisión de gestión
management game	juego de gestión
management group see managing group	
management information system - MIS	sistema de información para la administración
management letter [auditing]	carta a la administración
management succession planning	plan de sucesión para cargos de dirección
managerial accounting	contabilidad gerencial
managing group	consorcio, grupo de dirección, directivo
managing unit	unidad directiva
mandatory planning	planificación obligatoria, preceptiva
man-day	día-hombre

man-month contract

contrato por meses-hombre

manpower development

perfeccionamiento, formación de recursos humanos, de la mano de obra

manpower planning

planificación de recursos humanos, de la mano de obra

manufacturing grade [meat]

calidad para elaboración

Manufacturing Unit Value Index [World Bank]

índice del valor unitario de las manufacturas - VUM

mapping *see* school mapping

marginal

marginal benefit

beneficio marginal

marginal capacity cost - MCC

costo marginal de mantenimiento de la capacidad

marginal cost
[*see also* long-run marginal cost]

costo marginal

marginal cost pricing

fijación de precios al costo marginal

marginal disutility

desutilidad marginal

marginal efficiency of capital

eficiencia, productividad marginal del capital

marginal national savings rate

tasa marginal de ahorro nacional

marginal propensity (to consume, to save, etc.)

propensión marginal (al consumo, al ahorro, etc.)

marginal reserve requirement

encaje legal adicional; reserva obligatoria marginal

marginal soil(s)

suelo(s) de fertilidad marginal, de baja fertilidad

marginal utility	utilidad marginal
marginal value product	valor del producto marginal
margin of preference; preference margin	preferencia; margen de preferencia
marker, benchmark crude [oil]	crudo de referencia
marker, benchmark price [oil]	precio de referencia

market

market-clearing prices	precios de equilibrio del mercado
market-clearing quotations	cotizaciones de precios de equilibrio del mercado
market-clearing returns	rentabilidad de equilibrio del mercado
market-eligible countries	países que tienen acceso al mercado financiero
"market-in-hand" agreement	convenio "mercado en mano"
market intermediation	intermediación del mercado
market-related lending	financiamiento en condiciones de mercado
market value	valor comercial, de mercado
marketable securities	valores negociables
marketability	posibilidad de comercialización, de colocación; comercialibilidad
marketing	comercialización [productos]; colocación [valores]
marketing arrangement	acuerdo de comercialización
marketing board	junta de comercialización

mark-up	margen de utilidad; aumento de precio
marshal evidence, to [ICSID]	presentar y ofrecer pruebas
marshalling yard	patio de maniobra, de clasificación
mass media	medios de información, difusión, comunicación
mass production	producción en gran escala, en serie
master plan	plan maestro
Master Loan Agreement	convenio de préstamo entre el Banco y la CFI
matched funding [IFC]; matching funds	financiamiento, fondos de contrapartida
matching credit [see also tax sparing]	crédito de contrapartida
matching payment	pago de contrapartida
mathematical expectation [mathematics]	esperanza matemática
matrix reporting	responsabilidad ante más de una autoridad, entidad, jefe
maturation (of borrowers from IDA to IBRD loans)	maduración
mature investments [IFC]	inversiones que han alcanzado su madurez, su fase productiva
mature markets [securities]	mercados bien establecidos
mature project	proyecto en avanzado estado de ejecución, próximo a terminarse
maturity (of a loan, bond, etc.)	vencimiento (de un préstamo, obligación, etc.); plazo de vencimiento
maturity mismatch	discordancia entre los vencimientos

maturity transformation	modificación de los vencimientos
maximum likelihood method	método de máxima verosimilitud
McNamara Fellow	becario McNamara
McNamara Fellowship	beca McNamara
mean annual increment - MAI [forestry]	incremento anual medio
meat processing	elaboración de carne
mechanical completion [projects]	terminación de las instalaciones
medium absorber [oil exporter]	país de mediana capacidad de absorción

membership

membership [IFC]	calidad de miembro; *a veces*: ingreso; miembros
membership application	solicitud de ingreso
membership shares [World Bank]	acciones de adhesión
membership votes	votos de adhesión

memo item *see* memorandum entry, item

memorandum

memorandum account	cuenta de orden
memorandum entry, item; memo item	partida de memorando; partida pro memoria
Memorandum of Administrative Arrangements [ICSID]	Memorando sobre Arreglos Administrativos
memorandum of law	memorando jurídico; dictamen legal
memorandum of understanding	memorando de acuerdo

memorial [ICSID]	memorial
menu approach	método de la lista de opciones
merchandise balance; balance of trade	balanza comercial
merchandising	comercialización; ventas
merchant bank [UK]; investment bank [US]	banco de inversiones
merger	fusión
merit goods	bienes preferentes, deseables; bienes de interés social
merit increase	aumento por mérito
messages [agricultural extension]	contenido técnico
metal works	estructuras metálicas
Metals and Minerals Price Index [IBRD]	índice de precios de los metales y minerales
meter rent [electricity]	cargo por medidor, por contador
MIBOR [= Madrid Interbank Offered Rate]	MIBOR (tipo, tasa de oferta interbancaria de Madrid)
microdata	microdatos; datos detallados
micro-sprayer irrigation	riego por microaspersión
microteaching	microenseñanza
middle income country	país de ingresos medianos
midterm project review mission [World Bank]	misión de supervisión general del proyecto a mediados del período de ejecución

Midterm Review - MTR [IDA]	examen de mediados del período (de una reposición)
midyear review	examen de mitad del ejercicio, de mitad de año
milling yield	rendimiento en la fabricación, la molienda, el maquinado
millions of barrels per day oil equivalent - mbdoe	millones de barriles diarios de equivalente en petróleo - mbdep
minehead price	valor en boca de mina
mineral lick; salt lick	salegar
mine run coal; run-of-mine coal	carbón sin clasificar, tal como sale, en bruto
minimum cash ratio	encaje legal; coeficiente mínimo de encaje
minimum cash requirement	(porcentaje de) reserva mínima obligatoria; encaje legal
minimum package project	proyecto de contenido mínimo
minority threshold [IBRD]	umbral de veto de una minoría
misallocation of resources	asignación desacertada de los recursos
misprocurement [IBRD]	adquisición no conforme con los procedimientos reglamentarios

mission *see* appraisal mission; audit mission; composite mission; end-of-mission document; external review mission; field mission; full mission; investment review mission; midterm project review mission; post appraisal mission; preappraisal mission; review mission; supervision mission

mixed

    mixed enterprise — empresa mixta

    mixed farming project — proyecto agropecuario; *a veces*: proyecto de cultivos múltiples

    mixed fertilizer; compound fertilizer — fertilizante compuesto

    mixed financing; blend financing — financiamiento combinado (del BIRF y la AIF)

mobile training unit — unidad móvil de formación, de capacitación

mobilization advance [contracts] — anticipo para movilización

mobilization costs — costos de movilización

model bid documents — modelos de documentos de licitación

model school; demonstration school — escuela de aplicación; escuela experimental

modified Bruno ratio; internal exchange rate — tipo de cambio interno; coeficiente modificado de Bruno

monetary

    monetary aggregates — agregados monetarios

    monetary correction — corrección monetaria

    monetary ease — relajación monetaria; flexibilidad monetaria

    monetary restraint — austeridad monetaria

    monetary stringency — constricción monetaria

monetization — monetización

monetized GDP — PIB monetizado

money

money at call; call money	dinero exigible; dinero a la vista
money center banks	bancos establecidos en las principales plazas financieras
money income	ingreso monetario
money market	mercado monetario, del dinero
money market (mutual) fund; mutual fund	fondo común de inversiones; fondo mutuo
money market paper	títulos, valores del mercado monetario
money market rate	tasa del mercado monetario; tasa de los fondos comunes de inversiones
money stock *see* money supply	
money supply; money stock	oferta monetaria; medio circulante
money wage	salario monetario, nominal

moneyness	liquidez
monitoring	observación; verificación; seguimiento; vigilancia; supervisión
monitoring and evaluation - M & E	seguimiento y evaluación
monoculture; sole cropping	monocultivo
Monrovia Strategy for the Economic Development of Africa *see* Lagos Plan of Action	
mortgage bank	banco hipotecario
mortgage financing	préstamos, créditos hipotecarios
most-favored-nation clause	cláusula de la nación más favorecida

most seriously affected countries - MSAs	países más gravemente afectados
mother and child health (MCH) center	centro de salud maternoinfantil
motivator [family planning]	promotor
motor octane number - MON	índice de octano; octanaje
mountain rice; upland rice	arroz de montaña, de secano
moving average; running average	media, promedio móvil
multicropping *see* multiple cropping	
multicurrency clause [loan contract]	cláusula de, sobre múltiples monedas
multidwelling houses	viviendas multifamiliares
Multifibre Arrangement	Acuerdo Multifibras
multigrade teaching	enseñanza simultánea de varios grados

multilateral

Multilateral Investment Guarantee Agency - MIGA	Organismo Multilateral de Garantía de Inversiones - OMGI
multilateral investment insurance	seguro multilateral de inversiones
Multilateral Investment Insurance Agency - MIIA [now Multilateral Investment Guarantee Agency - MIGA q.v.]	organismo multilateral de seguros de inversiones
multilateral trade negotiations - MTN	negociaciones comerciales multilaterales

multimedia training modules [EDI]	módulos audiovisuales de capacitación
multimodal transport	transporte multimodal

multiple cropping; multicropping	cultivos múltiples
(multiple) (currency) option bond	bono con opción de cambio de divisa
multiple stage tax	impuesto por etapas, en cascada
multiplier *see* credit multiplier	
multipurpose berth	puesto de atraque de fines múltiples
multipurpose project	proyecto de fines múltiples
multisectoral general equilibrium model	modelo multisectorial de equilibrio general
multivariate technique	técnica de variables múltiples
multiyear rescheduling arrangement - MYRA	acuerdo de reprogramación multianual de la deuda
mutual fund *see* money market (mutual) fund	
mutually offsetting entries	partidas que se compensan mutuamente

- N -

narrow money	dinero en el sentido estricto
natural gas liquids - NGL	líquidos de gas natural
near cash instruments	instrumentos cuasimonetarios
near money; quasi-money	cuasidinero
negative amortization loan	préstamo de amortización negativa
negative pledge clause	cláusula de obligación negativa, de abstención
negative rate of interest	tipo de interés negativo; tasa de interés negativa
negative sum game	juego de suma negativa
netback value; back value [energy]	ganancia neta

net

net beneficial product	producto útil neto
net benefit investment ratio	relación beneficio neto-inversión
net calorific value *see* net heating value	
net cash requirements	necesidades netas de efectivo
net discounted value	valor neto actualizado
net energy ratio - NER	relación de energía neta - REN
net factor service income	ingreso neto por servicios de los factores
net heating value - NHV; net calorific value - NCV; lower heating value	poder calorífico neto - PCN

net income	ingresos netos [BIRF]; utilidades netas [sociedades]
net material product - NMP	producto material neto - PMN
net of taxes	deducidos los impuestos
net out	expresar en cifras netas; obtener cifras netas
net present value in efficiency prices - ENVP	valor actual neto a precios económicos
net present worth, value - NPW, NPV [see also social net present value]	valor neto actual, actualizado
net profits interest [oil]	participación en las ganancias, utilidades netas
net realizable value; exit value	valor de realización
net register tonnage - NRT	tonelaje de registro neto
net reproduction rate - NRR	tasa de reproducción neta - TRN
net unrealized gain	ganancia neta no realizada
net worth [individuals, private corporations]	patrimonio neto
net worth; stockholders' equity [corporations]	patrimonio; patrimonio neto; activo neto
network analysis	análisis de redes
network diagram	diagrama de red(es)
New International Economic Order - NIEO	nuevo orden económico internacional - NOEI

newly industrialized country - NIC	país recientemente industrializado
newly industrializing country - NIC	país de reciente industrialización, en vías de industrialización
new money packages	cantidades de dinero nuevo
"new style" project [IBRD]	proyecto de "nuevo estilo"
night soil	excretas; abono de cloaca, de letrina
nitrogen, nitrogenous fertilizer	fertilizante nitrogenado
no load fund	fondo de inversión que no cobra comisión

nominal

nominal effective exchange rate	tipo de cambio efectivo nominal
nominal price	precio nominal, simbólico
nominal protection coefficient - NPC	coeficiente de protección nominal
nominal service	servicio mínimo
nominated subcontractor	subcontratista propuesto
nomination	propuesta de candidatura
nonaccrual status	exclusión del régimen de contabilidad en valores devengados
nonaccruing loan; nonperforming loan	préstamo no redituable, improductivo
nonassociated gas	gas no asociado
nonbulk traffic	transporte de productos empacados
noncallable [bond]	no rescatable, no redimible antes del vencimiento

noncash

noncash expenses	gastos, costos no monetarios
noncash input	insumo no monetario
noncash item	partida de transacción no monetaria
noncash working capital	capital de trabajo, de explotación no disponible inmediatamente
nonconcessional, nonconcessionary flows	corrientes de capital en condiciones no concesionarias
noncore project	proyecto no básico
non-equity direct investment	inversión directa distinta de las contribuciones al capital social
nonexpendable equipment	material no fungible
nonfactor services - n.f.s.	servicios no atribuibles a factores
non-food agricultural commodity	producto básico agrícola no alimentario
Non-Food Agricultural Price Index [IBRD]	índice de precios de los productos agrícolas no alimentarios
nonformal education	educación no formal
nonfuel minerals	minerales no combustibles
nongovernmental organization - NGO	organización no gubernamental - ONG
noninterest bearing note	pagaré sin intereses
nonmarket economy	economía no de mercado
nonmarket services [national accounts]	servicios no comerciales

nonnegotiable note	pagaré no negociable
nonoil developing country	país en desarrollo no petrolero
nonoperating income	ingresos no provenientes de las operaciones
nonperforming assets	activos no redituables, improductivos
nonperforming debt	acreencias no redituables, improductivas
nonperforming loan; nonaccruing loan	préstamo no redituable, improductivo
non-portfolio project [IFC]	proyecto no incluido en la cartera
nonprice competition	competencia no relacionada con los precios
nonprofit organization; not-for-profit organization	organización sin fines de lucro
nonproject aid	asistencia, ayuda no destinada a proyectos específicos, para fines generales
nonproprietary name	nombre genérico; denominación común
nonpurpose loan	préstamo sin finalidad específica
nonrecourse finance	financiamiento sin posibilidad de recurso
nonrecourse participation	participación sin posibilidad de recurso
nonrecurring expenses	gastos extraordinarios
nonreporting nonmember country	país no miembro y no declarante
non-responsive	...que no se ajusta (a las estipulaciones, normas, etc.)
nonstock corporation	sociedad no accionaria

nontariff barrier

barrera no arancelaria

nontradable [noun]

bien no comerciable, no comercializable;
no exportable o importable

nontraded goods

bienes no comerciados, no comercializados,
no exportados o importados

nontraded tradable

bien comerciable no comerciado (etc.)

"no objection" (procedure)

(procedimiento de) aprobación tácita

no recourse sale

venta sin recurso de rescisión,
irrevocable

no-return equity

capital improductivo

not applicable - n.a.

no se aplica - n.a.

not available - n.a.

no disponible - n.d.

not elsewhere specified - n.e.s.

no especificado en otra parte - n.e.p.

note

    note [capital markets]   pagaré
    [see *also* deep discount note; demand note; discount note; floating rate note; interest bearing note;
    noninterest bearing note; nonnegotiable note; promissory note; Treasury note]

    note deposit [IDA]   depósito de pagarés

    note issuance facility *see* revolving underwriting facility

    note issue   emisión fiduciaria

not-for-profit organization *see* nonprofit organization

notice to proceed [contracts]

orden de proceder

not included elsewhere - n.i.e.

no indicado separadamente -
n.i.s.

nuclear housing; core housing	unidad mínima de vivienda; vivienda mínima
nuclearization [education]	nuclearización
nucleus estate	plantación núcleo
numeraire	unidad de cuenta; numéraire
nurse *see* practical nurse; registered nurse	
nurse crop; cover crop	cultivo protector, de cobertura
nutrients	nutrientes; elementos, sustancias nutritivos(as)

- O -

objection to jurisdiction [ICSID]	excepción de incompetencia de jurisdicción
objective function [economic analysis]	función objetivo
occasional earnings	ganancias ocasionales, eventuales
ocean freight rate index	índice de fletes marítimos
office automation	automatización de oficinas; ofimática

official

official capital	capital oficial, público
official debt	deuda pública
official development assistance - ODA	asistencia oficial para el desarrollo - AOD
official export credit	crédito oficial a la exportación
official flows [development]	corrientes oficiales; flujos oficiales
official holdings	tenencias oficiales
off-market transaction	transacción fuera de mercado
off-season, out-of-season crop	cultivos de fuera de estación, de temporada
offset agreements	acuerdos compensatorios

offshore

offshore assembly *see* offshore processing	
offshore bank	banco extraterritorial
offshore cost	costo extranacional

offshore drilling	perforación submarina, mar adentro
offshore field	yacimiento submarino, mar adentro
offshore market	mercado extraterritorial
offshore processing, assembly	elaboración, montaje de material fabricado en otro país
offtake [livestock]	extracción
offtake rate [livestock]	tasa de extracción
off-the-shelf	en existencia
off-the-shelf goods	bienes, mercancías en existencia
off-the-shelf purchases	compra de bienes en existencia en el mercado
off-the-shelf price	precio en almacén

oil

oil *see also* heating oil; heavy oil; heavy fuel oil

oil bill [national]	gastos en petróleo; costo del petróleo
oil fired power station	central eléctrica de petróleo
oil (drilling) rig, platform	equipo, torre de perforación petrolera; plataforma de perforación petrolera [mar.]
oil sands	arenas petrolíferas, asfálticas; arenas impregnadas de brea
oil shale	lutita bituminosa; esquisto bituminoso
oil shock	crisis, conmoción petrolera, producida por los precios del petróleo
oilcake	torta (de semillas) oleaginosa(s)

onchocerciasis; river blindness

ceguera de los ríos; oncocercosis

Onchocerciasis Control Programme

Programa de Lucha contra la Oncocercosis

on-costs [UK]; indirect costs

costos indirectos

one-stop agency

organismo de centralización
 de trámites

on-farm consumption

consumo en la explotación agrícola

on-farm developments, improvements

mejoras en las explotaciones
 agrícolas; *a veces*: adecuación predial

on-farm research - OFR

investigación(es) en las explotaciones
 agrícolas

onlend

represtar; prestar de nuevo (el importe
 de un préstamo)

onlending; onward lending

représtamo

onshore cost; local cost

costo en moneda nacional

on-the-job training

capacitación, formación, adiestramiento
 en el empleo, trabajo

onward lending *see* onlending

open

    open cast, open cut mining *see* open pit mining

    open economy

economía abierta

    open-ended commitment

compromiso sin plazo o volumen
 definidos

    open-ended contract

contrato de duración indefinida

    open-ended group

grupo abierto; grupo de
 participación abierta

open-end (investment) fund; unit trust [UK]	sociedad de inversiones con número de acciones variable
open-hearth steelmaking	fabricación de acero en hogar abierto, en horno Martin-Siemens
open market	mercado abierto; mercado financiero
open pit, open cast, open cut, strip mining	explotación a cielo abierto
open registry flag; flag of convenience	bandera de conveniencia, de favor
open tender; public tender	licitación pública
open unemployment	desempleo evidente, manifiesto

operating

operating account	cuenta de explotación, operación
operating budget	presupuesto de explotación
operating deficit	déficit de explotación, operación
operating department	departamento de operaciones
operating expenses, costs	gastos, costos de explotación, operación, funcionamiento
operating income, profit	ingresos, utilidades de explotación, de operación
operating lease	contrato de arrendamiento operativo
operating losses	pérdidas de explotación, de operación
operating profit *see* operating income	

operating program [IBRD]   programa de operaciones

operating ratio   coeficiente de operación;
coeficiente neto de explotación

operating subsidy   subsidio, subvención de explotación,
de operación, de funcionamiento

operating surplus   superávit de explotación,
operación

operational

Operational Assistance - OPAS [UNDP]   asistencia operacional - ASOP

operational department [IBRD]   departamento de operaciones

Operational Manual Statement - OMS   documento del Manual de Operaciones

operational, operations research   investigación operativa, de operaciones

Operational Regulations [MIGA]   Reglamento de Operaciones

operational review   estudios operacionales

Operations & Maintenance - O & M   funcionamiento y mantenimiento

opportunity cost   costo de oportunidad, de sustitución
[see also social opportunity cost]

option bond see multiple currency option bond

oral procedure [ICSID]   actuación, procedimiento oral

oral rehydration therapy - ORT   terapia de rehidratación oral

orderly marketing arrangements - OMA   disposiciones de comercialización
ordenada

ordinary share; common share   acción ordinaria

organizational structure   estructura orgánica

organization expenses; formation expenses	gastos (iniciales) de constitución
original issue discount bond	bono emitido con descuento
origin tax	impuesto de origen
other official flows - OOF	otras corrientes oficiales
outage [electricity]	interrupción del servicio; apagón
outgrower	agricultor con pequeña(s) explotación(es) satélite(s)
outlay account *see* income and outlay accounts	
out-of-school education	educación extraescolar
out-of-season crop; off season crop	cultivos de fuera de estación, de temporada
outpatient treatment	tratamiento ambulatorio
outplacement service	servicio de empleo en otros organismos
output	producto; producción; egresados
outreach	
outreach activities	actividades de extensión, de vulgarización, de divulgación
outreach post	centro fuera de la sede
outreach program	programa de alcance exterior, de extensión, de divulgación
outreach worker	trabajador, funcionario de extensión, de divulgación; promotor
outright sale	venta simple, al contado

outsourcing *see* sourcing

outstanding

outstanding bonds, securities, shares, stock	bonos, valores, acciones en circulación
outstanding drawings	giros pendientes de reembolso; total, monto neto de los giros
outstanding external debt	deuda externa pendiente
outstanding loans	préstamos pendientes

outward-looking, outward-oriented country	país orientado hacia el exterior
overaccruals	cargos contables excesivos
overage loan	préstamo para cubrir posibles excesos de costos
overdesign	diseño demasiado ambicioso; diseño excesivo para las necesidades
overdraft facilities	servicio de sobregiro
overemployment	sobreempleo; hiperempleo; exceso de empleo
overexpenditures	gastos superiores a los previstos
overexposure	concentración excesiva de riesgos de financiamiento
overgeared	endeudado en exceso
overgrazing	pastoreo excesivo
overhang	exceso de oferta; excedente; sobrante; saldos pendientes

[*see also* debt overhang]

overhaul [equipment]	reparación general de equipo
overhead capital	capital social fijo; capital nacional fijo
[*see also* social overhead capital]	
overhead costs; overheads	gastos generales
overinvestment	exceso de inversiones; inversión excesiva
overlay [highways]	recubrimiento; revestimiento
overnight funds	fondos de un día para otro
overnight maturity	vencimiento de un día para otro
overrun *see* cost overrun; time overrun	
overseas allowance	bonificacion, prima por trabajo en el exterior
overshoot	exceder el objetivo
overshooting	ajuste excesivo
overstaffed	con exceso de personal
oversubscription [capital markets]	suscripción en exceso de la emisión
oversupply	oferta excesiva
over-the-counter market; curb market	mercado extrabursátil, fuera de bolsa
over-the-counter securities	valores extrabursátiles, fuera de bolsa
owners' equity; stockholders' equity	patrimonio; patrimonio neto; activo neto
ownership (of a corporation)	los propietarios de las acciones; control mayoritario
[*see also* equity ownership]	

ownership structure (of a company)	estructura, composición del capital social
own price elasticity; price elasticity	elasticidad-precio; elasticidad con respecto al precio

- P -

Pacific Rim countries	países del arco del Pacífico
package	conjunto, serie de disposiciones, equipos, proyectos, actividades, financiamiento; programa de medidas, etc.

[see also bid package; financial package; minimum package project; new money packages; policy package; rescue package; slice and package]

package, financial	serie, conjunto de medidas financieras
paid-in (share) capital	capital pagado
paid-up capital	capital pagado, totalmente pagado
paid-up stock; fully paid stock	acciones pagadas
Panel member [ICSID]	integrante de la Lista (de Conciliadores o de Arbitros)
Panel of Conciliators, Arbitrators [ICSID]	Lista de Conciliadores, de Arbitros
panel of experts	grupo de expertos
paper [financial]	efectos; valores

[see also commercial paper; eligible paper; financial paper; government paper; money market paper]

paper profit	utilidades en libros
parallel economy; black economy	economía subterránea, paralela
parallel financing	financiamiento paralelo
parastatal [noun]	entidad, institución, organismo, servicio paraestatal
parchment coffee	café pergamino

parent body	órgano, organismo principal
parent company	sociedad, empresa matriz
pari passu clause	cláusula pari passu
parity price	precio de paridad
Part I countries [IDA]	países de la Parte I
Part II countries [IDA]	países de la Parte II
partial budget	presupuesto parcial
participation certificate; pass-through certificate	certificado de transferencia de préstamos
participation rate; labor force penetration	tasa de actividad
participative management	administración, gestión participatoria
partly knocked down - PKD	parcialmente montado
partner countries	países asociados, que mantienen relaciones comerciales
partnership	sociedad simple, colectiva; asociación
party (to proceeding or to the dispute) [ICSID]	parte (en el procedimiento o en la diferencia)
par value	paridad; valor a la par, nominal
pass rate [education]	tasa de promoción
pass-through audit [IBRD]	evaluación ex post abreviada de un proyecto
pass-through certificate; participation certificate	certificado de transferencia de préstamos

pass-through effect	efecto secundario
pastoralist	pastor nómada
patching; spot improvement [highways]	bacheo; reparación de baches
pattern farm plan	plan modelo de presupuesto de finca
payable on demand	pagadero a la vista, contra presentación
pay-as-you-earn - PAYE; pay-as-you-go [taxation]	retención (de impuestos) en la fuente
pay-as-you-go system [social security]	régimen de pagos con cargo a los ingresos corrientes
payback period	plazo de amortización, de reembolso; plazo de recuperación (de inversiones)
payload	carga útil
payment arrears	atraso(s) en los pagos; pagos en mora
payment basis, on a	a título oneroso
payment-in-kind - PIK	pago en especie
payments position (of a country)	situación de pagos (de un país)
payout date	fecha de desembolso
payout price	precio neto
payroll	nómina
payroll tax	impuesto sobre nóminas
peak load	carga de punta
peak shaving [electricity]	recorte de la demanda de punta

peg, to (prices, interest rates)	vincular; fijar
peg out, to [surveying]	marcar; trazar; piquetear
penalty clause	cláusula penal, punitiva
penstock [hydroelectricity]	tubería, canal de presión, de carga
pent-up demand	demanda reprimida
P/E ratio; price/earning ratio	relación precio-utilidades
per capita income	ingreso, renta per cápita, por habitante
percentage (fee) contract [consultants]	contrato a porcentaje, de honorario porcentual
percentage point	punto porcentual
perfect competition; pure competition	competencia perfecta

performance

performance	actuación; desempeño; resultados; comportamiento; rendimiento; eficacia; etc.

[*see also* economic performance; financial performance; institutional performance; project performance (audit) report; tax performance ratio]

performance audit	evaluación de resultados
performance bond	fianza de cumplimiento
performance budget	presupuesto por funciones
performance chart; working table; management chart	diagrama, gráfico de situación
performance contract	contrato-plan

performance evaluation [personnel]	evaluación; calificación
performance guarantee [consultants]	garantía de cumplimiento
performance indicators	indicadores del desempeño, de la actuación
performance monitoring	fiscalización, seguimiento, observación del desempeño, de los resultados
Performance Planning and Review - PPR [IBRD]	(sistema de) planificación y evaluación del desempeño (del funcionario)
performance requirements [contracts]	requisitos de desempeño, cumplimiento, funcionamiento
performance security [contracts]	garantía de cumplimiento, contra el riesgo de incumplimiento
performance specifications	especificaciones de funcionamiento
performing assets	activos redituables, productivos
(periodic) review clause	cláusula de examen (periódico)
permanent assets; fixed assets	activos fijos; capital fijo
perpetual bond	bono perpetuo
personal stock; registered stock	acciones nominativas
Personnel Manual Statement	documento del Manual del Personal
pest and disease control	lucha contra plagas y enfermedades
phase out, to	eliminar, suspender por etapas, progresivamente
phase out period [IBRD]	período de eliminación gradual de los préstamos del Banco

phase out program [IBRD]	programa de eliminación gradual de los préstamos del Banco
Philippines formula [MOV]	fórmula de Filipinas
phosphate rock; rock phosphate	fosforita; roca fosfatada

physical

physical contingencies	asignación para excesos de cantidades físicas
physical facilities	instalaciones
physical infrastructure	infraestructura física
physical investment	inversión en activos fijos
physical planner	planificador de obras, de instalaciones
physical planning	planificación del espacio físico
Physical Quality of Life Index - PQLI	índice de la calidad material de la vida
piggyback financing	financiamiento concatenado
piggyback project	proyecto concatenado
pioneer industry	industria pionera, de vanguardia
pioneering research	investigación inicial, de avanzada
piped water	agua corriente, por tubería
pipeline loan, credit	préstamo, crédito en tramitación
pipeline of projects	proyectos en tramitación, en reserva
pipeline project	proyecto en tramitación, en reserva

pit latrine	letrina de pozo
pit privy	letrina de pozo
pithead power plant	central eléctrica en la zona de una bocamina

planning *see* aggregative planning; blueprint planning; comprehensive planning; development planning; family planning; Indicative Planning Figures; land use planning; mandatory planning; manpower planning; Performance Planning and Review;
physical planning

planning, programming, budgeting system - PPBS	sistema de planificación, programación y presupuestación - SPPP

plant

plant *see* base load station; biogas plant; biomass (power) plant; coal fired power station; diesel (fired) power plant; oil fired power station; pithead power plant; steam plant; step-down power station; step-up power station

plant and equipment	instalaciones y bienes de equipo
plant breeder *see* breeder	
plant breeding	fitogenética
plant cover	cubierta vegetal
plant population	densidad de siembra
planting material	material de siembra
Plaza Agreement	Acuerdo del Plaza, de Nueva York
pleadings [ICSID]	presentaciones [demandas, alegatos, etc.]
pledge (of shares) [IFC]	promesa de participación en el capital accionario
pledging	promesa de contribuciones

plot servicing	instalación de servicios en los lotes; urbanización de lotes
plot, test	lote, parcela de prueba
plowed-back profits	utilidades reinvertidas
plus, positive sum game	juego de suma positiva
point *see* basis point	

policy

policy-based lending [IBRD]	préstamos, financiamiento en apoyo de reformas de políticas
Policy Framework Paper - PFP	documento sobre parámetros de política económica
policy package	conjunto de medidas de política
policy paper	documento de política (sectorial, financiero, etc.)

poll tax; head tax; capitation	impuesto de capitación
pool *see also* borrowing pool; currency pool	
Pool-Based Lending Rate System [IBRD]	sistema de tipos de interés basados en una cesta de empréstitos pendientes
pool-based variable lending rate	tipo de interés variable basado en una cesta de empréstitos pendientes
pooled loan	préstamo incluido en el sistema de fondo común de monedas
pooling	unión; centralización

port

port authority	dirección, administración, autoridad portuaria
port charges, tariffs	tarifas portuarias
port dues; harbor dues, fees	derechos portuarios

port of entry price *see* cost, insurance and freight port of entry/border point price

port of shipment price *see* free on board port of shipment price

portfolio income	ingreso(s) de los valores en cartera
portfolio sale	venta de valores en cartera
portfolio securities	valores en cartera
positive sum game; plus sum game	juego de suma positiva
post appraisal mission	misión de evaluación complementaria
posted price [oil]	precio de lista, cotizado, de cotización
posted values	precios en plaza (lista de)
postgraduate studies	estudios posteriores al primer título universitario; estudios de posgrado
post, health	puesto de salud; dispensario
postqualification of bidders	poscalificación de licitantes
pour flush latrine	letrina de sifón
poverty line; poverty income threshold	nivel de pobreza; nivel de ingresos de pobreza; umbral de pobreza
Poverty Task Force [IBRD]	Grupo de estudio sobre la pobreza

power plant, station *see* base load station; biogas plant; biomass (power) plant; coal fired power station; dendrothermal power plant; diesel (fired) power plant; oil fired power station; pithead power plant; steam plant; step-down power station; step-up power station

power system	red de energía eléctrica
power takeoff - PTO	toma de fuerza
practical nurse	enfermero(a) auxiliar, no diplomado(a)
practice school; demonstration school	escuela de aplicacion; escuela experimental
preamble to an agreement; recital of an agreement	preámbulo de un convenio
preappraisal	evaluación preliminar
preappraisal mission	misión de evaluación preliminar
predatory price	precio desleal
predevelopment work [oil]	actividades previas a la explotación
predictor; predicated, independent, explanatory variable; fixed variate; regressor [statistics]	variable independiente, predictiva
preemptive rights; first refusal rights	derechos prioritarios, preferenciales
preference, preferential margin; margin of preference	preferencia; margen de preferencia
preferred stock	acciones preferenciales, preferentes, preferidas
prefinancing	prefinanciamiento; financiamiento previo
preinvestment study, survey	estudio de preinversión
preliminary design, engineering	planos preliminares; estudios

	técnicos preliminares
preliminary estimates of quantities	estimaciones cuantitativas preliminares
preliminary question [ICSID]	cuestión previa
prematured loan	préstamo cuyo vencimiento se ha anticipado
prematuring	anticipación del vencimiento
premium	
premium [securities]	prima; agio
premium [stocks]	prima de emisión
premium *see also* inflation premium; price premium; quality premium; standby premium	
premium on prepayment [IBRD]	prima por reembolso anticipado
premium sale	venta con prima
preparatory school *see* feeder school	
prepayment [IBRD]	reembolso anticipado
prequalification documents	documentos de precalificación
prequalification of bidders	precalificación de licitantes
present value, worth	valor actual, actualizado
present worth of an annuity factor	valor actual de una anualidad constante
presumptive taxation	impuestos sobre la renta presuntiva, presunta
prevailing market rate	tipo, tasa vigente en el mercado
prevalence [disease]	prevalencia

price

price adjustment, escalation clause; escalator clause	cláusula de ajuste de precios
price contingencies	asignación para alzas de precios
price differential, spread	margen, diferencia entre los precios
price-earning ratio; P/E ratio - PER	relación precio-utilidades
price effect	efecto en, sobre los precios
price elasticity; own price elasticity	elasticidad-precio; elasticidad con respecto al precio
price escalation clause *see* price adjustment clause	
price ex factory; ex factory price	precio en fábrica
price fixing	fijación de precios; fijación ilícita de precios (entre productores)
price freeze	congelación de precios
price inelasticity	inelasticidad con respecto al precio
price level accounting; general price level accounting	contabilidad según el nivel general de precios
price maintenance *see* resale price maintenance	
price maker, setter	que impone los precios
price premium	sobreprecio
price quotations [contracts]	cotizaciones
price range	escala, gama de precios
price setter *see* price maker	
price spread *see* price differential	

price support	sostén, apoyo de precios
price swing	fluctuación, oscilación de precios
price taker	país que no influye en los precios internacionales
price to factory	precio puesto en fábrica
priced bill of quantities	estimación cuantitativa con precios
pricing policy	política de precios; política tarifaria
pricing system [financial markets]	sistema de fijación de tipos, tasas de interés
primal city	ciudad principal

primary

primary commodity, product	producto primario, básico
primary exporting country	país exportador de productos primarios
primary health care	atención primaria de (la) salud
primary producing country	país de producción primaria
primary product *see* primary commodity	
primary reserves	reservas primarias

prime

prime bill	valor, efecto de primera clase
prime borrower; premier borrower	prestatario preferencial, preferente, de primera clase
prime, principal, main contractor	contratista principal, primario
prime rate	tipo preferencial; tasa preferencial
prime underwriting facility *see* revolving underwriting facility	

principal

principal | principal; capital (de un préstamo)

principal contractor *see* prime contractor

principal (income) earner | principal sostén económico

principal economist | economista principal

Principles of Staff Employment [World Bank] | principios relativos al empleo del personal

printout | impresión, impreso (de computadora)

private benefit-cost ratio - PBC | relación costos-beneficios privados

private voluntary organization - PVO | organización privada de voluntarios

privy *see* aqua privy; pit privy

problem loan [IFC] | préstamo problemático

procedural law; adjective law | derecho procesal, adjetivo, de forma

procedural orders [ICSID] | disposiciones procesales

proceedings | deliberaciones, acta de sesión(es); actuaciones (jurídicas)

proceeds | importe, fondos de un préstamo o crédito; producto

process chart | diagrama de secuencia, de procedimiento

process control | control de procesos industriales

process engineering | ingeniería de procesos

processing of a loan | tramitación del (de un) préstamo

processing | elaboración; transformación; tramitación;

tratamiento; etc.

procurement

    procurement *see also* bulk procurement

    procurement agent   agente de adquisiciones

    Procurement Manual Statement   documento del Manual de Adquisiciones

    procurement (procedures)   procedimientos de adquisición

producer gas   gas pobre

producer goods   bienes de producción

producer price   precio al productor; precio recibido por el productor

producers' values [national accounts]   valor a precio de productor

product in hand contract   contrato "producto en mano"

production build up   aumento de la producción

production-sharing contract   contrato de participación en la producción

productive capacity   capacidad de producción

product mix   combinación de productos

product wage   salario-producto

profit

    profit and loss account [UK]; income statement [US]   estado de ingresos y gastos, de pérdidas y ganancias

    profit center [accounting]   centro de utilidades

    profit making   con fines de lucro

profit margin	**margen de utilidad, de beneficios**
profit on sales of investments	**utilidad sobre la venta de inversiones**
profit sharing	**participación en las utilidades**
profit squeeze	**reducción de los márgenes de utilidad**
profits tax	**impuesto sobre las utilidades, los beneficios**

program

program aid	asistencia, ayuda para programas
program budget	presupuesto por programas
program contract	plan contractual
program evaluation and review technique - PERT	técnica de evaluación y revisión de programas - PERT
Program for Special Assistance (to Member Countries) [World Bank]	Programa de Asistencia Especial (del Banco Mundial a los Países Miembros)
program loan, lending	préstamo, financiamiento para programas

Programme of Action for African Economic Recovery and Development, 1986-1990 *see* United Nations Programme of Action for African Economic Recovery and Development, 1986-1990

progress

progress certificate [IBRD]	estado de pagos (certificado)
progress chart [*see also* construction progress chart]	gráfico de ejecución
progress payment	pago parcial; pago a cuenta
progress report	informe sobre la marcha (de un proyecto)

project

project advance account	cuenta de anticipos para la preparación de un proyecto
project agency	organismo del proyecto; organismo responsable del proyecto
project agreement	convenio sobre el proyecto
project aid	asistencia, ayuda para proyectos
project appraisal	evaluación (inicial) de un proyecto, de proyectos
project area	zona del proyecto
project audit	evaluación ex post de un proyecto
project brief	datos básicos de un proyecto
project completion report - PCR	informe de terminación del proyecto, de proyectos - ITP
project cycle	ciclo del proyecto, de los proyectos
project design	diseño de un proyecto, de proyectos
project evaluation	evaluación ex post de un proyecto, de proyectos
project fund agreement	convenio sobre financiamiento para el proyecto
project identification	identificación, determinación de un proyecto, de proyectos
project implementation review - PIR	examen de la ejecución del (de un) proyecto
Project Information Brief - PIB	documento de información sobre el proyecto

project life	duración, vida útil, de un proyecto
project loan, lending	préstamo, financiamiento para un proyecto, para proyectos
project management	administración de proyectos
project management unit - PMU [IBRD]	unidad de administración del proyecto
project manager	director, administrador del proyecto
project officer	oficial del proyecto, de proyectos
project performance audit memorandum - PPAM	memorando de evaluación ex post de un proyecto
project performance audit report - PPAR	informe de evaluación ex post de un proyecto
project performance report - PPR	informe sobre los resultados de un proyecto
project pipeline; pipeline of projects	proyectos en tramitación, en reserva
project preparation	preparación, elaboración de un proyecto, de proyectos
Project Preparation Facility - PPF	Servicio de Financiamiento para Preparación de Proyectos
Project Preparation Facility advance	anticipo del Servicio de Financiamiento para Preparación de Proyectos
project rent	utilidades netas derivadas de un proyecto
project supervision	supervisión de un proyecto, de proyectos
project unit	unidad del proyecto

promissory note	pagaré
property income [government]	ingreso(s), renta(s) proveniente(s) de propiedades públicas
property income [individuals, corporations]	ingreso(s) de la propiedad, del patrimonio
proprietary good, item	artículo patentado o de marca registrada
proprietary interest	interés mayoritario
proprietary rights	derechos de propiedad
pro rata commitment authority limitations	límites a la facultad para contraer compromisos impuestos por el principio de proporcionalidad
pro rata rules [IDA]	principio de proporcionalidad
prospectus [financial markets]	prospecto
provision [accounting]	reserva; asignación
provisional measure [ICSID]	medida provisional
provision for losses; reserve for losses	reserva para pérdidas
proxy	sustituto; sustitutivo; representativo; poder (jurídico)
proxy [IBRD lending rates]	cantidad representativa (de los empréstitos del BIRF contraídos antes del inicio del sistema de tipos de interés basados en una cesta de empréstitos pendientes)
prudential constraints	limitaciones por razones de prudencia
prudent man rule	normas de prudente discreción

prudent shopping	comparación de precios; obtención de cotizaciones

public

public borrowing, offering	oferta pública; emisión ofrecida al público
public (capital) expenditure	gastos públicos de capital
public corporation	empresa, sociedad pública
public debt	deuda pública
public economics	economía del sector público
public enterprise rationalization loan - PERL	préstamo para racionalización de empresas públicas
public enterprise reform loan - PERL	préstamo para reforma de empresas públicas
public enterprise rehabilitation loan - PERL	préstamo para rehabilitación de empresas públicas
public tender; open tender	licitación pública
public utilities	servicios públicos
public utility corporation	empresa de servicios públicos
public works; civil works	obras civiles

publicly

publicly guaranteed debt	deuda con garantía pública
publicly held government debt	deuda pública del Estado, en poder de particulares
publicly issued (bonds, etc.)	(bonos, etc.) emitidos mediante oferta pública
publicly traded company	sociedad cuyas acciones se cotizan en bolsa

pumping station *see* booster pumping station

pump priming policy [economics]   **política de reactivación**

pupil-teacher ratio - PTR   **relación alumnos-profesor, alumnos por profesor**

purchasing power parity   **paridad del poder adquisitivo**

purchasers' values [national accounts]   **valor a precio de comprador**

pure

    pure, perfect competition   **competencia perfecta**

    pure IDA countries   **países que sólo reciben financiamiento de la AIF**

    pure stand   **cultivo único, de un solo tipo o especie**

    pure time preference *see* rate of pure time preference

put option   **opción de venta**

"put right" guarantee   **garantía de funcionamiento de acuerdo con las especificaciones garantizadas**

- Q -

qualified

qualified agreement to reimburse	acuerdo, convenio condicional de reembolso
qualified bidder	licitante calificado
qualified borrowing(s) [currency pool]	empréstitos calificados
qualified guarantee	garantía condicional
qualified majority	mayoría calificada
qualified opinion [auditing]	dictamen con reservas

qualifying shares	acciones habilitantes
qualitative co-insurance	coaseguro cualitativo
quality loan [IBRD]	préstamo de calidad
quality premium	prima de, por calidad
quantitative co-insurance	coaseguro cuantitativo
quantity surveyor	estimador-medidor de materiales
quantity theory of money	teoría cuantitativa del dinero
quantum index	índice de volumen
quasi-equity	cuasicapital
quasi-money	cuasidinero
quayage *see* wharfage	
queueing theory, problem	teoría, problema de las colas

quick

quick assets; liquid assets

activos líquidos, disponibles;
disponibilidades

quick disbursing (loan)

(préstamo) de rápido desembolso

quick ratio *see* acid-test ratio

quick yielding project [IBRD]

proyecto de rápido rendimiento

- R -

rainfed	de secano; de temporal [México]; de rulo [Chile]
rain forest [*see also* tropical rain forest]	selva tropical; bosque húmedo
raise, to (funds, etc.)	obtener, movilizar (fondos, etc.)
random sample	muestra aleatoria, al azar
rangeland	tierra de pastoreo
range management	ordenación de tierras de pastoreo

rank correlation coefficient *see* Spearman's rank correlation coefficient

ratchet effect	efecto de trinquete
ratcheting up	alza, subida por efecto de trinquete
rated capacity	capacidad de diseño, nominal, de régimen

rate of exchange *see* buying rate of exchange

rate of pure time preference	tasa de preferencia pura en el tiempo
rate of return	tasa de rentabilidad, de rendimiento

[*see also* economic rate of return; equalizing rate of return; financial rate of return; incremental rate of return; internal rate of return; required rate of return; social rate of return]

rating agency	organismo de clasificación de valores

ratio *see* accounting ratio; acid-test ratio; affordability ratio; Bruno ratio; capital-labor ratio; capital-output ratio; capital-service ratio; cost-benefit ratio; current ratio; debt-equity ratio; debt-to-capital ratio; debt-to-equity ratio; debt ratio; debt-service ratio; dependency ratio; enrollment ratio; entrepreneurial benefit-cost ratio; equity ratio; feed conversion ratio; fill ratio; financial ratios; gearing ratio; grade ratio; gross (primary) enrollment ratio; housing expenses/income ratio; import coverage ratio; incremental capital-output ratio; input-output ratio; interest coverage ratio; interest service ratio; land equivalent, equivalency ratio; land use ratio; leverage (ratio); liquidity ratio; liquid ratio; long-term debt ratio; minimum cash ratio; modified Bruno ratio; net energy ratio; operating ratio; price-earning ratio; private benefit-cost ratio; pupil-teacher ratio; quick ratio; reserve ratio; risk asset ratio; smoothness ratio; staffing ratio; stripping ratio; tax/GDP ratio; tax performance ratio; tax ratio; teacher-pupil ratio; volatility ratio; working capital ratio; working ratio

rational expectations	expectativas racionales
raw data	datos brutos, sin elaborar
raw water	agua bruta, cruda, sin tratar
reafforestation; reforestation	reforestación; repoblación forestal
real	
real assets	bienes inmuebles, raíces; activos reales
real effective exchange rate	tipo de cambio efectivo real
real estate developer	promotor inmobiliario; urbanizador
real estate equity	participación en inversiones inmobiliarias
real terms, in	en términos, cifras reales
realized price [oil]	precio efectivo, de realización
rebar [= reinforcing bar]	barra de refuerzo
recall [MOV]	reintegro
recall installments [MOV]	pagos parciales por concepto de reintegro
recall under loans [MOV]	reintegro de los montos en préstamo
receivables	cuentas por cobrar

received energy	energía recibida
recession	recesión
recession crop	cultivo de decrecida
recipient country	país receptor, beneficiario
recital of an agreement; preamble to an agreement	preámbulo de un convenio
reclaim	bonificar; recuperar; sanear
reclamation *see* land reclamation	
recognition and enforcement (of award) [ICSID]	reconocimiento y ejecución (de un laudo)
recommendation domain	ámbito de aplicación de las recomendaciones
reconciliation account	cuenta de reconciliación
reconciliation item [accounting]	partida de reconciliación
reconcile	conciliar; reconciliar
reconnaissance survey	estudio preliminar
reconstruction import credit - RIC	crédito para importaciones con fines de reconstrucción
recoupment [insurance]	resarcimiento
recovery	recuperación; reactivación
recurrent costs, expenditures	gastos, costos ordinarios
recurrent education; lifelong education	educación permanente
recycling (of capital)	reciclaje; recirculación (de capital)

redeemable	rescatable; redimible; amortizable
redemption	rescate; redención; amortización
redeployment (of funds)	reasignación, redistribución (de fondos)
red herring issue	emisión exploratoria
rediscount	redescontar; redescuento
rediscount ceiling	límite de redescuento
reducing charge method; declining balance method	sistema (de amortización, de depreciación) de saldo decreciente
redundancy [staffing]	exceso de personal; reducción de personal; prescindencia; supresión de puestos
reference zone; target zone [foreign exchange]	zona de referencia
referral	remisión; envío
refinancing	refinanciación; refinanciamiento
reflation	reflación
reforestation	reforestación; repoblación forestal
reform *see* land reform	
refresher course	curso de repaso; curso de actualización (para refrescar los conocimientos)
refunding	reembolso; refinanciación
register *see* land register	
Register [ICSID]	Registro

registered

registered [vehicle]	matriculado; inscrito
registered (e.g. tradesmen)	inscrito; registrado; autorizado
registered bond	bono nominativo
registered capital; share capital	capital social, accionario, en acciones
registered nurse	enfermero(a) diplomado(a)
registered security	valor, título nominativo
registered seed	semilla registrada
registered share, stock; personal stock	acciones nominativas
registrar [ICSID]	registrador
registration [Stock Exchange]	inscripción
regrading [highways]	renivelación
regrading [personnel]	reclasificación
regraveling; graveling	recubrimiento, aplicación de grava
regression equation	ecuación de regresión
regressor; predictor	variable independiente, predictiva
regrowth	rebrote
regular appointment [IBRD]	nombramiento ordinario, permanente
regular lending progam [IBRD]	programa ordinario de financiamiento
Regulations and Rules (of the Centre) [ICSID]	Reglamento y Reglas (del Centro)
regulatory agency	organismo regulador

rehabilitation	rehabilitación; reorganización; modernización; etc.
rehabilitation import credit, loan - RIC, RIL	crédito, préstamo para importaciones con fines de rehabilitación
reinforcing bar; rebar	barra de refuerzo
release *see also* block release	
release, to [capital]	entregar; liberar
relend	represtar; prestar de nuevo (el importe de un préstamo)
relief	socorro; auxilio; alivio; etc.; desgravación (fiscal)
relocation grant	asignación, subsidio por traslado
remedy *see* legal remedy	
remittance *see* workers' remittance	
remittances	transferencias [empresas]; remesas
remote sensing	teledetección; teleobservación
renewable energy	energía, energéticos renovable(s); energía, energéticos de fuentes renovables
[*see also* economic rent; project rent]	
rent recovery index [projects]	índice de recuperación de la renta económica
rent-seeking	(sistema de) captación de rentas
repayment schedule	plan de amortización
repeater loan	préstamo complementario

repeater project	proyecto complementario
repeater rate [education]	tasa de repetición
repeat financing	financiamiento complementario
rephasing of a debt	reprogramación de los vencimientos de la deuda
replacement cost	costo de reposición, de sustitución
replacement level [population]	nivel de reemplazo, de renovación
replacement value; current (entry) value	valor de reposición
replenish (an account)	reponer; reconstituir
replenishment of resources	reposición de los recursos [AIF]; reconstitución de los recursos
replicability	posibilidad de repetición, de duplicación
report (of Commission) [ICSID]	acta (de la Comisión)
reported debt	deuda notificada
reporting country	país declarante, informante
reporting requirement(s)	requisito en materia de informes
reporting system [projects]	sistema de presentación de informes
representations	declaraciones
representative office [bank]	representación
repression see financial repression	
repurchase agreement	acuerdo de recompra

request for proposal - RFP	solicitud de propuestas
Requesting Organization [ICSID]	Organismo Solicitante
required rate of return - RRR	tasa de rentabilidad requerida, exigida
requited transfer	transferencia con, de contrapartida
resale price maintenance	imposición de precios por el fabricante
rescheduling of debt; rephasing of a debt	reprogramación (del servicio) de la deuda
rescue package	programa, conjunto de medidas de rescate, de salvamento
resealing [highways]	resellado
research and development - R & D	investigación y desarrollo
research-push innovations *see* upstream innovations	
reservation price (of labor)	precio de reserva
reservation salary, wage	salario de reserva

reserve

reserve *see* legal reserve	
reserve against losses	reserva para pérdidas
reserve asset	activo de reserva
reserve center	centro de reserva
reserve currency	moneda, divisa de reserva
reserve for contingencies; allowance for contingencies; contingency allowance	reserva para imprevistos, contingencias

reserve for depreciation; allowance for depreciation	reserva para depreciación
reserve for losses; provision for losses; loss provision	reserva para pérdidas
reserve operations [lending program]	operaciones "en reserva"
reserve position	posición de reserva(s); situación de las reservas
reserve ratio [banking]	coeficiente de reservas, de liquidez
reserve requirement	encaje legal; reserva obligatoria
resettlement grant	asignación, subsidio por reasentamiento, por reinstalación
resource balance	balanza de recursos
resource based industries	industria basada en recursos naturales
resource(s) gap	déficit, insuficiencia, brecha de recursos
resource-neutral	sin efecto sobre los recursos
responsibility center [accounting]	centro de responsabilidad
responsive	...que se ajusta (a las estipulaciones), normas, etc.
restocking	reposición de existencias
restraint policy	política de austeridad
restricted distribution	distribución reservada
restrictive trade policy	política comercial restrictiva

resubmission [ICSID]	resometimiento (en el sentido del Art. 52[6] del Convenio)
resurfacing [highways]	renovación de la superficie
retail banking	servicios bancarios para consumidores
retail training	formación en el propio país
retained earnings	utilidades no distribuidas
retainer	honorario anticipado
retention money	retención de garantía
retention rate; grade ratio [education]	tasa de retención
retired debt	deuda amortizada
retirement (of a fixed asset)	baja (de activos fijos)
retirement benefits	pensión; jubilación
retirement of outstanding debt [*see also* debt retirement]	reembolso, rescate (anticipado) de la deuda
retraining	readiestramiento
retrieval	recuperación
retroactive financing	financiamiento retroactivo
retrofitting [*see also* custom retrofitting]	renovación; reconversión industrial
return	
return of capital	recuperación del capital
return of investment	recuperación de la inversión

return on, to capital	rentabilidad, rendimiento del capital
return on, to investment	rentabilidad, rendimiento de la inversión
returns; revenues	ingresos; rentas; entradas
returns to scale	rendimiento a escala; rendimiento en función de la escala
revaluation	revaluación; revalorización
revaluation factor [currency pool]	factor de revaluación

revenue

revenue *see also* current revenues; fiscal revenue; government revenues

revenue account [national accounts]	cuenta de ingresos
revenue-earning enterprise	empresa productiva, que produce ingresos
revenue sharing	participación en los ingresos (fiscales)
revenue stamp	timbre fiscal
reverse charge call; collect call	llamada de cobro revertido
reverse transfer of technology	transferencia inversa de tecnología
review clause; (periodic) review clause	cláusula de examen (periódico)
review mission	misión de examen
revised minimum standard model - RMSM	modelo estándar mínimo modificado
revolving credit	crédito renovable, rotatorio
revolving fund	fondo rotatorio
revolving underwriting facility - RUF; note issuance facility - NIF; prime underwriting facility - PUF	servicio de emisión de pagarés - SEP

rhizomes; rootstock crops	rizomas; cultivos de rizomas
ribbon check irrigation; strip irrigation	riego por tablares, por eras; riego por gravedad con retenes
rice *see* floating rice; flooded rice; upland rice	
rig *see* oil (drilling) rig	
right of way	derecho de vía; zona expropiada; servidumbre de paso
rights issue, offering	emisión, oferta de acciones (con derecho preferencial de suscripción)
ripple price effects	repercusiones de las alzas de precios

risk

risk allowance [projects]	margen (de precio) en concepto de riesgos
risk asset ratio	relación riesgo-activos
risk capital; venture capital	capital de riesgo
risk contract [oil]	contrato de riesgo
risk management	gestión de (los) riesgos
risk of expropriation [MIGA]	riesgo de expropiación
risk spread	margen
risk transformation guarantees	garantías relativas a la transformación de riesgos
river blindness; onchocerciasis	ceguera de los ríos; oncocercosis
river channel	cauce, lecho, canal de un río

road

road base *see* base	capa de base; base
road patching; spot improvement	bacheo; reparación de baches
road pricing	fijación de cargos por el uso de las carreteras
road user charges	cargos a los usuarios de las carreteras
rock phosphate; phosphate rock	roca fosfatada
rollback	desmantelamiento
rolled (costs)	(costos) promediados
rolling back	reducción
rolling plan	plan renovable
roll-on/roll-off - ro/ro	autotransbordo; embarque, desembarque por propulsión propia

rollover

rollover	refinanciamiento continuo; renovación
rollover credit	crédito renovable, refinanciable
rollover of gains	reutilización de las ganancias
rollover project, program	repetición de un proyecto, programa
root crops	raíces alimentarias; cultivos de raíces alimentarias
rootstock crops; rhizomes	rizomas; cultivos de rizomas
ro/ro *see* roll-on/roll-off	

roundwood	madera redonda
routine maintenance	mantenimiento de rutina, rutinario
row crops	cultivos en hileras
Rules of Procedure for Conciliation and Arbitration Proceedings [ICSID]	Reglas Procesales aplicables a la Conciliación y al Arbitraje
Rules of Procedure for Meetings of the Executive Directors	Reglamento Interno para las Reuniones del Directorio
runaway inflation	inflación desenfrenada, galopante
running average; moving average	media, promedio móvil
running costs	gastos de explotación
run-of-mine coal; mine run coal	carbón sin clasificar, tal como sale, en bruto
runoff [water]	escorrentía; escurrimiento
runoff irrigation	riego por escorrentía, por escurrimiento

- S -

Safe Motherhood Conference [IBRD/WHO]	Conferencia sobre la Maternidad sin Riesgos
Safe Motherhood Fund [IBRD/WHO]	Fondo para la Maternidad sin Riesgos
Safe Motherhood Initiative [IBRD/WHO]	Programa para la Maternidad sin Riesgos
safety net	red de seguridad
safe water	agua potable
salaries and wages	sueldos y salarios
saleable assets	activos vendibles
sale from portfolio	venta de valores en cartera
sale of loan maturities	venta de vencimientos de préstamos
sales tax	impuesto sobre, a la(s) venta(s)
salvage value	valor de recuperación, de rescate
sample survey [statistics]	encuesta muestral, por muestreo
sanitation	saneamiento
Saudi Arabian light (crude oil); light Arabian crude	(petróleo) crudo liviano, ligero de Arabia Saudita
Saudi Fund	Fondo de Arabia Saudita
savings and loan association	sociedad de ahorro y crédito; sociedad de ahorro y préstamo
scarcity value	valor en razón de la escasez
scatter chart, diagram; scattergram	diagrama de dispersión

schedular, scheduled tax	impuesto cedular
schedule	anexo [convenios de préstamo o crédito]; cuadro; programa; calendario; etc.
schedule contract	contrato con base en una lista oficial de precios
scheduled tax *see* schedular tax	
school mapping	levantamiento del mapa escolar, de mapas escolares
scrap, to	desechar; dar de baja; desguazar
scrap value	valor residual, de desecho
seasonal credit	crédito estacional
seasonally adjusted	ajustado para tomar en cuenta las variaciones estacionales; desestacionalizado
seasonal movements	variaciones estacionales
seasonal peak	máxima estacional; punto máximo estacional
seasoned securities	valores acreditados

second

second-best policy	política subóptima
second lowest bidder	licitante que presenta la oferta clasificada en segundo lugar
[*see also* lowest bidder]	
second tier bank	banco de importancia secundaria
second tier country	país de nivel intermedio

secondary

secondary education *see* lower secondary education; upper secondary education

secondary energy, final energy

energía secundaria, final

secondary reserves

segunda línea de reservas

secondary market

mercado secundario

secondary market mortgage institution

institución de transferencia de hipotecas

secondary recovery

recuperación secundaria

secondary securities

valores de segundo orden

secondary transmission line; subtransmission line

línea de subtransmisión, de transmisión secundaria

secondment

adscripción; envío en comisión de servicio

sector

sector adjustment loan - SECAL; SAD

préstamo para (fines de) ajuste sectorial

sector implementation review - SIR

examen de la ejecución de proyectos sectoriales

sector investment and maintenance loan - SIM

préstamo para inversión y mantenimiento sectoriales

sector loan

préstamo sectorial, para un sector

secular trend

tendencia a muy largo plazo

secure a loan, to

garantizar un préstamo; obtener un préstamo

secured loan

préstamo garantizado

securities (custody) account

cuenta de valores (en custodia)

securities dealer; securities firm	corredor de valores; sociedad de valores
securities market	mercado de valores
securitization	conversión de activos financieros en valores

security

security	seguridad; título; valor; garantía

[*see also* bid security; blue chip security; gilt-edged securities; Government securities; marketable securities; outstanding securities; over-the-counter securities; performance security; portfolio securities; seasoned securities; secondary securities; social security]

security agreement	acuerdo de garantía
security lending	préstamo en valores; financiamiento en valores
security of tenure	seguridad de tenencia; seguridad en el cargo; inamovilidad

seed

seed see also breeder seed; certified seed; field seeds; foundation seed; registered seed

seed capital, money	capital simiente, generador
seed farm	finca, granja (de producción) de semillas
seed garden	huerta (de producción) de semillas
seed money *see* seed capital	
seed plant	planta de simiente; planta para semilla
seedling	plántula; plantón
seismic survey	estudio, reconocimiento sísmico
Selective Capital Increase - SCI	aumento selectivo del capital
self-adjustment	autocorrección; autorregulación

self-care; self-treatment	autotratamiento; autoterapia
self-contained *see* free-standing	
self-determination	autodeterminación; libre determinación
self-employed person	trabajador por cuenta propia, independiente, autónomo
self-financing	autofinanciamiento
self-help	autoayuda; esfuerzo propio
self-help housing scheme	plan de vivienda por el sistema de esfuerzo propio y ayuda mutua
self-insurance	autoaseguro
self-liquidating assets	activos autoliquidables, autoamortizables
self-liquidating project	proyecto que se autofinancia
self-reliance	confianza en sí mismo; capacidad para valerse por sí mismo
[*see also* collective self-reliance]	
self-restraint	autolimitación; moderación; autocontrol
self-sufficiency	autosuficiencia; autonomía; autoabastecimiento
self-sustaining growth	crecimiento autosostenido
self-sustaining state	situación de autosostenimiento
self-targeting (commodity)	(producto) destinado por su propia índole a determinados grupos de la población
self-treatment *see* self-care	
sell down	venta de un crédito fuera del consorcio

seller's market	mercado de vendedores; mercado favorable al vendedor
selling consortium, group, syndicate	consorcio (bancario); grupo de colocación; grupo vendedor
selling rate	precio vendedor; precio de venta
selling value	valor, precio de liquidación, de realización
semiannual coupon equivalent basis, on a [bonds]	sobre una base semestral
semiknocked down - SKD	semimontado
seminar *see* Board seminar	
seminar paper	documento para un seminario
semipermanent housing	vivienda semipermanente
semipublic company	empresa mixta, semipública, paraestatal
semiskilled manpower	mano de obra semicalificada
semiskilled worker	trabajador semicalificado
senior	
senior debt, loan	deuda prioritaria; préstamo prioritario
senior economist	economista superior
senior level staff	funcionarios superiores
senior management	administración superior
senior manager	directivo principal; alto funcionario; funcionario superior
Senior Policy Seminar [EDI]	Seminario de políticas generales
Senior Policy Seminar on... [EDI]	Seminario de políticas de...

sensitive product	productos sensible a la coyuntura
sensitivity analysis	análisis de sensibilidad
separation [employment]	separación del servicio
septic tank	tanque séptico; foso séptico
sequential cropping; double cropping	cultivos dobles; cultivos sucesivos
serial bond, loan	bono de vencimiento escalonado; bono con vencimiento elegido a la suerte

service

service *see also* debt service; fee-for-services basis

service; service line; supply line; connection [electricity]	conexión de servicio
service a loan	atender el servicio de un préstamo
service and support fee [IFC]	cargo por servicios
service charge	cargo, comisión por servicios
service industry	industria de servicios
service line *see* service	
service road	vía, calzada de servicio
service station [livestock]	puesto de monta
serviceable [highways]	transitable
serviced area, lot, site	zona urbanizada; lote con servicios
servicing, plot	instalación de servicios en los lotes; urbanización de lotes

serving chairman	presidente en funciones
session [ICSID]	período de sesiones
set aside agreement	acuerdo, convenio de destinación especial
settlement (of a dispute) [ICSID]	arreglo (de una diferencia)
settlement date	fecha de cierre, de liquidación
settlement of maintenance of value; maintenance of value settlement	liquidación por concepto de mantenimiento del valor
settling-in grant	subsidio, asignación para instalación
severance pay	indemnización por despido; prestación, pago de cesantía
sewage disposal	eliminación de aguas negras, servidas
sewage (treatment) plant	planta de tratamiento de aguas negras, servidas
sewerage project	proyecto de alcantarillado

shadow

shadow discount rate	tipo, tasa de descuento sombra, de cuenta
shadow exchange rate; shadow pricing of the exchange rate	tipo de cambio sombra; tipo de cambio de cuenta
shadow price	precio sombra; precio de cuenta
shadow pricing of exchange rate *see* shadow exchange rate	
shadow rate of interest	tipo, tasa de interés sombra; tipo, tasa de interés de cuenta
shadow wages	salario sombra; salario de cuenta

shakeout (of the market)	asentamiento; sacudimiento

share

    share *see also* bonus share; common share; founder's share; membership shares; outstanding shares; publicly traded share; qualifying shares; registered share; stock

share capital [*see also* authorized share capital]	capital social, accionario, en acciones
share capital, to supply	participar en el capital social
share premium account [IFC]	cuenta de primas de emisión
share retention agreement [IFC]	acuerdo de retención de acciones
sharecropping	aparcería; mediería
shareholders' equity; stockholders' equity	patrimonio; patrimonio neto; activo neto
shell (of a building)	obra gruesa
shell company	sociedad ficticia; compañía de papel
shifting cultivation	cultivo migratorio
shifting of tax	traslación del impuesto
shift parameter	parámetro de cambio
shipping	transporte marítimo; embarque; envío; etc

shipping conference *see* liner (shipping) conference

shopping [procurement] [*see also* direct shopping; international shopping]	comparación de precios
shortfall	deficiencia; disminución; insuficiencia; déficit

short list	lista final de selección
short season (crop)	(cultivo de) temporada corta
Short Term Economic Monitor [IBRD]	indicadores de las perspectivas económicas a corto plazo
showcase project	proyecto de exposición
SIBOR [= Singapore Interbank Offered Rate]	SIBOR (tasa de oferta interbancaria de Singapur)
side letter; supplemental letter	carta complementaria
sight assets	activos a la vista
sight deposit	depósito a la vista
sight liabilities	obligaciones a la vista
single	
single-crop economy	economía de monocultivo
single-entry accounting	contabilidad por partida simple
single factorial terms of trade	relación de intercambio de un solo factor
single fertilizer	fertilizante, abono simple
sinking fund	fondo de amortización
sinking fund factor	factor de fondo de amortización
sister companies	empresas asociadas, pertenecientes al mismo grupo; afiliadas

site

site	lugar, emplazamiento (de un proyecto)
site coverage	terreno comprendido, cubierto
site development	preparación del terreno; trabajos de urbanización
site plan	plano del emplazamiento, del lugar
sites and services	lotes y servicios
sitting [ICSID]	sesión
sketch plan [architecture]	boceto; croquis
skilled manpower	mano de obra calificada
skilled worker	trabajador calificado
skills	conocimientos; experiencia; competencia
skills development	capacitación; adiestramiento; formación
skills mix	combinación de especialidades
skill training center	centro de desarrollo de aptitudes; centro de capacitación especializada; centro de perfeccionamiento
slack [economy] [noun]	capacidad no utilizada
slash-and-burn cultivation	método de roza y quema
slice [contracts]	porción; componente; etc.
slice and package [procurement]	fraccionamiento de adquisiciones
"slice and package" contract	contrato fraccionado

sliding-scale clause	cláusula de escala móvil
slippage; lag	retraso; demora; desfase
sluggish growth	crecimiento lento
sluice, sluice gate price; lock gate	precio de compuerta [avicultura]
slum	barrio de tugurios
slum clearance	eliminación de tugurios, de zonas de tugurios
slump	contracción; recesión
slumpflation	recesión con inflación
slum upgrading	mejoramiento de zonas, barrios de tugurios
small and medium enterprises - SME; small- and medium-scale enterprises - SMSE	pequeña y mediana empresa - PYME
small and medium industries - SMI; small- and medium-scale industries - SMSI	pequeña y mediana industria
smallholder	pequeño agricultor
smallholding	pequeña explotación agrícola
small-scale enterprise - SSE	pequeña empresa
small-scale industry - SSI	pequeña industria
small-scale irrigation	pequeña zona, pequeño proyecto de riego
smoothness ratio	coeficiente de uniformidad
snatching effect	efecto de captación incidental de beneficiarios

social

social accounting matrix - SAM	matriz de contabilidad social
social accounts	cuentas sociales; contabilidad social
social advantages	ventajas sociales, colectivas
social benefit-cost ratio - SBC	relación costos-beneficios sociales
social benefits	prestaciones sociales
social costs	costos sociales, colectivos
social discount rate *see* social rate of discount	
social forestry	plantación de bosques comunitarios
social infrastructure; community facilities	instalaciones comunitarias; infraestructura social
social insurance	seguro, previsión social; seguridad social
social marketing program [population]	programa de ventas subvencionadas
social net present value - SNPV	valor social neto actual, actualizado
social opportunity cost	costo de oportunidad social
social overhead capital	infraestructura social
social overhead investment	inversión en infraestructura social
social price	precio social
social pricing	fijación, determinación, cálculo de precios sociales
social rate of discount; social discount rate	tasa de actualización social
social rate of return - SRR	tasa de rentabilidad social
social returns [projects]	beneficios sociales

social security benefits	prestaciones de (la) seguridad social
social security fund	fondo, caja de seguridad social
social security scheme	plan, sistema de seguridad social
social shadow wage rate - SSWR	salario de cuenta social
social time preference rate	tasa de preferencia social en el tiempo
social wants	necesidades sociales
social welfare	bienestar, asistencia social
social welfare function	función de bienestar social
socioeconomic status - SES	situación socioeconómica; condiciones socioeconómicas

soft

soft component [projects]	componente no físico, de servicios
soft currency	moneda débil
soft loan	préstamo en condiciones concesionarias, blando, liberal
soft loan affiliate	afiliada para el financiamiento en condiciones concesionarias
soft loan window	servicio, ventanilla para préstamos concesionarios
soft project	proyecto de carácter social
software	componentes lógicos; programas; instrucciones; elementos no físicos
soil conservation	conservación del suelo

soil study, survey	estudio de suelos, edafológico
sole cropping; monoculture	monocultivo
solid state technology	tecnología de estado sólido, de semiconductores, de transistores
sound loan	préstamo sólido, seguro
source and use of funds statement; statement of changes in financial position	estado de flujo de fondos; estado de fuentes y utilización de fondos
sources and applications of funds; statement of changes in financial position	estado de flujo de fondos; estado de fuentes y utilización de fondos
sourcing; outsourcing	montaje en el extranjero
Southern Cone	Cono Sur
sovereign credit, loan	crédito garantizado por el Estado
sovereign risk	riesgo soberano; riesgo que plantea el Estado prestatario
sovereign risk loan	préstamo que entraña un riesgo soberano
spate irrigation; flood irrigation	riego por inundación
Spearman's rank correlation coefficient	coeficiente de correlación por rangos de Spearman

special

Special Action Program [World Bank]	Programa de Asistencia Especial (del Banco Mundial a los Países Miembros)
Special Action Program for Sub-Saharan Africa	Programa de Acción Especial para Africa al Sur del Sahara
Special Assistance Facility [IBRD]	Servicio de Asistencia Especial

Special Assistance Facility for Sub-Saharan Africa *see* Special Facility for Sub-Saharan Africa

Special Assistance Program [World Bank]	Programa de Asistencia Especial (del Banco Mundial a los Países Miembros)
special budget; extraordinary budget	presupuesto extraordinario

Special Facility for Africa *see* Special Facility for Sub-Saharan Africa

Special Facility for Sub-Saharan Africa (African Facility; Special Facility for Africa)	Servicio Especial de Asistencia para Africa al Sur del Sahara (Servicio Africano; Servicio Especial para Africa)
Special Joint Financing	financiamiento conjunto especial
Special Program for African Agricultural Research - SPAAR	Programa Especial de Investigaciones Agrícolas para Africa
Special Programme for Research and Training in Tropical Diseases - TDR	Programa Especial de Investigaciones y Enseñanzas sobre Enfermedades Tropicales
Special Project Preparation Facility - SPPF [IBRD]	Servicio Especial de Financiamiento para Preparación de Proyectos
Special Reserve [World Bank]	Reserva especial
Special Technical Assistance Program [IBRD]	Programa Especial de Asistencia Técnica
specialized agency [UN]	organismo especializado
specific (customs) duty	derecho (aduanero) específico
specific investment loan - SIL [IBRD]	préstamo para una inversión específica

specimen of signature *see* authenticated specimen of signature

spending ministry	ministerio que efectúa gastos; ministerio de ejecución

spillover effect, impact; spinoff
effect

efecto secundario, derivado

spillover exports

exportaciones de excedentes del mercado
interno

spillway chute; tailrace

canal de descarga

spinning reserve [electricity]

capacidad de reserva inmediatamente
disponible

spinoff [financial market]

cesión, transferencia de activos (de una
sociedad) a cambio de acciones (de otra
sociedad nueva)

spinoff effect *see* spillover effect

sponsor

patrocinador; promotor

Sponsorship Trust Fund [MIGA]

Fondo Fiduciario de Patrocinio

spontaneous, voluntary lending

préstamos voluntarios

spot

    spot exchange rate

tipo de cambio al contado

    spot improvement, patching; patching
    [highways]

bacheo; reparación de baches

    spot market; cash market [foreign
    exchange]

mercado al contado

    spot market [commodities]

mercado de productos disponibles, de
entrega inmediata

    spot price

precio al contado, para entrega
inmediata

spraying *see* knapsack spraying

spread (e.g between borrowing cost and lending rates)	margen (p.ej. entre el costo de los empréstitos y el interés sobre los préstamos)
spread (between spot and forward quotations)	margen (entre las cotizaciones al contado y a término)
spread of spreads	diferencia entre los márgenes
sprinkle irrigation	riego por aspersión
squat, to	ocupar terrenos ilegalmente, sin tener derecho
squatter	ocupante sin título, ilegal, precario
squatter area, settlement	zona de ocupantes ilegales, sin título
squeeze *see* credit squeeze	
Stabex (System for the stabilization of ACP and OCT mining products) [European Communities]	STABEX (Sistema de estabilización de los ingresos de exportación de los Estados ACP y PTUM)
stabilization fund	fondo de estabilización
stabilizers *see* built-in stabilizers	

staff

staff	personal; funcionarios
staff, to	dotar de personal

staff *see also* counterpart staff; field staff; fixed term staff; higher level staff; line staff; overstaffed; Principles of Staff Employment; supervisory staff; support staff

staff appraisal report - SAR	informe de evaluación inicial preparado por el personal
staff assistant	auxiliar especial
staff department	departamento de servicio, de asesoramiento

staff development	perfeccionamiento del personal
staff house	alojamiento para el personal
staff-month	mes-funcionario
Staff Retirement Fund [IBRD]	Caja de Pensiones del Personal
Staff Retirement Plan [IBRD]	Plan de Pensiones del Personal
Staff Rules [IBRD]	Reglamento del Personal
staffing	dotación de personal
staffing ratio	relación personal-población; coeficiente de ocupación de cargos [administración de personal]
staffyear equivalent - SYE	equivalente en años-personal
stagflation	estanflación
stagnation (of the economy)	estancamiento
stall feeding	engorde en establo
stand [forest]	rodal

standard

standard conversion factor - SCF	factor de conversión estándar
standard cost accounting	contabilidad de costos estándar
standard deduction [taxation]	deducción estándar
standard deviation	desviación estándar
Standard International Trade Classification - SITC	Clasificación Uniforme para el Comercio Internacional - CUCI
standard of living	nivel de vida

standard rate (of interest)	tipo, tasa (de interés) vigente
standard values [trade]	valores normales, corrientes, estándar
standby	
standby agreement [IFC]	acuerdo de compromiso contingente
standby arrangement [IMF]	acuerdo de derecho de giro
standby commitment [IFC]	operación de compromiso de compra
standby coverage [MIGA]	cobertura contingente
standby equity [investment]	compromiso contingente de participación en el capital social
standby loan	préstamo contingente
standby (lending) program [IBRD]	programa (de financiamiento) de reserva
standby premium [MIGA]	prima contingente
standby underwriting commitment [IFC]	compromiso contingente de garantía de suscripción
standing, financial; creditworthiness	capacidad crediticia; solvencia
standing instructions, orders	instrucciones permanentes
standpipe; standpost; hydrant	toma de agua
standstill agreement	acuerdo de mantenimiento de la situación existente
staple (food)	alimento básico
staple (food crop)	cultivo alimentario básico
staple (good)	artículo básico

starchy root crop	raíz, tubérculo feculento
start-up cost	costo de puesta en marcha
State eligible to sign (the Convention) [ICSID]	Estado que puede adherirse

statement

statement [*see also* financial statement; income statement; summary statement]	declaración; intervención; exposición
statement of account	estado de cuenta; extracto de cuenta
statement of changes in financial position; source and application of funds statement; funds statement; source and use of funds statement; funds flow statement; changes in working capital statement	estado de flujo de fondos; estado de fuentes y utilización de fondos
statement of condition [IDA]	estado de situación financiera
statement of expenditure - SOE	declaración, estado, relación de gastos
state-owned enterprise - SOE	empresa estatal
state-trading countries	países de comercio estatal
Static Life Index [commodities]	índice estático de las reservas (años)
status	estado; situación; categoría; condición social
status report; progress report	informe sobre la marcha (de un proyecto)
statutory body	organismo de derecho público
statutory ceiling	límite estatutario, legal, reglamentario
stay of enforcement [ICSID]	suspensión de la ejecución (del laudo)

steady state lending	nivel estable de préstamos
steam coal	carbón de alto poder calorífico; carbón térmico
steam plant	central a, de vapor
steelmaking *see* open-hearth steelmaking	
steepness (of a curve)	grado de inclinación; pendiente (de una curva)
stemming-from benefit	beneficio derivado indirecto
step-down power station	estación reductora
step-up power station	estación elevadora

stock

stock *see* capital stock; closing stock; common stock; corporate stocks; outstanding stocks; paid-up stock; preferred stock; publicly traded stock; registered stock; share; volatile stock; voting stock

stock accounting	contabilidad de existencias
stock carrying capacity [livestock]	capacidad de carga
stock corporation	sociedad anónima
stock dilution, watering; dilution	dilución del capital (accionario)
stock dividend	dividendo en acciones
stock exchange transaction	operación bursátil
stock option	opción de compra de acciones
stock ownership	cartera de acciones
stock rights [IFC]	derechos de suscripción
stock watering [*see also* stock dilution]	dilución del capital (accionario); abrevado [ganado]

stockholders' equity; shareholders' equity; owners' equity; equity; net worth	patrimonio; patrimonio neto; activo neto
stocking rate [livestock]	tasa, densidad de carga; carga ganadera
stockpiling	acumulación de existencias
stop and go growth	crecimiento intermitente
stopgap measure	medida temporal, de transición; recurso provisional
stop-go, stop and go policy	política de avance intermitente
storage dam	presa, represa de almacenamiento
store-of-value	reserva de valor
stores accounting; stock accounting	contabilidad de existencias
storm water drainage system	drenaje de aguas lluvias, pluviales
straight bond	bono clásico, ordinario
straight-line depreciation	amortización (depreciación) lineal, constante, de cuotas fijas
stream, to go on	entrar en producción; iniciar (sus) actividades
streamed school	escuela organizada por secciones
streamlining	agilización; simplificación; racionalización
streams of costs and benefits	corrientes, flujos de costos y beneficios

strip

    strip check irrigation *see* strip irrigation

    strip cropping; alley cropping   cultivo en franjas

    strip irrigation; border irrigation;   riego por tablares, por eras; riego por
     border strip irrigation; strip check   gravedad con retenes
     irrigation; ribbon check irrigation;
     border check irrigation; border ditch
     irrigation; gravity check irrigation

    strip mining; open pit mining   explotación a cielo abierto, a tajo abierto [Chile]

    strip of maturities   porción de cada uno de los vencimientos
                                   de un préstamo

    strip participation   participación en cada uno de los
                                   vencimientos (de un préstamo)

    strip planting   plantación en franjas

stripping *see also* asset stripping

stripping ratio [mining]   relación de desmonte

strong currency; hard currency   moneda fuerte

Structural Adjustment Facility within   Servicio financiero de ajuste estructural
 the Special Disbursement Account - SAF   dentro del marco de la Cuenta Especial
 [IMF]   de Desembolso - SAE

structural adjustment lending - SAL   préstamos para (fines de) ajuste
                                   estructural

structural unemployment   desempleo estructural

structural work   estructura; obra gruesa

stubble mulch farming   abonado con rastrojo

student flow   movimiento, flujo de estudiantes, alumnos

stumpage fee	canon, derecho por pie
stumpage price	precio por pie
stylized fact	hecho estilizado, de ocurrencia frecuente; generalización
subborrower	subprestatario
subcontract	subcontrato
subcontractor	subcontratista
subgrade [highways]	subrasante
subirrigation; subsoil irrigation	riego subterráneo
subject matter [education]	materia; asignatura
subject matter specialist - SMS [agricultural extension]	técnico especializado
subloan	subpréstamo
submerged bridge	vado pavimentado; badén
submerged economy; black economy	economía subterránea, paralela
subordinated debt; junior debt	deuda subordinada
subordinated loan	préstamo subordinado
subordinate lender	prestamista subordinado
subproject	subproyecto
subscriber trunk dialing - STD	selección automática interurbana
subsidiary account	cuenta subsidiaria, auxiliar
Subsidiary Agreement [IBRD]	convenio de préstamo subsidiario

subsidiary loan	préstamo subsidiario
subsistence allowance	dieta; viático
subsistence economy	economía de subsistencia
subsistence farming	agricultura de subsistencia
subsoil irrigation *see* subirrigation	
substantive law	derecho sustantivo, de fondo
substitution effect	efecto de sustitución
subtransmission line	línea de subtransmisión, de transmisión secundaria
subunderwriter [IFC]	subgarante [CFI]
successful bidder	licitante favorecido
summary account	cuenta de resumen; cuenta de cierre
Summary Proceedings	Actas Resumidas
summary statement	estado resumido
sundry assets	activos varios
sundry cash accounts	cuentas diversas de caja
sundry liabilities	pasivos varios
sunk cost	costo no recurrente de capital, no recuperable
sunset clause	cláusula con fecha de expiración
superannuation	jubilación
supervision mission	misión de supervisión

supervisory grades	niveles, categorías de supervisión; niveles medios
supervisory staff	personal de supervisión
supplemental letter; side letter	carta complementaria
Supplemental Reserve against Losses on Loans and from Currency Devaluations (Supplemental Reserve)	Reserva Suplementaria para pérdidas en préstamos y por devaluaciones de monedas (Reserva Suplementaria)
supplier industry	industria auxiliar, abastecedora
supplier credit; supplier's credit	crédito de proveedores

supply

supply curve	curva de la oferta
supply line; service	conexión de servicio
supply management	regulación de la oferta
supply side economics	economía de la oferta, basada en la oferta
supply side politics	política favorable a la economía de la oferta
supply system; delivery system	sistema de prestación, de suministro (de un servicio); sistema, red de distribución, de reparto

support department [IBRD]	departamento de (servicios de) apoyo
support price	precio de sostén, de apoyo, de sustentación
support staff	personal de apoyo

surface

surface course; wearing course [highways]	capa superficial, de rodadura
surface dressing [highways]	sellado superficial, de superficie; tratamiento superficial
surface irrigation	riego superficial, de superficie
surface patching; spot improvement	bacheo; reparación de baches
surfacing [highways] [*see also* resurfacing]	revestimiento
surplus country	país superavitario
surplus on invisibles	superávit de las transacciones invisibles
survey	estudio; encuesta; levantamiento topográfico
[*see also* reconnaissance survey; soil survey]	
survey mission	misión de estudio
survey of resources	inventario de recursos
survival rate [education]	tasa de supervivencia escolar
suspense account	cuenta transitoria
sustainability	continuidad; mantenimiento; sostenibilidad
sustainable level of lending - SLL	nivel sostenible de préstamos
sustained growth	crecimiento (económico) sostenido

swap

swap; intercambio de monedas; crédito recíproco [FMI]; operaciones de pase [Argentina]

[*see also* currency swap; debt-equity swap; Global Swap Authority; interest (rate) swap]

swap, to [finance]

efectuar una operación de swap, de intercambio de monedas, de crédito recíproco

swap market
[*see also* currency swap; interest (rate) swap]

mercado de swaps

sweat equity

aportación en mano de obra propia

switching equipment [telephone]

equipo de conmutación

switching policies

políticas de reasignación de recursos

switching value [sensitivity analysis]

valor crítico

syndicate [banking]

consorcio (bancario, de financiamiento)

syndicate a loan, to

concertar un préstamo a través de un consorcio (bancario, de financiamiento)

syndicated loan

préstamo de un consorcio, concedido por un consorcio

synfuel *see* synthetic fuel

synthetic fuel; synfuel

combustible sintético

Sysmin (= Special financing facility for ACP and OCT mining products) [European Communities]

Sysmin (Servicio especial de financiamiento para productos mineros de los países ACP y PTUM)

system load factor [electricity]

coeficiente de carga de la red

- T -

tailrace; spillway chute [hydroelectricity]	canal de descarga
take-and-pay contract	contrato de compra garantizada
take-home pay	salario neto; remuneración neta
taken over by	absorbido(a) por
take-off [*see also* power take-off]	arranque; despegue; impulso
take-or-pay agreement, contract	acuerdo, contrato firme de compra (sin derecho de rescisión)
take-out agreement; buy-back agreement	acuerdo de recompra
takeover bid	oferta pública de compra
take over, to	hacerse cargo; absorber; asumir
tangible assets, property	bienes materiales, tangibles, corpóreos
tanker	buque cisterna; buque tanque; camión cisterna; camión tanque
tap issue	emisión continua
target	
target, to	orientar a grupos específicos; usar un enfoque selectivo; etc.
target group	grupo beneficiario; grupo objeto de ...; grupo escogido (como meta); grupo previsto

target price	precio indicativo
target zone *see* reference zone	

tariff

tariff *see also* lifeline tariff	
tariff barriers	barreras arancelarias
tariff escalation	escalada, alza de tarifas
tariff item	partida arancelaria
tariff jumping	elusión del pago de aranceles (mediante el establecimiento de una empresa en el país)
tariff line	renglón arancelario
tariff negotiations, round	negociaciones arancelarias, sobre aranceles
tariff quota	cuota arancelaria; cupo, contingente arancelario
tariff rates	tasas, derechos arancelarios
tariff schedule	arancel; tarifa [precios]
tariffs	arancel(es); derecho arancelario; derecho de aduana, de importación; tarifa
tar sands	arenas impregnadas de brea; arenas asfálticas

task force

task force	grupo de estudio; grupo de trabajo
Task Force on Concessional Flows	Grupo de Estudio sobre Corrientes de Fondos en Condiciones Concesionarias

Task Force on Non-Concessional Flows	Grupo de Estudio sobre Corrientes de Fondos en Condiciones no Concesionarias
Task Force on Private Direct Foreign Investment	Grupo de Estudio sobre Inversión Privada Extranjera Directa

tax

tax *see also* benefit taxes; betterment levy, tax; border taxes; business (profit) tax; capital gains tax; cascade tax; corporate tax; delinquent taxes; destination tax; earmarked tax; end use tax; foreign tax credit; income tax; inflation tax; interest equalization tax; investment tax credit; land betterment tax; land tax; multiple stage tax; net of taxes; origin tax; pay-as-you-earn; payroll tax; poll tax; presumptive taxation; profit(s) tax; sales tax; schedular tax; shifting of tax; turnover tax; value-added tax; withholding tax

tax allowance	exención tributaria; desgravación; deducción
tax amnesty	amnistía tributaria
tax arbitrage	arbitraje impositivo
tax assessment	avalúo, tasación para fines impositivos; estimación de la base impositiva
tax audit	auditoría impositiva, tributaria
tax avoidance	evitación, elusión, evasión legal de impuestos
tax base	base imponible
tax bill, demand	liquidación, notificación de impuestos
tax bracket	grupo, nivel, tramo impositivo
tax buoyancy	elasticidad tributaria global
tax burden	carga impositiva, tributaria, fiscal; presión fiscal
tax clearance	certificado de pago de impuestos

tax credit	descuento, crédito impositivo, tributario
tax deduction	deducción tributaria, de impuestos
tax deferral	aplazamiento, diferimiento impositivo; moratoria
tax demand *see* tax bill	
tax effort	esfuerzo tributario
tax elasticity	elasticidad del impuesto
tax evasion	evasión (ilegal) tributaria, fiscal, de impuestos
tax exemption	exención de impuestos
tax expenditures	gastos fiscales
tax/GDP ratio	relación impuestos-PIB
tax handles	sujetos (potenciales) del impuesto
tax haven	paraíso tributario
tax holiday	tregua tributaria; exoneración temporal (parcial o total) de impuestos
tax incentive	incentivo tributario
tax liability	obligación tributaria
tax loophole	escapatoria, laguna tributaria; resquicio tributario
tax mitigation	atenuación, reducción de los impuestos
tax office	oficina, dirección, administración de impuestos

tax on value added; value added tax - VAT	impuesto al, sobre el valor agregado, añadido - IVA
tax-paid cost - TPC	costo incluidos los impuestos
tax-paying capacity	capacidad tributaria
tax performance ratio	relación, coeficiente de recaudación de impuestos
tax ratio	relación impuestos-ingresos; coeficiente tributario
tax rebate	desgravación tributaria; reducción de impuestos
tax refund	reembolso, devolución, reintegro de impuestos
tax relief	desgravación fiscal
tax reference price [oil]	precio de referencia para fines tributarios [petróleo]
tax return	declaración de ingresos; declaración de impuestos
tax sharing; matching credit	participación en los impuestos
tax shelter	refugio tributario
tax sparing	descuento del impuesto potencial
tax surcharge	recargo tributario; sobretasa
tax withholding	retención del impuesto
tax write off	deducción tributaria (por pérdida, etc.)
tax yield	recaudación tributaria

teacher-pupil ratio	relación, coeficiente profesor-alumnos
teacher's guide	guía del maestro; libro del maestro; manual del instructor
teaching aids	materiales didácticos; auxiliares de enseñanza
teaching load	carga docente

technical

Technical Advisory Committee - TAC [CGIAR]	Comité Asesor Técnico - CAT
technical assistance loan - TAL	préstamo para asistencia técnica
technical assistant	funcionario de asistencia técnica; asistente técnico
technical background	formación técnica; preparación técnica
technical cooperation among developing countries - TCDC	cooperación técnica entre países en desarrollo - CTPD
technical-efficiency index - TEI	índice de eficiencia técnica
technical note	nota técnica
teething problems	problemas iniciales
temporary assets	activos transitorios
temporary liabilities	pasivos transitorios
tender	oferta; propuesta
tender documents; bidding document	documentos de licitación
tenure *see also* land tenure; security of tenure	
tenure [education]	permanencia (en el cargo)

term

    term deposit   depósito a plazo

    term financing   financiamiento a mediano o largo plazo

    term loan   préstamo a mediano o largo plazo

    term sheet   hoja de plazos y condiciones

terminate   terminar; dar por terminado;
                                              rescindir [nombramiento]

termination   terminación; rescisión; cese de
                                            funciones; despido

termination grant   indemnización por terminación, rescisión,
                                          cese de funciones, despido

terms of reference [e.g. consultants]   términos de referencia; mandato

terms of reference [study]   términos de referencia,
                                          parámetros (de un estudio)

terms of trade   relación, términos de intercambio
[*see also* barter terms of trade; double factorial terms of trade; income terms of trade; single factorial terms of trade]

tertiary (oil) recovery   recuperación terciaria

test check [accounting]   verificación de prueba

test plot   lote, parcela de prueba

think tank   grupo de expertos

Third Window   Tercera Ventanilla

33-Commodity Aggregate Price Index   índice global de precios de 33 productos
    [IBRD]   básicos

threshold countries	países que se encuentran "en el umbral"
threshold price	precio umbral
through bill of lading	conocimiento de embarque directo
throughput	volumen de material elaborado [manufacturas]; número de estudiantes que pasan por el sistema escolar [educación]
[see also berth throughput]	
through traffic	tráfico en tránsito; tráfico directo
tied aid	ayuda condicionada, vinculada
tied currency	moneda vinculada
tied resources	recursos reservados (para un determinado proyecto)
tight credit policy	política de restricción crediticia; política crediticia restrictiva
tightening of credit	restricciones crediticias; contracción del crédito
tight money	dinero escaso, caro
timber	madera; madera en pie
time	
time-adjusted [project analysis]	actualizado a partir del segundo año
time-based contract [consultants]	contrato con base en el tiempo
time deposit	depósito a plazo, a término
time frame	marco temporal, cronológico
time lag	desfase (cronológico); retraso; intervalo

time limit [ICSID]	plazo
time-of-use (TOU) rates [electricity tariffs]	tarifas según hora de consumo
time overrun	demora respecto del plazo previsto
time pattern	pauta cronológica; cronología
time series	serie cronológica
time sharing [computers]	tiempo compartido
time sheet	hoja de asistencia
time-slice loan	préstamo por etapas
time underrun	adelanto respecto del plazo previsto
time value of money	valor temporal del dinero
times interest earned ratio; interest coverage ratio	relación de cobertura de intereses
tissue culture	cultivo de tejidos
Tokyo Round Agreement	Acuerdo de la Ronda de Tokio
tombstone	anuncio de emisión efectuada; esquela
ton of coal equivalent - tce	tonelada de equivalente en carbón - tec
ton of oil equivalent - toe	tonelada de equivalente en petróleo - tep
top-down (approach) [projects]	de arriba abajo
top dressing [agriculture]	abono, estercoladura, fertilizante de superficie
top-rated bank loan	préstamo bancario de primera categoría

total external debt (EDT)	deuda externa total
total fertility rate	tasa de fecundidad total
tracer study [education]	estudio de seguimiento de egresados
tradable [adj.]	comerciable; exportable o importable; comercializable
tradable [noun]	bien comerciable, comercializable, exportable o importable
tradable but nontraded (good, item); nontraded tradable	bien comerciable no comerciado (etc.)

trade

trade balance; balance of trade	balanza comercial
trade cycle; business cycle	ciclo económico; coyuntura
trade deficit	déficit comercial
trade-off	compensación (de factores, de ventajas y desventajas); ventaja relativa; solución de compromiso; transacción; concesión recíproca; etc.
trade organization	organización gremial, patronal
trade pattern	estructura, modalidad del comercio
trade promotion	fomento, promoción del comercio
trade publication	publicación especializada para determinada industria, negocio o profesión
traded goods	bienes comerciados, comercializados, exportados o importados

trading

trading *see also* block trading

trading currency	moneda de intercambio
trading partners	países que mantienen relaciones comerciales
trading ticket [capital market]	orden de compra; orden de venta
traffic-bearing capacity; load-bearing capacity	capacidad de tráfico
traffic count	cuenta, conteo, recuento de tráfico
train *see* block train; unit trains	
trainability [EDI-World Bank]	susceptibilidad, posibilidad de capacitación
trainee	persona que recibe adiestramiento; participante en un curso o programa de capacitación; principiante

training *see* advanced training; higher training; in-house training; in-service training; job-related training; mobile training unit; multimedia training module; on-the-job training; retail training; retraining; skill training center; vocational training; wholesale training

training and visit [T & V] system	sistema de capacitación y visitas
training production unit	unidad de capacitación práctica
tranching [loans]	repartición en porciones, tramos
transfer charge call; collect call	llamada de cobro revertido
transfer payments	pagos de transferencia
transfer price	precio de transferencia
transformation curve; production possibility curve	curva de transformación; curva de posibilidades de producción

translation (of currency)	traducción de monedas
translation adjustment [accounting]	ajuste de traducción (de monedas)
transparency [see also fiscal transparency]	diafanidad; transparencia
trashy farming	laboreo con abrigo vegetal
Treasury bill	pagaré del Tesoro a corto plazo
Treasury bond	bono del Tesoro
Treasury note	pagaré del Tesoro
tree crop	cultivo arbóreo
tree farming	arboricultura
tree fodder	forraje arbóreo
trend rate	tasa tendencial
triage	triaje; selección
tribal peoples	pueblos tribales; poblaciones indígenas
trickle-down effect	efecto de (la) filtración
trickle irrigation; drip irrigation	riego por goteo
trigger clause	cláusula de revisión, de activación
Trigger Price Mechanism - TPM [US]	mecanismo de precios de intervención
triple superphosphate - TSP [fertilizer]	superfosfato triple
tropical cattle unit	unidad de ganado tropical
Tropical Forestry Action Plan [FAO/UNDP/WB/WRI]	Programa de Acción Forestal en los Trópicos

tropical rain forest [see also rain forest]	bosque tropical (húmedo)
trucking industry	industria del transporte por camión
true lease	contrato de arrendamiento verdadero
true to type variety; pure variety [agriculture]	variedad pura
trunk infrastructure	infraestructura primaria
trunk roads	carreteras troncales, principales
trunk sewer	alcantarilla colectora, maestra
trust fund	fondo fiduciario; fideicomiso
tubewell	pozo entubado
tuition fees	derechos de matrícula
turnaround (time)	tiempo de rotación, del viaje de ida y vuelta; tiempo necesario para un servicio
turnkey contract, project	contrato, proyecto llave en mano
turnover [see also inventory turnover]	movimiento; rotación; volumen de negocios
turnover tax	impuesto sobre el volumen, la cifra de negocios
twenty equivalent units - TEU [containers]	unidades de 20 pies (de contenedores) - TEU
two digit inflation; double digit inflation	(tasa de) inflación de dos dígitos; (tasa de) inflación de 10% o más

two-envelope system [consultants]	sistema de dos sobres
two gap model	modelo de las dos brechas
two-tier market	mercado de dos niveles

- U -

UHF link [telecommunications]	enlace UHF, en frecuencia ultraalta
ultimate model	modelo exhaustivo
ultimate recoverable reserves - URR	reservas recuperables definitivas - RRD
ultra low volume (ULV) spraying	rociado de muy bajo volumen
umbrella project	proyecto que sirve de marco para otros; proyecto global
umpire [legal]	árbitro dirimente
unaccounted [e.g. water, electricity]	no contabilizado; perdido
unallocatable expenditure	gasto no asignable
unappropriated (earned) surplus	utilidades no distribuidas y no asignadas
unbundling	desglose; descomposición
unbundling of financial risks	separación de riesgos financieros
uncalled capital	capital suscrito y no desembolsado
uncovered interest rate parity model	modelo de paridad de los tipos de interés sin cobertura
underaccruals	suma, diferencia por la cual las cantidades devengadas son inferiores a las previstas
undercapitalized	subcapitalizado
undercollection [taxation]	deficiencia de recaudación
underemployment	subempleo; subocupación

undergraduate	estudiante (que no ha recibido el primer título universitario)
undergraduate studies	estudios universitarios para obtener el primer título
underground economy; black economy	economía subterránea, paralela
underinvestment	subinversión; inversión insuficiente
underinvoicing of exports	subfacturación de exportaciones; subvaloración de las facturas de exportación
underleveraged	con bajo coeficiente de endeudamiento
underlying costs	costos implícitos
underlying inflation	inflación subyacente
undernourished	desnutrido
undernutrition	desnutrición
underprivileged	desfavorecido; marginado
underrun cost	costos inferiores a los previstos; infracostos
underwriter [securities]	suscriptor; asegurador; garante

underwriting

underwriting *see also* equity underwriting

underwriting authority [MIGA]	autoridad emisora
underwriting commitment [IFC]	operación de garantía de emisión [IFC]
underwriting costs	costos de garantía de emisión
underwriting syndicate	consorcio garante

undeveloped plot	lote sin servicios, no urbanizado
UNDP/World Bank Energy Assessment Program	Programa de evaluaciones energéticas del PNUD y el Banco Mundial
UNDP/World Bank Integrated Resource Recovery and Waste Recycling Project [UNDP/World Bank]	Proyecto integrado del PNUD y el Banco Mundial de recuperación de recursos y reciclaje de desechos
UNDP/World Bank Water Decade Program	Programa del PNUD y el Banco Mundial para el Decenio del Agua
undrawn balance	saldo no utilizado
undrawn borrowings	empréstitos pendientes de utilización
unearned income	ingreso(s) no proveniente(s) del trabajo; *a veces*: ingreso(s) no salarial(es)
uneconomic production	producción antieconómica
unemployment compensation, benefit	seguro de desempleo
unfunded interest	interés no financiado
unfunded liabilities	obligaciones sin financiamiento previsto
unfunded system [insurance; social security]	sistema financiado con aportaciones
unified cross rates	tipos de cambio concordantes
unimpaired capital	capital libre de gravámenes
unit	
unit activity (crop) budget	presupuesto por unidad de actividad
unit cost	costo unitario; precio unitario
unit(ary) elasticity	elasticidad igual a la unidad

unit-managed costs	costos, gastos descentralizados
unit of account - UA	unidad de cuenta
unit of output	unidad de producción
unit price contract	contrato de precio(s) unitario(s)
unit trains	trenes unidades
unit trust; open end (investment) fund	sociedad de inversiones con número de acciones variable
unit value	valor unitario
unit value export index	índice del valor unitario de las exportaciones
United Nations Programme of Action for African Economic Recovery and Development, 1986-1990	Programa de Acción de las Naciones Unidas para la recuperación económica y el desarrollo de Africa, 1986-1990
unlocated worker	trabajador ambulante
unorganized worker	trabajador no sindicado
unpeg (a rate)	desvincular (el tipo)
unrealized gains	ganancias no realizadas
unregulated housing	(construcción de) viviendas no sujeta(s) a reglamentaciones
unreleased funds	fondos no disponibles para préstamos
unrequited transfer	transferencia sin contrapartida [cuentas nacionales]; transferencia unilateral [balanza de pagos]
unrestricted subscription [IDA]	suscripción no sujeta a restricciones

unseasoned investment	inversión que no ha alcanzado su pleno rendimiento
unsecured (note, loan, etc.)	sin garantía; no garantizado
unskilled labor	mano de obra no calificada
unspent credit balance	saldo acreedor no utilizado
unsubdivided plot	terreno no parcelado
unsuccessful bid	oferta no favorecida (con la adjudicación)
untapped resources	recursos inexplotados
untied aid	ayuda no condicionada, desvinculada
untying of aid	desvinculación de la ayuda
upgrade [oil]	refinar
upgrading of skills	perfeccionamiento
upkeep costs	gastos de mantenimiento, conservación
upland crops de tierras altas	cultivos de montaña,
upland rice; mountain rice; highland rice	arroz de montaña, de secano
upper secondary education	educación secundaria de ciclo superior
upstream innovations; research-push innovations	innovaciones inducidas por la investigación
upstream process	primeros procesos
upswing	movimiento ascendente; fase ascendente, de expansión

upturn (economic)	cambio favorable de la coyuntura; iniciación de la fase ascendente; recuperación; reactivación
upward trend	tendencia alcista, ascendente
Uruguay Round [GATT]	Ronda Uruguay
useful life	vida útil
useful farm space - UFS	superficie agrícola útil
user friendly	de uso fácil
utilities [see also public utilities]	(empresas de) servicios públicos

- V -

vaccination yard	corral de vacunación
valuations for customs purposes	aforo; valoración aduanera
value	
value, for; for a consideration	a título oneroso
value-added tax - VAT	impuesto al, sobre el valor agregado, añadido - IVA
value based accounting; current value accounting	contabilidad según el costo (valor) de reposición
value date	fecha de valor
variety trial	prueba, ensayo de variedad(es)
vault toilet	letrina de pozo negro
vectorborne disease	enfermedad de transmisión vectorial
ventilated improved pit (VIP) latrine	letrina de pozo mejorada con ventilación
venture [IFC]	operación
venture capital; risk capital	capital de riesgo
venture capital company	compañía de capitales de riesgo
vertical cofinancing	cofinanciamiento vertical
VHF link [telecommunications]	enlace VHF, en frecuencia muy alta

village

village extension worker - VEW	agente de extensión de poblado - AEP
village level operation and maintenance (VLOM) pump	(bomba) de operación y mantenimiento a nivel del poblado - BOMPO
village level worker - VLW	trabajador a nivel de poblado
village woodlot	bosque comunal

VIP latrine *see* ventilated improved pit latrine

vital statistics	estadísticas del estado civil, vitales
vitamin deficiency	avitaminosis
vocational guidance	orientación profesional
vocational training	formación profesional
volatile capital	capital fugaz, inestable
volatile stock	acciones de valor inestable
volatility	inestabilidad
volatility ratio [stocks]	relación, coeficiente de inestabilidad
volume driven program	programa cuya magnitud depende del volumen de actividad
voluntary export restraints - VER	limitación voluntaria de las exportaciones
voluntary lending; spontaneous lending	préstamos voluntarios
voluntary restraints (on trade)	limitación voluntaria (del comercio)
vote without meeting	votación sin convocar a reunión
voting power	derechos de voto

voting right

voting stock

derecho de voto

acciones que confieren derecho de voto

- W -

wage

wage agreement	convenio salarial
wage bill	costos salariales; masa salarial
wage claim	reivindicación, reclamación salarial
wage control	ordenación, regulación salarial
wage costs	costos salariales
wage drift	desviación de los salarios
wage goods	bienes salariales
wage pressure	presión de los salarios
wage-price indexing	vinculación de los salarios con los precios
wage-price spiral	espiral salarios-precios
wage rate	salario
wage restraint	restricción, austeridad salarial
waive, to	renunciar (a un derecho); dispensar, eximir (de una obligación)
waiver	renuncia (a un derecho); dispensa, exención (de una obligación)
waiver (of a right) [ICSID]	renuncia
waiver (of immunity) [ICSID]	renuncia
war and civil disturbance risk [MIGA]	riesgo de guerra y disturbios civiles

warning signal	señal de alerta, de prevención
warrant [finance]	certificado para la compra de acciones, bonos
warrant bond	bono con certificado
waste; loss in weight [commerce]	desperdicio; pérdida
waste; wastage [education]	volumen, tasa de deserción
waste disposal	eliminación de desechos
wastewater	aguas residuales, de desecho, servidas, negras

water

water balance	balance hídrico
water-based disease	enfermedad con base en el agua
waterborne disease	enfermedad transmitida por el agua
waterborne sewage system	alcantarillado de arrastre hidráulico
water charges	tarifas de agua
water control	regulación de (las) aguas
water engineer	ingeniero hidrólogo, hidráulico
water management	ordenación de las aguas
water supply	abastecimiento, suministro de agua
water-washed disease	enfermedad vinculada con la falta de higiene

watering *see* stock watering

watering place	aguada; aguadero; abrevadero

watershed management	ordenación de cuencas hidrográficas, de vertientes
waterway	vía navegable
ways and means	medios y arbitrios
wear and tear (fair)	desgaste (normal o natural)
wearing course; surface course	capa superficial, de rodadura
weighbridge	puente-báscula
weighted average	media ponderada; promedio ponderado
weighted voting system	sistema de votación ponderada
welfare	
welfare costs of protectionism	costos económicos del proteccionismo
welfare economy	economía del bienestar
welfare State	Estado benefactor, providente
welfare payments	subsidios de asistencia social
wellhead	boca de(l) pozo; cabeza de(l) pozo
wellhead price	precio en la boca, en la cabeza del pozo
wetcore	instalación sanitaria mínima
wet gas	gas húmedo
wet process [cement manufacture]	elaboración, fabricación por vía húmeda
wharfage; wharfage charges	muellaje
whole farm budget	presupuesto global de la explotación

whole farm development	desarrollo integral de la explotación
wholesale banking	transacciones entre grandes bancos y entre éstos y otras instituciones financieras; transacciones interbancarias
wholesale training	capacitación, formación de instructores
wholly owned subsidiary	subsidiaria en propiedad absoluta
widening *see* capital widening	
wildcat (drilling)	perforación exploratoria
wildcat well	pozo exploratorio
wild flooding	riego por desbordamiento natural
Wildland Management Area - WMA	zonas silvestres administradas
Wildland Management Unit - WMU	zona silvestre protegida
wildlands	zonas silvestres
willingness to pay - WTP	voluntad, disposición de pagar
windbreak	(plantación) cortavientos; barrera contra vientos
windfall profit	utilidad imprevista, extraordinaria
window (in a market) [*see also* discount window; Third Window]	resquicio
window dressing	alteración del balance; manipulación de la contabilidad (para aparentar una mejor situación)
window guidance [central bank]	restricción oficiosa del crédito
"with-and-without" test [projects]	prueba, método de "con y sin"
withholding tax	impuesto retenido en la fuente

women in development - WID

la mujer en el proceso de desarrollo

word processor

operador(a) de tratamiento de textos;
máquina de tratamiento de textos

workers' remittance

remesas de los trabajadores (emigrados, expatriados)

working

working account

cuenta de explotación

working age population

población en edad de trabajar

working agreement

acuerdo provisional (para facilitar
ulteriores labores)

working capital
[see also noncash working capital]

capital de trabajo, de explotación

working capital loan

préstamo para capital de trabajo; crédito de avío

working capital ratio; current ratio

relación corriente [América Latina];
coeficiente de solvencia [Esp.]

working funds

fondos de explotación

Working Group on Fertilizers
[FAO/UNIDO/World Bank]

Grupo de Trabajo FAO/ONUDI/Banco Mundial
sobre Fertilizantes

working interest [oils, minerals]

participación del concesionario;
interés económico directo

working population

población activa

working ratio

coeficiente de explotación

working table; performance chart

diagrama, gráfico de situación

workmen's compensation

indemnización por accidentes de
trabajo

workout	reestructuración financiera
work out arrangements; work-outs [IFC]	arreglos
workshop [training]	cursillo
World Bank	
World Bank's Bank	Banco del Banco Mundial
World Bank Capital Markets System - CMS	Sistema de información del Banco Mundial sobre los mercados de capital
World Bank Debtor Reporting System	Sistema de notificación de la deuda al Banco Mundial
World Bank Group	Grupo del Banco Mundial
(World Bank) Manufacturing Unit Value (MUV) Index	Índice del valor unitario de las manufacturas - VUM
(World Bank) Program of Special Assistance (to Member Countries) [sometimes known as Special Action Program, Special Assistance Program]	Programa de Asistencia Especial (del Banco Mundial a los Países Miembros)
World Development Indicators - WDIs	Indicadores del desarrollo mundial
"wrap-up" insurance arrangement	plan de seguro global
wrap-up meeting	reunión de conclusiones
write down, to; expense, to	castigar; rebajar el valor en libros; amortizar parcialmente en libros
write off [noun] [*see also* cumulative write-offs; tax write-off]	anulación, cancelación en libros
write off, to	anular; eliminar en libros; amortizar totalmente en libros

writing down

castigo, reducción del valor en libros; amortización en libros

write up [USA]

aumento del valor en libros

- X -

x-efficiency

eficiencia x

xenocurrencies

xenomonedas; xenodivisas

- Y -

yield curve	curva de rendimiento
yield rate	tasa de rendimiento
yield test of projects	prueba del rendimiento de los proyectos
yield to maturity - YTM	rendimiento al vencimiento

- Z -

zero

zero base budgeting - ZBB   presupuestación a partir de cero

zero coupon bond   bono sin cupón

zero fee policy   política de servicios gratuitos

zero population growth - ZPG   crecimiento cero de la población

zero sum game   juego de suma cero, nula

zero tillage system   sistema de cultivo sin laboreo

zone extension officer - ZEO   oficial de extensión de zona - OEZ
[agricultural extension]

Spanish-English Glossary
Glosario español-inglés

- A -

a granel	in bulk
a nivel popular, comunitario, local	at the grass root(s) level
a título de donación	on a grant basis
a título oneroso	on a payment basis
abajo arriba, de	bottom up (approach)
abastecimiento de agua	water supply
abertura externa	trade liberalization
abertura financiera externa	encouragement of foreign capital flows
abogado	advocate
abonado	consumer
abonado con rastrojo	stubble mulch farming
abono de base	basal dressing; bottom dressing
abono de cloaca, de letrina	night soil
abono de superficie	top dressing
abono simple	single fertilizer
abono verde	green manure
abrevadero	watering place
absorber	to take over
absorbido(a) por	taken over by
acarreo entre terminales	line-haul
accesibilidad financiera	affordability
accesión	accession
acción de primera clase	blue chip; blue chip security
acción ordinaria	common share; common stock; ordinary share; equity
acción recibida como dividendo	bonus share
acciones	corporate stocks
acciones de adhesión	membership shares
acciones de valor inestable	volatile stock
acciones en circulación	outstanding bonds, securities, shares, stock
acciones habilitantes	qualifying shares
acciones nominativas	registered share, stock; personal stock
acciones pagadas	paid-up stock; fully paid stock
acciones preferenciales, preferentes, preferidas	preferred stock
acciones que confieren derecho de voto	voting stock
aceite combustible	fuel oil

aceite combustible pesado	heavy fuel oil
aceite para calefacción	heating oil
aceite pesado	heavy oil
aceptación bancaria	bank acceptance, bill; banker's acceptance
acondicionamiento de tierras	land development
acontecimiento	development
acreedor no prioritario	junior creditor
acreencia	claim; financial claim
acreencias no redituables, no productivas	nonperforming debt
acta (de la Comisión)	report (of Commission)
acta de sesión(es)	proceedings
Actas Resumidas	Summary Proceedings
actividad básica	core process
actividad de demostración	demonstration activity
actividades de extensión, de vulgarización, de divulgación	outreach activities
actividades iniciales	initial operation
actividades previas a la explotación	predevelopment work
activo corriente	current assets
activo de reserva	reserve asset
activo disponible bajo ciertas condiciones	contingent asset
activo disponible y realizable a corto plazo	current assets
activo financiero	financial claim
activo neto	stockholders' equity; shareholders' equity; owners' equity; equity; net worth
activo(s)	assets
activos a la vista	sight assets
activos a su valor de adquisición	historically valued assets
activos autoliquidables, autoamortizables	self-liquidating assets
activos en el exterior	foreign assets
activos fijos	fixed assets; capital assets; permanent assets; fixed capital
activos líquidos, disponibles	liquid assets; quick assets
activos no redituables, no productivos	nonperforming assets
activos productivos	earning assets
activos reales	real assets
activos sobre el exterior	foreign assets
activos transitorios	temporary assets
activos varios	sundry assets
activos vendibles	saleable assets

activos intangibles, inmateriales	intangible assets, property
actuación	performance
actuación de la economía	economic performance
actuación de las instituciones	institutional performance
actuación financiera	financial performance, results
actuación oral	oral procedure
actuaciones (jurídicas)	proceedings
actualizado a partir del segundo año	time-adjusted
actualizar	to discount
acuerdo básico	frame agreement
acuerdo condicional de reembolso	qualified agreement to reimburse
acuerdo de cesión	assignment agreement
acuerdo de comercialización	marketing arrangement
acuerdo de compromiso contingente	stand-by agreement
acuerdo de derecho de giro	stand-by arrangement
acuerdo de destinación especial	set aside agreement
acuerdo de ejecución	implementing agreement
acuerdo de garantía	security agreement
acuerdo de licencia, de concesión de licencia	licensing agreement
acuerdo de mantenimiento de la situación existente	standstill agreement
acuerdo de recompra	repurchase agreement; buyback agreement; take-out agreement
acuerdo de retención de acciones	share retention agreement
acuerdo firme de compra (sin derecho de rescisión)	take-or-pay agreement, contract
Acuerdo Multifibras	Multifibre Arrangement
acuerdo provisional (para facilitar ulteriores labores)	working agreement
acuerdo sobre un producto básico, primario	commodity agreement
acuerdos compensatorios	offset agreements
acuerdos de crédito	credit arrangements
acumulación	bunching
acumulación de existencias	stockpiling
acumulación de vencimientos	bunching of maturities; debt bunching
acumulaciones	accruals
adecuación predial	on-farm developments, improvements
adelanto	development
adelantos y atrasos	leads and lags
adhesión	accession

adhesión oficial	formal adherence
adicionalidad	additionality
adiestramiento	skills development
adiestramiento en el empleo, trabajo	on-the-job training
adiestramiento en el servicio	in-service training
aditivo (que aumenta la cantidad)	extender
adjudicación	award
administración, la	Management
administración, por	by/on force account
administración colegiada	collegial management
administración de activos y pasivos	asset and liability management
administración de impuestos	tax office
administración de proyectos	project management
administración local	local government; local authority
administración participatoria	participative management
administración por objetivos	management by objectives
administración portuaria	port authority
administración pública	civil service; government services
administración superior	senior management
administraciones públicas	general government
administrador del proyecto	project manager
admisión	intake
adquisición en grandes cantidades, en grueso	bulk procurement
adquisición no conforme con los procedimientos reglamentarios	misprocurement
adscripción	secondment
afiliada	affiliate
afiliada para el financiamiento en condiciones concesionarias	soft loan affiliate
afiliadas	sister companies
afinamiento (de la economía)	fine tuning (of the economy)
afirmación, etc.	claim
afluencia de capital	capital inflow; inflow of capital
afluencia de fondos	cash inflows
aforo	valuations for customs purposes
agente	agent
agente (de cambio y bolsa)	broker
agente comprador	buying agent
agente de adquisiciones	procurement agent
agente de compras	buying agent
agente de extensión a nivel de poblado	field-level extension worker

agente de extensión agrícola	agricultural extension officer
agente de extensión de poblado	village extension worker
agente de extensión, de divulgación agrícola	extension agent, worker
agente financiero	fiscal agent
agente sobre el terreno	field agent
agilización	streamlining
agio	premium
agregado	aggregate
agregados monetarios	monetary aggregates
agricultor con pequeña(s) explotación(es) satélite(s)	outgrower
agricultor de enlace	contact farmer
agricultor innovador	advanced farmer
agricultura de subsistencia	subsistence farming
agricultura en tierras de aluvión	floodplain agriculture, cultivation
agricultura industrial	factory farming
agroeconomista	agro-economist
agroindustrias	agribusiness; agroindustries; agro-based industry; agroprocessing industries
agrónomo	agriculturist
agrosilvicultura	agroforestry
agua bruta, cruda, sin tratar	raw water
agua corriente, por tubería	piped water
agua potable	safe water
aguada; aguadero	watering place
aguas residuales, de desecho, servidas, negras	wastewater
ahorrador negativo	dissaver
ahorro de energía	energy conservation
ahorro forzoso	compulsory saving; forced savings
ahorro interno	domestic savings
ahorro negativo	dissaving
ajustado para tomar en cuenta las variaciones estacionales	seasonally adjusted
ajuste	adjustment
ajuste cambiario	exchange adjustment
ajuste de traducción (de monedas)	translation adjustment
ajuste excesivo	overshooting
ajuste financiero	financial adjustment
ajuste gradual del tipo de cambio	crawling peg
al costo de los factores	at factor cost (f.c.)

alcance	coverage
alcantarilla colectora, maestra	trunk sewer
alcantarillado de arrastre hidráulico	waterborne sewage system
alfabetización	literacy; literacy education
alfabetización funcional	functional literacy
alimento básico	staple (food)
alimentos ingeridos	food intake
alivio	relief
alivio de la carga de la deuda	debt relief
almacén de aduanas	bonded warehouse
alojamiento para el personal	staff house
alteración del balance	window dressing
alternativa	alternative
alza de tarifas	tariff escalation
alza por efecto de trinquete	ratcheting up
amiguismo	cronyism
amnistía tributaria	tax amnesty
amortizable	redeemable
amortización	redemption; writing down
amortización (depreciación) lineal, constante, de cuotas fijas	straight-line depreciation
amortizar parcialmente	to write down; to expense
amortizar totalmente	to write off
ampliación	extension
ampliación del capital	capital widening
análisis de costo mínimo	least cost analysis
análisis de costos-beneficios	cost-benefit analysis
análisis de la capacidad limitante	bottleneck analysis
análisis de las ofertas	examination of bids
análisis del crecimiento	growth accounting
análisis del equilibrio general	general equilibrium analysis
análisis de punto muerto, de equilibrio	break-even analysis
análisis de redes	network analysis
análisis de sensibilidad	sensitivity analysis
análisis transversal	cross-sectional analysis
anegación controlada	controlled flooding
anexo	schedule
animales de cruza	cross bred progeny
animales reproductores	breeding stock
antecedentes	background
antecedentes académicos	educational background
anticipación del vencimiento	prematuring

anticipo de caja	cash advance
anticipo del Servicio de Financiamiento para Preparación de Proyectos	Project Preparation Facility advance
anticipo para movilización	mobilization advance
antracita	hard coal; anthracite
anualización	annualization
anulación	cancellation (of a debt)
anulación en libros	write off
anulación de una deuda	debt cancellation
anulaciones acumuladas en libros	cumulative write offs
anular	to write off
anuncio de emisión efectuada	tombstone
anuncio general de adquisiciones	general procurement notice
año agrícola	crop year
año base	base year
apagón	outage
aparcería	sharecropping
apertura de ofertas	bid opening
aplanamiento de una curva	flattening out
aplazamiento impositivo	tax deferral
aplicación de grava	graveling; regraveling
apoderado	agent
aportación	input
aportación con características de donación	grant-like contribution
aportación en mano de obra propia	sweat equity
aportación, aporte en efectivo	cash input
apoyo	backstopping
apoyo de precios	price support
aprender con la práctica	learning by doing
aprender sobre la marcha	learning by doing
aprobación	clearance
aprovechado; aprovechador	free rider
aprovechamiento	development; harnessing
aprovechamiento de la energía hidroeléctrica	hydrodevelopment
aprovechamiento de tierras	land development
aprovisionamiento de combustible	bunkering
arancel	tariff schedule
arancel(es)	tariffs
arbitraje de cambios	exchange arbitrage
arbitraje impositivo	tax arbitrage
árbitro	arbitrator

arbitro dirimente	umpire
árbol forrajero	forage tree
arboricultura	tree farming
área habitable	living area
arenas asfálticas	tar sands
arenas impregnadas de brea	oil sands; tar sands
arenas petrolíferas, asfálticas	oil sands
arranque	take-off
arreglo (de una diferencia)	settlement (of a dispute)
arreglos	work out arrangements; work-outs
arrendamiento, arrendamiento financiero	leasing
arriba abajo, de	top-down (approach)
arroz acuático	flooded rice
arroz de montaña, de secano	upland rice; mountain rice; highland rice
arroz flotante	floating rice
artículo básico	staple (good)
artículo de propaganda, de cebo, de reclamo	loss leader
artículo patentado o de marca registrada	proprietary good, item
artiga	ash farming; burn-beating; burning
Asamblea de Gobernadores	Board of Governors
asegurador	underwriter
asentamiento	land settlement; shake-out (of the market)
asentamientos humanos	human settlements
asientos (contables)	accounting entries; entries
asignación	provision
asignación de divisas	exchange allocation
asignación de las utilidades	allocation, appropriation of profits
asignación de los fondos del préstamo	allocation of loan proceeds
asignación de los ingresos netos	allocation of net income
asignación de los recursos	allocation of resources
asignación desacertada de los recursos	misallocation of resources
asignación para alzas de precios	price contingencies
asignación para excesos de cantidades físicas	physical contingencies
asignación para vacaciones en el país de origen	home leave allowance
asignación por agotamiento	depletion allowance, reserve
asignación por cargas familiares, por persona a cargo	dependency allowance
asignación presupuestaria	allotment; budget appropriation

asignación para depreciación, amortización	depreciation allowance
asignatura	subject matter
asistencia en especie	commodity assistance
asistencia oficial para el desarrollo	official development assistance
asistencia operacional	Operational Assistance
asistencia para fines de ajuste	adjustment aid
asistencia en condiciones concesionarias, muy favorables	concessional, concessionary aid
asistencia no destinada a proyectos específicos, para fines generales	nonproject aid
asistencia para programas	program aid
asistencia para proyectos	project aid
asistencia social	social welfare
asistente técnico	technical assistant
asociación	partnership
aspectos complementarios	complementarity
asumir	to take over
atención básica de salud	basic health care
atención primaria de salud	primary health care
atender el servicio de un préstamo	service a loan
atenuación de los impuestos	tax mitigation
atracción	crowding in
atraso(s) en los pagos	payment arrears
auditar	to audit
auditor	auditor
auditoría	audit
auditoría impositiva, tributaria	tax audit
auditoría interna	internal audit
auge	development
aumento de la producción	production build up
aumento del capital	capital widening
aumento del capital con respecto al trabajo	capital deepening
aumento del valor en libros	write-up
aumento de precio	mark-up
aumento general del capital	General Capital Increase
aumento por mérito	merit increase
aumento selectivo del capital	Selective Capital Increase
austeridad financiera	financial restraint, stringency
austeridad monetaria	monetary restraint

austeridad salarial	wage restraint
autoabastecimiento	self-sufficiency
autoaseguro	self-insurance
autoayuda	self-help
autocontrol	self-restraint
autocorrección	self-adjustment
autoctonización	localization
autofinanciamiento	self-financing
autolimitación	self-restraint
autonomía	self-sufficiency
autónomo	free standing; self-contained
Autoridad que efectúa la designación	Designating Authority (of Panel Members)
autoridad portuaria	port authority
autoridades	government
autoridades municipales, provinciales, etc.	local government; local authority
autorización	authority; clearance
autorización legal	legal authority
autorización legislativa	enabling legislation
autorización presupuestaria	budget appropriation
autorizado	registered (e.g. tradesmen)
autorregulación	self-adjustment
autosuficiencia	self-sufficiency
autosuficiencia colectiva	collective self-reliance
autoterapia	self-care; self-treatment
autotransbordo	roll-on/roll-off
autotratamiento	self-care; self-treatment
auxiliar especial	staff assistant
auxiliares de enseñanza	teaching aids
auxilio	relief
avalúo para fines impositivos	tax assessment
avalúo pericial	expert appraisal
avance	development
aviso de desembolso	disbursement letter
avitaminosis	vitamin deficiency
ayuda condicionada, vinculada	tied aid
ayuda en condiciones concesionarias, muy favorables	concessional, concessionary aid
ayuda no condicionada, desvinculada	untied aid
ayuda no destinada a proyectos específicos, para fines generales	nonproject aid
ayuda para programas	program aid

ayuda para proyectos

ayuda presupuestaria, para el presupuesto

project aid

budgetary aid

- B -

bacheo	spot improvement, patching; patching
badén	submerged bridge
baja (de activos fijos)	retirement (of a fixed asset)
balance (general) consolidado	consolidated balance sheet
balance forrajero	feed balance; feed estimate
balance hídrico	water balance
balanza comercial	balance of trade; merchandise balance; trade balance
balanza de recursos	resource balance
balanza en cuenta corriente	current balance of payments
banco afiliado	affiliate bank
banco agente	agent bank
banco autorizado	authorized bank
banco codirector	co-lead manager
banco corresponsal	agent bank
banco de crédito para la producción y las exportaciones agropecuarias	agricultural production and export (apex) bank
banco de desarrollo, de fomento	development bank
banco de importancia secundaria	second tier bank
banco de inversiones	investment bank; merchant bank
Banco del Banco Mundial	World Bank's Bank
banco depositario	depository bank
banco director	lead bank; lead manager
banco emisor, de emisión	bank of issue; issuing bank
banco extraterritorial	offshore bank
banco hipotecario	mortgage bank
bancos establecidos en las principales plazas financieras	money center banks
bandera de conveniencia, de favor	flag of convenience; open registry flag
baño	dip
barbecho en maleza	bush fallow
barbecho forestal	forest fallow
barra de refuerzo	rebar
barrera contra vientos	windbreak
barrera no arancelaria	nontariff barrier
barreras arancelarias	tariff barriers
barriles de equivalente en petróleo	barrels of oil equivalent

barriles diarios de equivalente en petróleo	barrels per day of oil equivalent
barrio de tugurios	slum
base	base; road base; hard core
base de capital	capital base
base imponible	tax base
bases de licitación	bidding conditions
básico	hard core
beca McNamara	McNamara Fellowship
beneficio	beneficiation
beneficio contractual	beneficial interest
beneficio derivado indirecto	stemming-from benefit
beneficio inducido indirecto	induced-by benefit
beneficio marginal	marginal benefit
beneficios adicionales	incremental benefits
beneficios sociales	social returns
bien comerciable, comercializable, exportable o importable	tradable
bien comerciable no comerciado (etc.)	nontraded tradable
bien no comerciable, no comercializable	nontradable
bienes	assets; commodity
bienes comerciados, comercializados, exportados o importados	traded goods
bienes de capital, de equipo	capital goods; capital equipment
bienes de consumo	consumer goods
bienes de consumo duraderos	consumer durables
bienes de interés social	merit goods
bienes de inversión, de equipo, de capital	investment goods
bienes de producción	producer goods
bienes duraderos	durable goods; durables
bienes en existencia	off-the-shelf goods
bienes fungibles, de consumo	consumables
bienes industriales	industrial goods
bienes inmuebles	real assets
bienes intangibles, inmateriales	intangible assets, property
bienes intermedios	intermediate goods
bienes materiales, tangibles, corpóreos	tangible assets, property
bienes no comerciados, no comercializados, no exportados o importados	nontraded goods
bienes preferentes, deseables	merit goods
bienes salariales	wage goods
bienes y servicios	goods and services

bienestar social	social welfare
boca de(l) pozo	wellhead
boceto	sketch plan
bomba de operación y mantenimiento a nivel del poblado	village level operation and maintenance pump
bomba de refuerzo	booster pump
bonificación	development; incentive payment
bonificación de tierras	land reclamation
bonificacion por trabajo en el exterior	overseas allowance
bonificar	reclaim
bono ajustable	indexed, index-linked bond
bono al portador	bearer bond
bono clásico	straight bond
bono con certificado	warrant bond
bono con cupón	coupon bond
bono con garantía de activos	debenture
bono con interés variable, flotante	floating rate bond
bono con opción de cambio de divisa	(multiple) (currency) option bond
bono con vencimiento elegido a la suerte	serial bond, loan
bono convertible	convertible bond
bono de desarrollo	development bond
bono de descuento intensivo	deep discount bond, note
bono del Estado	government bond
bono del Tesoro	Treasury bond
bono de renta vitalicia	annuity bond
bono de una empresa privada, de una compañía, de una sociedad anónima	corporate bond
bono de vencimiento escalonado	serial bond, loan
bono descontado	discount bond
bono emitido con descuento	original issue discount bond
bono indizado	indexed, index-linked bond
bono nominativo	registered bond
bono ordinario	straight bond
bono perpetuo	perpetual bond; annuity bond
bono público	government bond
bono sin cupón	zero coupon bond
bono sin garantía específica	debenture
bonos del Gobierno británico	gilt-edged securities
bonos, etc. emitidos mediante oferta pública	publicly issued (bonds, etc.)

bonos en circulación	outstanding bonds, securities, shares, stock
bosque comunal	village woodlot
bosque húmedo	rain forest
bosque tropical (húmedo)	tropical rain forest
brecha	gap
brecha de financiamiento	funding gap
brecha de recursos	resource(s) gap
brecha deflacionaria	deflationary gap
brecha financiera ex ante	ex ante financing gap
brecha inflacionaria	inflationary gap
buque cisterna; buque tanque	tanker
búsqueda de personal superior	head hunting

- C -

cabeza de(l) pozo	wellhead
cabotaje	coastal shipping
café pergamino	parchment coffee
caja de crédito para la producción y las exportaciones agropecuarias	agricultural production and export (apex) bank
Caja de Pensiones del Personal	Staff Retirement Fund
caja de seguridad social	social security fund
cálculo de costos directos	direct costing
cálculo de precios sociales	social pricing
calendario	schedule
calendario del servicio de la deuda	debt-service schedule
calidad de miembro	membership
calidad para elaboración	manufacturing grade
calificación	performance evaluation
calificaciones profesionales	background
calzada de servicio	service road
cámara de compensación	clearing house
cambio desfavorable de la coyuntura	downturn (economic)
cambio favorable de la coyuntura	upturn (economic)
camino de acceso, secundario, vecinal	feeder road
camino de grava	gravel road
camino de normas reducidas, bajas	low standard road
camino de salida	evacuation road
camino de tierra	earth road
camino trazado técnicamente	engineered road
camión cisterna; camión tanque	tanker
campaña	crop year
campo de aplicación	coverage
canal de descarga	tailrace; spillway chute
canal de presión, de carga	penstock
cancelación en libros	write off
cancelaciones acumuladas en libros	cumulative write offs
canon por pie	stumpage fee
cantidad representativa	proxy
cantidades para los planos definitivos	final design quantities
capa de base	base; road base
capa freática	groundwater table
capa intermedia, de base	base course

capa superficial, de rodadura	surface course; wearing course
capacidad	capability
capacidad crediticia	creditworthiness
capacidad de absorción	absorptive capacity
capacidad de acarreo	carrying capacity
capacidad de acceso a ...	affordability
capacidad de atraque	berthing capacity
capacidad de carga	carrying capacity; stock carrying capacity
capacidad de diseño	rated capacity; design capacity
capacidad de endeudamiento	borrowing capacity; debt carrying capacity
capacidad de endeudamiento por concepto de garantías	guarantee leverage
capacidad de importación derivada de las exportaciones	importing power of exports
capacidad de obtención de ingresos	earning power
capacidad de producción	productive capacity
capacidad de reacción	buoyancy
capacidad de régimen	rated capacity
capacidad de reserva inmediatamente disponible	spinning reserve
capacidad de sustento	carrying capacity
capacidad de tráfico	traffic-bearing capacity; load-bearing capacity
capacidad empresarial	entrepreneurship
capacidad excedentaria	excess capacity
capacidad ganadera	carrying capacity
capacidad instalada	installed capacity
capacidad no utilizada	slack
capacidad nominal	rated capacity; design capacity
capacidad para atender el servicio de la deuda	debt-servicing capacity
capacidad para valerse por sí mismo	self-reliance
capacidad tributaria	tax-paying capacity
capacidades básicas	basic skills
capacitación	skills development
capacitación de instructores	wholesale training
capacitación en el empleo, trabajo	on-the-job training
capacitación en el servicio	in-service training
capacitación en la empresa	in-house training
capacitación para el puesto, cargo	job-related training
capitación, (impuesto de)	capitation tax; poll tax; head tax
capital (de un préstamo)	principal

capital (social)	equity
capital accionario	equity capital; capital stock (of a corporation); share capital
capital accionario autorizado	authorized share capital
capital accionario emitido	issued share capital
capital circulante	floating capital
capital comercial	commercial capital
capital congelado, bloqueado	frozen capital
capital, con uso intensivo de	capital-intensive
capital de riesgo	venture capital; risk capital
capital de trabajo, de explotación	working capital
capital de trabajo, de explotación no disponible inmediatamente	noncash working capital
capital en acciones	share capital
capital en condiciones de mercado	commercial capital
capital en préstamo	loan capital
capital extranjero, externo (oficial, privado)	foreign capital (official, private)
capital fijo	fixed assets; capital assets; permanent assets; fixed capital
capital flotante	floating capital
capital fugaz, inestable	volatile capital
capital inmovilizado	locked-up capital
capital libre de gravámenes	unimpaired capital
capital nacional	capital stock
capital nacional fijo	overhead capital
capital oficial, público	official capital
capital pagado	paid-in (share) capital; paid-up capital
capital simiente	seed capital, money
capital social	equity capital; capital stock (of a corporation); share capital
capital social fijo	overhead capital
capital suscrito y no desembolsado	uncalled capital
capital totalmente pagado	paid-up capital
capitales itinerantes	hot money; funk money
captación	harnessing
carbón antracitoso	hard coal; anthracite
carbón bituminoso	brown coal
carbón coquificable	coking coal
carbón de alto poder calorífico	steam coal
carbón limpio, libre de impurezas	clean coal

carbón sin clasificar, tal como sale, en bruto	mine run coal; run-of-mine coal
carbón térmico	steam coal
carbonera	bunker
carente de derecho a	ineligible
carga de base, fundamental	base load
carga de punta	peak load
carga docente	teaching load
carga familiar	dependent
carga fraccionada	breakbulk
carga ganadera	stocking rate
carga general	general cargo
carga impositiva, tributaria, fiscal	tax burden
carga mixta	general cargo
carga útil	payload
cargo	charge; lien
cargo al usuario	chargeback
cargo de dirección, de supervisión, de gestión en línea	line management position
cargo de operaciones	line position
cargo por medidor, por contador	meter rent
cargo por presentación de solicitudes	fee for lodging requests
cargo por servicios	service and support fee; service charge
cargos	charges
cargos a los usuarios de las carreteras	road user charges
cargos autorizados	authorized positions
cargos contables excesivos	over-accruals
cargos diferidos	deferred charges, expenses
cargos por comprobación de destino	destination check charges
cargos por manipulación, tramitación, etc.	handling charges
carretera de normas reducidas, bajas	low standard road
carreteras troncales, principales	trunk roads
carta a la administración	management letter
carta complementaria	side letter; supplemental letter
carta de crédito	letter of credit
carta de declaración de la deuda externa	debt representation letter
carta de entendimiento	letter of understanding
carta de intención, de intenciones	letter of intent
carta de seguridades	letter of comfort
cartera de acciones	stock ownership
cartera de préstamos	loan portfolio
casa de aceptaciones	acceptance, accepting house

castigar	to write down; to expense
castigo del valor en libros	writing down
catastro	land register
categoría	status
categoría de ingreso(s)	income bracket
categorías de supervisión	supervisory grades
cauce de comercialización	channel
cedente	assignor
ceguera de los ríos	river blindness; onchocerciasis
celebrar un convenio, un acuerdo	to execute an agreement
célula energética	fuel cell
centésimo de punto porcentual	basis point
central a biomasa	biomass (power) plant, station
central a vapor	steam plant
central (productora) de biogás	biogas plant
central de biomasa	biomass (power) plant, station
central de carga de base, fundamental	base load station
central (generadora) de energía a partir de biomasa	biomass (power) plant, station
central de vapor	steam plant
central eléctrica a carbón, que utiliza carbón como combustible	coal-fired power station
central eléctrica de petróleo	oil-fired power station
central eléctrica diesel	diesel(-fired) power plant
central eléctrica en la zona de una bocamina	pithead power plant
centralización	pooling
centro de capacitación especializada	skill training center
centro de costos	cost center
centro de desarrollo de aptitudes	skill training center
centro de perfeccionamiento	skill training center
centro de excelencia	excellence center
centro de genética ganadera	breeding unit
centro de intercambio de información	clearing house
centro de inversión	investment center
centro de reserva	reserve center
centro de responsabilidad	responsibility center
centro de salud maternoinfantil	mother and child health center
centro de utilidades	profit center
centro fuera de la sede	outreach post
cereales forrajeros	feed grains
cereales panificables	bread grains

cereales secundarios	coarse grain(s)
cereales alimentarios	food grains
certificado de depósito	certificate of deposit
certificado de pago de impuestos	tax clearance
certificado de terminación	completion certificate (of a project)
certificado de transferencia de préstamos	pass-through certificate; participation certificate
certificado para la compra de acciones, bonos	warrant
cese de funciones	termination
cesión	divestiture
cesión de activos (de una sociedad) a cambio de accion	spin-off
cesionario	assignee
ciclo combinado	combined cycle
ciclo del proyecto, de los proyectos	project cycle
ciclo económico	business cycle
cierre de las actividades	close of business
cifra aproximada	ballpark figure
cifras corrientes, en	in current terms
cifras indicativas de planificación	Indicative Planning Figures
cifras reales, en	in real terms
circuito de información	feedback loop
círculos empresariales	business community
clasificación cruzada	cross-classification
Clasificación Uniforme para el Comercio Internacional	Standard International Trade Classification
cláusula de abstención	negative pledge clause
cláusula de activación	trigger clause
cláusula de ajuste de precios	price adjustment, escalation clause;
cláusula de arbitraje, compromisoria	arbitration clause
cláusula de buena voluntad	goodwill clause
cláusula de condicionalidad recíproca	cross-conditionality clause
cláusula de elusión	escape, break, jeopardy clause
cláusula de escala móvil	escalator clause; sliding-scale clause
cláusula de escape	escape, break, jeopardy clause
cláusula de examen (periódico)	(periodic) review clause
cláusula de exención por derechos adquiridos	grandfather clause
cláusula de ilegalidad	illegality clause
cláusula de la nación más favorecida	most-favored-nation clause
cláusula de modificación parcial	bisque clause

cláusula de, sobre múltiples monedas	multicurrency clause
cláusula de obligación negativa	negative pledge clause
cláusula de reajuste (de los precios)	escalation clause
cláusula de referencia	cross-reference clause
cláusula de revisión	trigger clause
cláusula de salvaguardia	hedge clause; escape, break, jeopardy clause
cláusula pari passu	pari passu clause
cláusula penal, punitiva	penalty clause
cláusula recíproca de entrada en vigor	cross-effectiveness clause
cláusula recíproca en caso de incumplimiento	cross-default clause
cláusula sobre primas	bonus clause
clinker	clinker
clínquer	clinker
coadministración	co-determination; co-management; management participation system
coaseguro cualitativo	qualitative co-insurance
coaseguro cuantitativo	quantitative co-insurance
cobertura	coverage
cobertura de servicio de la deuda	debt service coverage
coeficiente capital-servicio	capital-service ratio
coeficiente de capital, con alto	capital-intensive
coeficiente de carga de la red	system load factor
coeficiente de correlación por rangos de Spearman	Spearman's rank correlation coefficient
coeficiente de endeudamiento	debt-equity ratio; debt-to-equity ratio; debt-to-capital ratio
coeficiente de endeudamiento, con bajo	underleveraged
coeficiente de explotación	working ratio
coeficiente de importaciones (importaciones/producción total)	import coefficient
coeficiente de inestabilidad	volatility ratio
coeficiente de insumo-producto	input-output coefficient
coeficiente de la tierra de cultivo equivalente	land equivalent, equivalency ratio
coeficiente de liquidez	liquidity ratio; reserve ratio
coeficiente del servicio de los intereses	interest service ratio
coeficiente de mano de obra, de alto	labor-intensive
coeficiente de matrícula	enrollment ratio
coeficiente de ocupación de cargos	staffing ratio

coeficiente de ocupación de cargos, puestos	fill ratio
coeficiente de operación	operating ratio
coeficiente de protección efectiva	effective protection coefficient
coeficiente de protección nominal	nominal protection coefficient
coeficiente de recaudación de impuestos	tax performance ratio
coeficiente de reservas	reserve ratio
coeficiente de solvencia	current ratio; working capital ratio
coeficiente de uniformidad	smoothness ratio
coeficiente de utilización de tierras	land use ratio
coeficiente mínimo de encaje	minimum cash ratio
coeficiente modificado de Bruno	internal exchange rate; modified Bruno ratio
coeficiente neto de explotación	operating ratio
coeficiente profesor-alumnos	teacher-pupil ratio
cofinanciador	cofinanc(i)er
cofinanciamiento	cofinancing
cofinanciamiento ex post	ex post cofinancing
cofinanciamiento vertical	vertical cofinancing
cogestión	co-determination; co-management; management participation system
colectivo	jitney
colocación	marketing
colonización	land settlement
combinación de financiamiento	blending (of flows)
combinación de insumos	input mix
combinación de productos	product mix
combustible derivado del carbón	coal-based fuel
combustible diesel	diesel fuel; diesel oil
combustible para calderas, barcos	bunker; bunker oil
combustible sintético	synthetic fuel; synfuel
combustión en lecho fluidizado	fluidized bed combustion
comerciable	tradable
comercialibilidad	marketability
comercializable	tradable
comercialización	marketing; merchandising
comercio compensatorio	counter-trade
comercio de productos básicos, primarios	commodity trade
comercio de reexportación	entrepôt trade
comercio exterior	foreign trade
comisión conjunta	joint committee

Comisión conjunta de las Juntas de Gobernadores (Informe Muldoon)	Joint Committee of the Boards of Governors (Muldoon Report)
Comisión Conjunta de Procedimiento	Joint Procedures Committee
comisión de administración	management fee
Comisión de Conciliación	Conciliation Commission
comisión de garantía	guarantee, commission fee
comisión de garantía de compra	backup (underwriting) facility fee
comisión de gestión	management fee
comisión inicial	front-end fee
comisión por compromiso, por inmovilización de fondos	commitment charge, fee
comisión por servicios	service charge
comisiones devengadas, acumuladas sobre préstamos	accrued loan commissions
Comité Ad Hoc sobre la Valoración del Capital del Banco	Ad Hoc Committee on the Valuation of Bank Capital
Comité Asesor Técnico	Technical Advisory Committee
comité conjunto	joint committee
Comité Conjunto de Auditoría	Joint Audit Committee
Comité Conjunto del Banco y del Fondo para el estudio de ciertos elementos del sistema de remuneración del personal	Joint Bank/Fund Committee for Review of Certain Elements of the Staff Compensation System
Comité Conjunto de los Directores Ejecutivos del Banco y el Fondo sobre la Remuneración del Personal	Joint Bank/Fund Committee of Executive Directors on Staff Compensation
Comité Conjunto Encargado de Estudiar la Remuneración de los Directores Ejecutivos y de sus Suplentes	Joint Committee on the Remuneration of Executive Directors and their Alternates
comité de adjudicación	awarding committee
Comité Ministerial Conjunto de las Juntas de Gobernadores del Banco y del Fondo para la transferencia de recursos reales a los países en desarrollo (Comité para el Desarrollo)	Joint Ministerial Committee of the Boards of Governors of the Bank and Fund on the Transfer of Real Resources to Developing Countries (Development Committee)
Comité para el Desarrollo	Development Committee
Comité Plenario	Committee of the Whole
Comité Provisional	Interim Committee
Comité sobre Cuestiones Administrativas Relativas a los Directores Ejecutivos	Committee on Directors' Administrative Matters
Comité sobre Cuestiones Relativas a la Remuneración del Personal	Committee on Staff Compensation Issues

compañía administradora, de administración, de gestión	management company
compañía comisionista	commissioned company
compañía de capitales de riesgo	venture capital company
compañía de inversiones	investment company, fund
compañía de papel	shell company
comparación de precios	prudent shopping; shopping
comparación internacional de precios	international shopping
compensación	clearance; consideration; compensation
compensación (de factores, de ventajas y desventajas)	trade-off
competencia básica	basic skills
competencia no relacionada con los precios	nonprice competition
competencia perfecta	pure, perfect competition
competencia por la obtención de recursos	competing claims (on resources)
compilado por	edited by
compilador (de una colección de textos)	editor
complementación	complementarity
complemento	follow-up
completamente desmontado	completely knocked down
componente	component (of a project); slice
componente en divisas	foreign exchange component
componente físico	hard component
componente importado, de importación	import component
componente no físico, de servicios	soft component
componentes físicos	hardware
componentes lógicos	software
comportamiento	performance
comportamiento de la economía	economic performance
composición del capital social	ownership structure (of a company)
compra a plazos	hire purchase
compra de bienes en existencia en el mercado	off-the-shelf purchases
compra directa	direct shopping
compra en grandes cantidades, en grueso	bulk procurement
comprobación de cuentas	audit
comprobante de pago	certificate of payment
comprobar cuentas	to audit
compromiso contingente	contingent commitment
compromiso contingente de garantía de suscripción	stand-by underwriting commitment

compromiso contingente de participación en el capital social	stand-by equity
compromiso de inversión	investment commitment
compromiso de préstamo	loan, lending commitment
compromiso de suscripción de acciones	equity underwriting
compromiso sin plazo o volumen definidos	open-ended commitment
compromisos netos	exposure
compromisos por países	country exposure
cómputo sobre una base anual	annualization
con alto coeficiente de capital	capital-intensive
con alto contenido de importaciones	import-intensive
con bajo coeficiente de endeudamiento	underleveraged
con exceso de personal	overstaffed
con fines de lucro	profit-making
con gran endeudamiento	highly leveraged
con gran intensidad de capital	capital-intensive
con gran intensidad de importaciones	import-intensive
con gran intensidad de mano de obra	labor-intensive
con uso intensivo de capital	capital-intensive
con visión hacia el futuro	forward-looking
concentración excesiva de riesgos de financiamiento	overexposure
concentración parcelaria	land consolidation
concertar un préstamo a través de un consorcio (bancario, de financiamiento)	to syndicate a loan
concesión	claim; franchise
concesión recíproca	trade-off
concesionario	concessional; concessionary
conciliar	reconcile
conclusión	bottom line
conclusión de los procedimientos	closure of the proceeding
condición social	status
condicionalidad	conditionality
condiciones concesionarias, muy favorables	concessional terms
condiciones concesionarias, muy favorables, en	concessional; concessionary
condiciones corrientes, comerciales, de mercado	conventional terms
condiciones de entrada en vigor	conditions of effectiveness
condiciones de reembolso con pagos iguales de principal e intereses	annuity-type repayment terms
condiciones que deben cumplirse	eligibility; eligibility conditions

condiciones socioeconómicas	socio-economic status
condonación	cancellation (of a debt); forgiveness (of a debt)
condonación de una deuda	debt cancellation
conducto de comercialización	channel
conexión de servicio	service; service line; supply line; connection
conexión domiciliaria	house connection
conferencia marítima	liner (shipping) conference
confianza de la colectividad en sí misma	collective self-reliance
confianza en sí mismo	self-reliance
congelación	freeze (of salaries, prices, etc.)
congelación de precios	price freeze
congestión	bottleneck; bunching
conjunto de bienes (obras, servicios, elementos) a licitar	bid package
conjunto de disposiciones, equipos, proyectos, actividades, financiamiento	package
conjunto de empréstitos	borrowing pool
conjunto de medidas de política	policy package
conjunto de medidas de rescate, de salvamento	rescue package
conjunto de medidas financieras	financial package
conmoción petrolera, producida por los precios del petróleo	oil shock
Cono Sur	Southern Cone
conocimiento de embarque	bill of lading
conocimiento de embarque directo	through bill of lading
conocimientos básicos	basic skills
conocimientos especializados	expertise
conocimientos técnicos, tecnológicos	know-how
consejero	counsel
Consejo Administrativo	Administrative Council
consentimiento (a la jurisdicción)	consent (to jurisdiction)
conservación de energía	energy conservation
conservación del suelo	soil conservation
consignar (fondos) para un fin determinado	to earmark (funds)
consolidar los vencimientos	consolidate maturities
consorcio (bancario)	selling consortium, group, syndicate
consorcio (bancario, de financiamiento)	syndicate
consorcio (de coordinación de la ayuda a un país)	consortium (for a country)

consorcio de dirección	managing group
consorcio garante	underwriting syndicate
constricción monetaria	monetary stringency
construcción de viviendas no sujeta(s) a reglamentaciones	unregulated housing
construcción progresiva de viviendas	incremental building, housing
consultor en dirección de empresas, en administración de empresas	management consultant
consumidor de bajo factor de carga	low load factor consumer
consumidor de bajo voltaje	low voltage consumer '
consumo calorífico	heat rate
consumo en la explotación agrícola	on-farm consumption
consumo suntuario, de ostentación	conspicuous consumption
contabilidad de administración	management accounting
contabilidad de costo total	full cost accounting; absorption accounting
contabilidad de costos	cost accounting;
contabilidad de costos estándar	standard cost accounting
contabilidad de empresa	business accounting
contabilidad de existencias	stock accounting
contabilidad en períodos de inflación	inflation accounting
contabilidad en valores devengados	accrual (basis) accounting
contabilidad gerencial	managerial accounting
contabilidad por órdenes de trabajo, por pedidos	job order accounting
contabilidad por partida doble	double entry accounting
contabilidad por partida simple	single-entry accounting
contabilidad según el costo (valor) de reposición	current cost (value) accounting
contabilidad según el criterio de registro de caja	cash (basis) accounting
contabilidad según el (criterio de) registro de derechos adquiridos u obligaciones contraídas	accrual (basis) accounting
contabilidad según el nivel general de precios	general price level accounting; price level accounting
contabilidad social	social accounts
contenedorización	containerization
contenido de origen nacional	domestic content
contenido técnico	messages
conteo de tráfico	traffic count
contingente	intake

contingente arancelario	tariff quota
contracción	slump
contracción del crédito	tightening of credit
contralor	comptroller
contramemorial	countermemorial
contrapartida	balancing item, entry
contraprestación	consideration
contratación directa	direct contracting
contratar	to contract out
contratista con fianza	bonded contractor
contratista principal, primario	prime, principal contractor
contrato a porcentaje, de honorario	percentage (fee) contract
contrato a precio fijo	fixed cost contract; fixed price contract
contrato a precio unitario	admeasurement contract
contrato a suma alzada	lump sum contract
contrato al costo más honorarios	cost-plus contract
contrato al costo más honorarios fijos	cost-plus fixed-fee contract; cost and fee contract
contrato al costo más honorarios porcentuales	cost-plus percentage fee contract
contrato con base en el tiempo	time-based contract
contrato con base en una lista oficial de precios	schedule contract
contrato de arrendamiento con opción de compra	finance, financial, full pay out lease
contrato de arrendamiento operativo	operating lease
contrato de arrendamiento verdadero	true lease
contrato de compra garantizada	take-and-pay contract
contrato de duración indefinida	open-ended contract
contrato de fletamiento	charter party
contrato de plazo fijo	fixed term contract
contrato de precio(s) unitario(s)	unit price contract
contrato de riesgo	risk contract
contrato de servicios ocasionales	call order contract
contrato entre iguales	arm's length contract
contrato firme de compra (sin derecho de rescisión)	take-or-pay agreement, contract
contrato fraccionado	"slice and package" contract
contrato llave en mano	turnkey contract, project
contrato por meses-hombre	man-month contract
contrato "producto en mano"	product in hand contract
contribución territorial	land tax

control	control
control de existencias, inventario(s)	inventory control
control de la natalidad	birth control
control de procesos industriales	process control
control interno	internal audit
control mayoritario	ownership (of a corporation)
controlable	manageable
conurbación	conurbation
convenio condicional de reembolso	qualified agreement to reimburse
Convenio Constitutivo	Articles of Agreement
convenio de asunción de préstamo	loan assumption agreement
convenio de crédito de fomento	development credit agreement
convenio de destinación especial	set aside agreement
convenio de inversión	investment agreement
convenio de licencia, de concesión de licencia	licensing agreement
convenio de participación en las garantías	security sharing agreement
convenio de préstamo	loan agreement
convenio de préstamo entre el Banco y la CFI	Master Loan Agreement
convenio de préstamo subsidiario	Subsidiary Agreement
convenio "mercado en mano"	"market-in-hand" agreement
convenio modificatorio	amendment, amending agreement
convenio salarial	wage agreement
Convenio sobre Arreglo de Diferencias Relativas a Inversiones entre Estados y Nacionales de Otros Estados	Convention on the Settlement of Investment Disputes between States and of other States
convenio sobre el proyecto	project agreement
convenio sobre financiamiento para el proyecto	project fund agreement
convenio sobre un producto básico, primario	commodity agreement
convenios internacionales sobre productos básicos	international commodity agreements
conversión a la par	conversion at par
conversión en efectivo	encashment
cooperación técnica entre países en desarrollo	technical cooperation among developing countries
cooperativa de producción y exportaciones agropecuarias	agricultural production and export (apex) cooperative
copia impresa	hard copy
coquería	coke oven plant

corral de engorde	feedlot
corral de vacunación	vaccination yard
corrección monetaria	monetary correction
corredor (de cambio, de bolsa)	broker
corredor de valores	securities dealer; securities firm
corretaje	brokerage
corriente de capital	capital flow; capital movement
corriente de capital equilibradora	equilibrating capital flow
corriente de fondos	cash flow; funds flow; flow of funds
corriente (de fondos) en condiciones concesionarias	concessional flow
corrientes de capital en condiciones no concesionarias	nonconcessional, nonconcessionary flows
corrientes de costos y beneficios	streams of costs and benefits
corrientes financieras	financial flows
corrientes oficiales	official flows
corte y extracción de madera en trozas	logging
cosechas	crops
costo asociado	associated cost
costo de inactividad del capital	carrying cost, charge of capital
costo de inversión	capital cost
costo de los empréstitos	borrowing cost
costo de los empréstitos con doble ponderación	double-weighted borrowing cost
costo de los factores, al	at factor cost (f.c.)
costo del petróleo	oil bill
costo de mantenimiento en existencia	carrying costs, charges
costo de oportunidad, de sustitución	opportunity cost
costo de oportunidad social	social opportunity cost
costo de puesta en marcha	start-up cost
costo de reposición, de sustitución	replacement cost
costo en divisas	exchange cost; foreign exchange cost
costo en moneda nacional, local	local cost; onshore cost
costo en recursos internos	domestic resource cost
costo extranacional	offshore cost
costo incluidos los impuestos	tax-paid cost
costo incremental	incremental cost
costo inicial	front-end cost
costo marginal	marginal cost
costo marginal a largo plazo	long-run marginal cost; efficiency price; efficient price

costo no recurrente de capital, no recuperable	sunk cost
costo, seguro y flete	cost, insurance and freight
costo unitario	unit cost
costos básicos	base, baseline costs
costos capitalizados	capitalized expenses
costos colectivos	social costs
costos de explotación, operación, funcionamiento	operating costs
costos de garantía de emisión	underwriting costs
costos de instalación y suministros	balance-of-system costs
costos del factor trabajo, de mano de obra	labor costs
costos de movilización	mobilization costs
costos de, en servicios	in-kind costs
costos economizados	avoided cost
costos fijos	fixed costs
costos implícitos	underlying costs
costos imputados	allocated costs; imputed costs
costos indirectos	indirect costs; on-costs
costos inferiores a los previstos	cost underrun
costos iniciales	base, baseline costs
costos internos de importación	internal importing costs
costos laborales	labor costs
costos no monetarios	noncash expenses
costos ordinarios	recurrent costs
costos promediados	rolled (costs)
costos salariales	wage bill; wage costs
costos sociales	social costs
costos superiores a los previstos	cost overrun
cotización (de valores en la bolsa)	listing (of securities)
cotizaciones	price quotations
cotizaciones de precios de equilibrio del mercado	market-clearing quotations
coyuntura	business cycle
creación	design; development
crecimiento autosostenido	self-sustaining growth
crecimiento cero de la población	zero population growth
crecimiento (económico) sostenido	sustained growth
crecimiento intermitente	stop and go growth
crecimiento lento	sluggish growth
crédito	credit standing
crédito a los consumidores	consumer credit
crédito de avío	working capital loan

crédito de compradores	buyers' credit; buyer credit
crédito de contrapartida	matching credit
crédito de exportación, a la exportación	export credit
crédito de financiación	financial credit
crédito de importación para (fines de) reconstrucción	reconstruction import credit
crédito de proveedores	supplier's credit
crédito dirigido	directed credit
crédito documental	documentary credit
crédito en especie	credit-in-kind
crédito en tramitación	pipeline credit
crédito estacional	seasonal credit
crédito garantizado por el Estado	sovereign credit, loan
crédito impositivo	tax credit
crédito impositivo por inversiones	investment tax credit
crédito institucional	formal credit
crédito mercantil	goodwill
crédito no institucional	informal credit
crédito oficial a la exportación	official export credit
crédito por pago de impuestos en el extranjero	foreign tax credit
crédito presupuestario	allotment; budget appropriation
crédito recíproco	swap
crédito renovable, refinanciable	rollover credit
crédito renovable, rotatorio	revolving credit
crédito tributario	tax credit
créditos hipotecarios	mortgage financing
créditos que se traspasan, traspasados	carryovers
cría de ganado, de animales	animal husbandry
criador	breeder
crisis de liquidez	liquidity squeeze
crisis petrolera, producida por los precios del petróleo	oil shock
cronología	time pattern
croquis	sketch plan
crudo de referencia	marker, benchmark crude
cuadrar (una cuenta)	to balance (an account)
cuadro	schedule
cuasicapital	quasi-equity
cuasidinero	quasi-money
cubierta vegetal	plant cover
cuenca de captación	catchment area; catch basin

cuenta básica	basic account
cuenta de anticipos	advance account; imprest account, fund
cuenta de anticipos para la preparación de un proyecto	project advance account
cuenta de capital	capital account
cuenta de cierre	summary account
cuenta de explotación	working account; operating account
cuenta de igualación de tipos de cambio	exchange equalization account
cuenta de ingresos	revenue account
cuenta de ingresos y gastos, de pérdidas y ganancias	income (and expenditure) account
cuenta del crédito	credit account
cuenta del préstamo	loan account
cuenta de operación	operating account
cuenta de orden	memorandum account
cuenta de primas de emisión	share premium account
cuenta de reconciliación	reconciliation account
cuenta de resumen	summary account
cuenta de tráfico	traffic count
cuenta de valores (en custodia)	securities (custody) account
cuenta reservada, especial	earmarked account
cuenta subsidiaria, auxiliar	subsidiary account
cuenta transitoria	suspense account
cuentas de ingresos y gastos	income and outlay accounts
cuentas diversas de caja	sundry cash accounts
cuentas por cobrar	receivables; accounts receivable
cuentas por pagar	accounts payable
cuentas sociales	social accounts
cuerpo de funcionarios públicos	civil service
cuestión previa	preliminary question
cultivo al aire libre	field crop
cultivo alimentario	food crop
cultivo alimentario básico	staple (food crop)
cultivo arbóreo	tree crop
cultivo comercial	cash crop
cultivo constante, continuo	continuous cropping
cultivo de cobertura	nurse crop; cover crop
cultivo de decrecida	flood recession crop; recession crop
cultivo de secano	dry farming; dryland farming
cultivo de tejidos	tissue culture
cultivo de temporada corta	short season (crop)
cultivo en curvas de nivel	contour farming

cultivo en franjas	alley cropping; strip cropping
cultivo en pendiente	hillside farming
cultivo en tierras de aluvión	floodplain agriculture, cultivation
cultivo intercalado	intercropping
cultivo intercalado, intermedio	catch crop
cultivo migratorio	shifting cultivation
cultivo protecto	nurse crop; cover crop
cultivo único, de un solo tipo o especie	pure stand
cultivo(s) asociado(s)	associated crops, cropping
cultivos	crops
cultivos de fuera de estación, de temporada	off-season, out-of-season crop
cultivos de montaña, de tierras altas	upland crops
cultivos de raíces alimentarías	root crops
cultivos de rizomas	rootstock crops; rhizomes
cultivos dobles	double cropping; sequential cropping
cultivos en hileras	row crops
cultivos múltiples	multiple cropping; multicropping
cultivos para fines energéticos	energy cropping
cultivos simbióticos	companion crops
cultivos sucesivos	double cropping; sequential cropping
cuota, por encima de	above quota
cuota arancelaria	tariff quota
cuota de importación	import quota
cupo arancelario	tariff quota
cupo de importación	import quota
currículo	curriculum
currículo de estudios común	core curriculum
cursillo	workshop
curso de actualización (para refrescar los conocimientos)	refresher course
curso de elementos intercambiables	course interchange
curso de repaso	refresher course
curva de aprendizaje	learning curve
curva de indiferencia	indifference curve
curva de la oferta	supply curve
curva de posibilidades de producción	transformation curve; production possibility curve
curva de rendimiento	yield curve
curva de transformación	transformation curve; production possibility curve

- D -

dar de baja	to scrap
dar en contrato	to contract out
dar por terminado	terminate
dato aproximado	ballpark figure
datos básicos	baseline data
datos básicos de un proyecto	project brief
datos brutos, sin elaborar	raw data
datos clave, básicos	key data
datos detallados	microdata
datos sobre firmas de consultores	Data on Consulting Firms
datos transversales	cross-sectional data
de abajo arriba	bottom up (approach)
de alto coeficiente de mano de obra	labor-intensive
de arriba abajo	top-down (approach)
de maduración tardía	late maturing
de maduración temprana, precoz	early (maturing)
de propiedad extranjera	foreign-owned
de rulo; de secano; de temporal	rainfed
de uso fácil	user friendly
de uso intensivo de energía	energy-intensive
de uso intensivo de mano de obra	labor-intensive
de visión hacia el futuro	forward-looking
debenture	debenture
Decenio Internacional del Agua Potable y del Saneamiento Ambiental	International Drinking Water Supply and Sanitation Decade
decisión tácita por vencimiento de un plazo	lapse-of-time decision
declaración	statement
declaración de impuesto sobre la renta	income tax return
declaración de impuestos, de ingresos	tax return
declaración de gastos	statement of expenditure
Declaración sobre Políticas y Procedimientos Ambientales Relativos al Desarrollo Económico	Declaration on Environment Policies and Procedures Relating to Economic Development
declaraciones	representations
declinación de responsabilidad	disclaimer
deducción	tax allowance
deducción estándar	standard deduction

deducción tributaria (por pérdida, etc.)	tax write-off
deducción tributaria, de impuestos	tax deduction
deducidos los impuestos	net of taxes
deficiencia	shortfall
deficiencia de recaudación	undercollection
déficit	gap; shortfall
déficit comercial	trade deficit
déficit de caja	cash deficit
déficit de explotación, operación	operating deficit
déficit de financiamiento	funding gap
déficit de inversiones	investment gap
déficit de recursos	resource(s) gap
déficit en cuenta corriente	current account deficit
déficit presupuestario	budget deficit; budgetary gap
deflación	deflation
deflactar	to deflate
deflactor	deflator
deflactor de los compromisos	commitment deflator
deflactor de los desembolsos	disbursement deflator
deflactor de precios del PNB	GNP price deflator
deflactor implícito	implicit deflator
deflactor implícito del producto interno bruto	implicit gross domestic product deflator
deforestación	deforestation
dejar de reunir las condiciones para recibir financiamiento del Banco	to graduate
delegación de atribuciones, facultades	delegation of authority
deliberaciones de sesión(es)	proceedings
demanda	claim
demanda agregada, global	aggregate demand
demanda bioquímica de oxígeno	biochemical oxygen demand
demanda bioquímica de oxígeno en cinco días	biochemical oxygen demand over five days
demanda de los consumidores	consumer demand
demanda intensa	buoyant demand
demanda reprimida	pent-up demand
demora	slippage; lag
denominación común	nonproprietary name
denominado	denominated in (dollars, etc.)
densidad de carga	stocking rate
densidad de siembra	plant population
denuncio	claim

departamentalización de la enseñanza	departmentalization
departamento de (servicios de) apoyo	support department
departamento de ejecución, de operaciones	line department
departamento de operaciones	operating department; operational department
departamento de operaciones, sectorial, de ejecución	line ministry, department
departamento funcional, de organización	staff department
dependencia de administración del proyecto	project management unit
depósito a la vista	demand deposit; sight deposit
depósito a plazo	term deposit
depósito a plazo, a término	time deposit
depósito de aduanas	bonded warehouse
depósito de pagarés	note deposit
depósito en almacén de aduanas	bonding
depósito en custodia	escrow account
depósito previo, anticipado	advance deposit
depreciación acelerada, decreciente	accelerated depreciation
depreciación acumulada	accumulated depreciation; accrued depreciation
depreciación diferida	deferred depreciation
derecho	claim
derecho adjetivo	procedural law; adjective law
derecho (aduanero) ad valórem	ad valorem (customs) duty
derecho arancelario	tariffs
derecho compensatorio	countervailing duty
derecho de aduana	tariffs
derecho de expropiación	eminent domain
derecho de fondo	substantive law
derecho de forma	procedural law; adjective law
derecho de llave	goodwill
derecho de tenencia de la tierra	land tenure rights
(derecho de) usufructo	beneficial interest
derecho de vía	right of way
derecho de voto	voting right
derecho (aduanero) específico	specific (customs) duty
derecho por pie	stumpage fee
derecho procesal	procedural law; adjective law
derecho sustantivo	substantive law
derecho aplicable	governing law
derechos arancelarios	tariff rates

derechos de matrícula	tuition fees
derechos de propiedad	proprietary rights
derechos de suscripción	stock rights
derechos de voto	voting power
derechos portuarios	harbor fees; port dues; harbor dues, fees
derechos prioritarios, preferenciales	preemptive rights
desahorro	dissaving
desarrollo	development
desarrollo institucional	institution building
desarrollo integral de la explotación	whole farm development
desarrollo subregional	area development
desarrollo técnico	engineering development
desatesoramiento	dishoarding
desbroce	clearing
descascarar	dehusking; husking
descomposición	unbundling
descontar	to discount
descripción de cargo, puesto	job description
descuento	discount
descuento cambiario	exchange discount
descuento de instrumentos de deuda	debt sales
descuento del impuesto potencial	tax sparing
descuento impositivo, tributario	tax credit
desechar	to scrap
deseconomías	diseconomies
desembarque por propulsión propia	roll-on/roll-off
desembolsos, gastos, reembolsos, etc., concentrados al comienzo de un período	front loading
desempeño	performance
desempeño de la economía	economic performance
desempeño de las instituciones	institutional performance
desempleo encubierto, oculto, disfrazado	concealed, covert, disguised, hidden unemployment
desempleo estructural	structural unemployment
desempleo evidente, manifiesto	open unemployment
desempleo friccional	frictional unemployment
deserción	drop out
desertar	drop out
desertor escolar	drop out
desestacionalizado	seasonally adjusted
desfase	slippage; lag
desfase (cronológico)	time lag

desfavorecido	underprivileged
desgaste (normal o natural)	wear and tear (fair)
desglose	breakdown; unbundling
desgravación	tax allowance
desgravación (fiscal)	relief
desgravación fiscal	tax relief
desgravación tributaria	tax rebate
desguazar	to scrap
deshidratación por congelación	freeze drying
deshojar	dehusking; husking
desincentivo	disincentive
desinflación	disinflation
desinflacionario	disinflationary
desintermediación	disintermediation
desinversión	disinvestment
desistimiento (únicamente en el sentido del Art. 45 del Convenio)	discontinuance
desmonetización	calling in of a currency
desmonte	clearing
desmotado	ginning
desnutrición	undernutrition
desnutrido	undernourished
despacho aduanero	clearance
despegue	take-off
despeje	clearance
desperdicio	waste; loss in weight
despido	termination
desplazamiento	crowding out
desplazamiento de la demanda	demand shift
desposeimiento	divestiture
desreglamentar	deregulate
destinar (fondos) para un fin determinado	to earmark (funds)
desutilidad	disutility
desutilidad marginal	marginal disutility
desviación de los salarios	wage drift
desviación estándar	standard deviation
desvinculación de la ayuda	untying of aid
desvincular	to de-link
desvincular (el tipo)	unpeg (a rate)
determinación de costos	costing
determinación de costos directos	direct costing
determinación del precio de costo	cost pricing

determinación de precios sociales	social pricing
determinación de un proyecto, de proyectos	project identification
deuda amortizada	retired debt
deuda anulada	cancelled debt
deuda consolidada	funded debt
deuda del gobierno, pública en poder de particulares	publicly held government debt
deuda de pago dudoso	bad debt
deuda dudosa, de cobro dudoso	doubtful debt
deuda externa pendiente	external debt outstanding
deuda incobrable	bad debt
deuda notificada	reported debt
deuda pendiente	debt overhang
deuda prioritaria	senior debt, loan
deuda pública	official debt
deuda pública o con garantía pública	public or publicly guaranteed debt
deuda subordinada	junior debt; subordinated debt
deuda vencida	debt due
deuda(s) recíproca(s)	interlocking debt
devolución de impuestos	tax refund
diafanidad	transparency
diagrama de barras	bar chart
diagrama de dispersión	scatter chart, diagram; scattergram
diagrama de flujo, de movimiento, de producción	flow chart; process chart
diagrama de red(es)	network diagram
diagrama de secuencia, de procedimiento	process chart
diagrama de situación	performance chart; working table
día-hombre	man-day
dictamen con reservas	qualified opinion
dictamen jurídico	legal opinion
dictamen legal	memorandum of law
dieta	subsistence allowance
diferencia	gap
diferencia entre los márgenes	spread of spreads
diferencia entre los precios	price differential, spread
diferencia entre tipos, tasas de interés	interest-rate differential
diferencia(s) de tipos de cambio	exchange rate differential
diferimiento impositivo	tax deferral
dilución del capital (accionario)	stock dilution, watering; dilution

dinamismo	buoyancy
dinero a la vista	call money; day to day money; demand money; money at call
dinero bancario	bank money
dinero barato, abundante	easy money
dinero de alta potencia	high-power(ed) money
dinero de la Reserva Federal de los EE.UU para uso de los bancos comerciales	high-power(ed) money
dinero elástico	elastic money
dinero en el sentido estricto	narrow money
dinero en sentido amplio	broad money
dinero escaso, caro	tight money
dinero exigible	call money; day to day money; demand money; money at call
dinero inactivo	idle cash
dique	bund
dique en curva de nivel	contour bund
dirección de impuestos	tax office
dirección en línea	line management
dirección portuaria	port authority
director del proyecto	project manager
Director Ejecutivo	Executive Director
director ejecutivo con doble función (en el BIRF y el FMI)	dual executive director
Directorio Ejecutivo	Board of (Executive) Directors; Executive Board
Directorios del Banco y del Fondo	Boards of the Bank and the Fund
directrices	guidelines
discordancia entre los vencimientos	maturity mismatch
discurso principal	keynote address, speech
diseñador	designer
diseño	design; layout
diseño con ayuda de computadoras	computer aided design
diseño conceptual	conceptual design
diseño de normas demasiado ambiciosas	overdesigned
diseño de un proyecto, de proyectos	project design
diseño detallado	detailed design, engineering
diseño excesivo para las necesidades	overdesigned
diseño técnico	engineering design
diseño técnico preliminar	preliminary engineering
disminución	drawdown; shortfall
dispensa (de una obligación)	waiver

dispensar (de una obligación)	to waive
dispensario	health post
disponibilidades	liquid assets; quick assets
disponibilidades (de equipo)	availability
disponibilidades de viviendas	housing stock
disposiciones de comercialización ordenada	orderly marketing arrangements
disposiciones de control de cambios	exchange control regulations
disposiciones procesales	procedural orders
disposiciones transitorias	bridging arrangement, credit
distribución	breakdown; layout
distribución de la carga	burden sharing
distribución de las utilidades	allocation, appropriation of profits
distribución del financiamiento (entre los países)	direction of lending
distribución del importe, de los fondos del préstamo	allocation of loan proceeds
distribución de los costos	cost-sharing
distribución de los recursos	allocation of resources
distribución reservada	restricted distribution
diversificación de los riesgos	exposure diversification
dividendo en acciones	bonus issue; stock dividend
divisa de reserva	reserve currency
divisa(s) de libre convertibilidad	free (foreign) exchange
divisas	foreign currency
división de la enseñanza	departmentalization
divulgación	extension
doble clasificación	cross-classification
doble tributación, imposición	double taxation
documentación de apoyo	justification
documento de antecedentes, de información básica	background paper
documento de exposición de problemas	issues paper
documento de información sobre el proyecto	Project Information Brief
documento de política (sectorial, financiero, etc.)	policy paper
documento de trabajo	discussion paper
documento del Manual Administrativo	Administrative Manual Statement
documento del Manual de Adquisiciones	Procurement Manual Statement
documento del Manual del Personal	Personnel Manual Statement
documento del Manual de Operaciones	Operational Manual Statement
documento programático (del Banco) para un país	country program paper

documentos contractuales	contract documents
documentos de licitación	bidding documents
documentos de precalificación	prequalification documents
documentos justificativos	justification
dominio eminente	eminent domain
donación	grant-in-aid
donación, a título de	on a grant basis
donación en capital	equity grant
donación en efectivo	cash grant
donación en, para equipos	equipment grant
donante principal	lead donor
dotación de capital	capital endowment
dotación de personal	staffing
dotar de personal	to staff
drenaje de aguas lluvias, pluviales	storm water drainage system
dumping	dumping
duración	economic life; life (of a project)
duración de un proyecto	project life

- E -

economía	avoided cost
economía abierta	open economy
economía de consumo	consumption economy
economía de la oferta, basada en la oferta	supply side economics
economía del bienestar	welfare economy
economía de libre empresa	free-enterprise economy; free market economy
economía del sector público	public economics
economía de monocultivo	single-crop economy
economía de planificación centralizada	centrally planned economy (country)
economía de subsistencia	subsistence economy
economía dependiente de la exportación de un solo producto	export-enclave economy
economía dirigida	controlled economy; command economy; managed economy
economía interna, nacional	domestic economy
economía monetaria	cash economy
economía no de mercado	nonmarket economy
economía subterránea, paralela	black economy; underground economy; submerged economy; parallel economy
economías de escala	economies of scale
economista (a cargo) de un país, países	country economist
ecuación de regresión	regression equation
editar	edit (texts for publication)
editor (de un texto)	editor
educación a distancia	distance learning, teaching
educación básica	basic education
educación extraescolar	out-of-school education
educación formal, académica	formal education
educación informal	informal education
educación no formal	nonformal education
educación permanente	lifelong education; continuing education; recurrent education
educación secundaria de ciclo superior	upper secondary education
educación secundaria de primer ciclo, de ciclo básico	lower secondary education
efecto de capilaridad, ascendente	bubble-up effect

efecto de captación incidental de beneficiarios	snatching effect
efecto de demostración	demonstration effect
efecto de (la) filtración	trickle-down effect
efecto de ingreso, de renta	income effect
efecto de primera clase	prime bill
efecto de sustitución	substitution effect
efecto de trinquete	ratchet effect
efecto en, sobre los precios	price effect
efecto generalizado	blanket effect
efecto (o beneficio, etc.) mediato	downstream effect, benefit
efecto secundario, derivado	spillover effect, impact; spinoff effect
efectos	paper
efectos comerciales	commercial paper; commercial bills
efectos en cobro, cobranza	float
efectos externos	externalities
efectos financieros	financial paper
efectos negociables	eligible paper
efectos públicos	government paper
efectos públicos, del Estado	government securities
efectuar una operación de swap, de intercambio de monedas, de crédito recíproco	to swap
eficacia	performance
eficacia en función de los costos	cost effectiveness
eficaz en el uso de la energía	energy-efficient
eficaz en función de los costos	cost effective
eficiencia en la utilización del combustible	fuel efficiency
eficiencia x	x-efficiency
eficiencia marginal del capital	marginal efficiency of capital
egresados	output
ejecución (de una hipoteca)	foreclosure
ejemplar auténtico	conformed copy
ejercer efecto multiplicador, influencia	leverage
ejercicio (económico)	fiscal year; financial year
ejercicio contable	accounting period
elaboración	development; processing
elaboración de la carne	meat processing
elaboración de material fabricado en otro país	offshore processing, assembly
elaboración de un proyecto, de proyectos	project preparation

elaboración por vía húmeda	wet process
elaboración por vía seca	dry process
elasticidad con respecto al ingreso	income elasticity
elasticidad con respecto al precio	price elasticity; own price elasticity
elasticidad constante de sustitución	constant elasticity of substitution
elasticidad cruzada	cross elasticity
elasticidad de la demanda	elasticity of demand
elasticidad de la demanda en función del ingreso	income elasticity of demand
elasticidad de sustitución	elasticity of substitution
elasticidad del impuesto	tax elasticity
elasticidad igual a la unidad	unit(ary) elasticity
elasticidad-ingreso	income elasticity
elasticidad-ingreso de la demanda	income elasticity of demand
elasticidad-precio	price elasticity; own price elasticity
elasticidad-precio cruzada	cross price elasticity
elasticidad tributaria global	tax buoyancy
elemento	component (of a project)
elemento concesionario, de donación	concessional, concessionary element; grant element
elemento de disuasión, disuasivo	deterrent
elemento en divisas	foreign exchange component
elementos estabilizadores, automáticos, internos, intrínsecos	built-in stabilizers
elementos no físicos	software
elementos nutritivos(as)	nutrients
eliminación de aguas negras, servidas	sewage disposal
eliminación de desechos	waste disposal
eliminación de tugurios, de zonas de tugurios	slum clearance
eliminar en libros	to write off
eliminar por etapas, progresivamente	to phase out
elusión legal de impuestos	tax avoidance
embargo	attachment
embargo preventivo	lien
embarque	shipping
embarque por propulsión propia	roll-on/roll-off
emisión	flotation
emisión continua	tap issue
emisión de acciones (con derecho preferencial de suscripción)	rights issue, offering
emisión en divisas	foreign currency issue

emisión exploratoria	red-herring issue
emisión fiduciaria	note issue
emisión ofrecida al público	public borrowing, offering
emisión reembolsable de una sola vez a su vencimiento	bullet issue
emisiones (de obligaciones) en Europa	European flotations
emisiones de organismos federales	agency securities, obligations
emplazamiento (de un proyecto)	site
empleado contratado localmente	local employee
empleo de (los) fondos	application of funds
empresa comisionista	commissioned company
empresa conjunta	joint venture
empresa con pocos accionistas	closely-held corporation
empresa de servicios públicos	public utility corporation
empresa en plena actividad y crecimiento	going concern; growing concern
empresa estatal	state-owned enterprise
empresa mixta	mixed enterprise
empresa mixta, semipública, paraestatal	semipublic company
empresa productiva, que produce ingresos	revenue-earning enterprise
empresa pública	public corporation
empresario	entrepreneur
empresas asociadas, pertenecientes al mismo grupo	sister companies
empresas de servicios públicos	utilities
empresas maquiladoras	in-bond industries
empresas pequeñas y medianas	small and medium enterprises; small- and medium-scale enterprises
empréstito	loan capital
empréstito de suma global	lump sum borrowing
empréstito reembolsable de una sola vez a su vencimiento	bullet issue
empréstitos calificados	qualified borrowing(s)
empréstitos en el exterior	foreign borrowing
empréstitos gigantescos	jumbo borrowing
en condiciones concesionarias, muy favorables	concessional; concessionary
en pleno funcionamiento	at full development
en términos, cifras corrientes	in current terms
en términos, cifras reales	in real terms
enajenar a título oneroso	to dispose (of) for value
encaje circulante, flotante	floating cash reserve

encaje legal	legal reserve; minimum cash ratio; minimum cash requirement; reserve requirement
encaje legal adicional	marginal reserve requirement
encargar; encomendar	to commission
encuesta	survey
encuesta básica	baseline survey
encuesta de actitudes	Attitude Survey
endeudado en exceso	overgeared
endeudamiento, con gran	highly leveraged
endeudamiento forzoso	distress borrowing
energéticos de fuentes renovables	renewable energy
energéticos renovable(s)	renewable energy
energía a partir de biomasa	biomass energy
energía comercial	commercial energy
energía de biomasa	biomass energy
energía de fuentes convencionales	conventional energy
energía de fuentes renovables	renewable energy
energía hidroeléctrica	hydropower; hydroelectric power
energía renovable(s)	renewable energy
energía sustitutiva	alternative energy
enfermedad con base en el agua	water-based disease
enfermedad de transmisión vectorial	vectorborne disease
enfermedad transmitida por el agua	waterborne disease
enfermedad vinculada con la falta de higiene	water-washed disease
enfermero(a) auxiliar, no diplomado(a)	practical nurse
enfermero(a) diplomado(a)	registered nurse
engorde en establo	stall feeding
enlace UHF, en frecuencia ultraalta	UHF link
enlace VHF, en frecuencia muy alta	VHF link
enmienda presupuestaria presidencial	budget amendment
enmiendas al Convenio Constitutivo	amendments to the Articles of Agreement
ensayo de variedad(es)	variety trial
enseñanza a distancia	distance learning, teaching
enseñanza en doble jornada, de doble turno	double shift teaching system
enseñanza simultánea de varios grados	multigrade teaching
enseres domésticos	household goods
entidad de préstamos en condiciones ordinarias, no concesionarias	hard loan window
entidad paraestatal	parastatal
entrada	intake
entrada de capital	capital inflow; inflow of capital

entrada en vigor de un convenio	effectiveness of an agreement
entradas	returns; revenues
entradas de fondos	cash inflows
entrega futura, a plazo	forward cover
entregar	to release
envío	referral; shipping
envío en comisión de servicio	secondment
epizootia	epidemic disease
equidad	equity
equipo de computación	hardware
equipo de conmutación	switching equipment
equipo de perforación petrolera	oil (drilling) rig, platform
equipo(s)	equipment
equivalente en donación	grant equivalent
escala decreciente	degressive scale
escala de precios	price range
escalada de tarifas	tariff escalation
escapatoria tributaria	tax loophole
escasez de dólares	dollar gap
escorrentía	runoff
escritura de constitución	articles of incorporation; charter (of a company)
escritura de constitución de deuda	deed of trust
escritura de fideicomiso	deed of trust
escritura social	charter (of a company)
escuela de aplicación	demonstration school; laboratory school; model school; practice school
escuela diversificada, polivalente	comprehensive school
escuela experimental	demonstration school; laboratory school; model school; practice school
escuela organizada por secciones	streamed school
escuela secundaria de primer ciclo	junior high school
escurrimiento	runoff
esferas empresariales	business community
esfuerzo propio	self-help
esfuerzo tributario	tax effort
eslabonamiento descendente de una industria	forward linkage of an industry
eslabonamientos interindustriales, entre industrias	inter-industry linkages
espaciamiento de los nacimientos	birth spacing
espacio libre	clearance

especialidad (farmacéutica)	brand-name drug
especialización	advanced training
especificaciones de funcionamiento	performance specifications
específico	brand-name drug
espécimen de firma autenticado	authenticated specimen of signature
esperanza de vida	life expectancy
esperanza matemática	mathematical expectation
espiral salarios-precios	wage-price spiral
espíritu empresarial	entrepreneurship
esquela	tombstone
esquisto bituminoso	oil shale
estabilización	levelling-off
estación (de bombeo) de refuerzo, de rebombeo	booster (pumping) station
estación elevadora	step-up power station
estación reductora	step-down power station
estadísticas del estado civil, vitales	vital statistics
estado	status
Estado	government
Estado benefactor	welfare State
estado consolidado de ingresos y gastos	consolidated income statement
Estado Contratante	Contracting State
estado costero	coastal state
estado de cuenta	statement of account
estado de cuentas por cobrar según fecha de vencimiento	aging schedule
estado de cuentas verificado, auditado	audited statement of accounts
estado de flujo de fondos, de fuentes y utilización de fondos	statement of changes in financial position; source and application of funds statement; funds statement; source and use of funds statement; funds flow
estado de gastos	statement of expenditure
estado de ingresos y gastos, de pérdidas y ganancias	income statement; profit and loss account
estado de pagos (certificado)	progress certificate
estado de situación financiera	statement of condition
estado financiero	financial statement
estado financiero intermedio	interim financial statement
Estado providente	welfare State
Estado que puede adherirse	State eligible to sign (the Convention)
estado resumido	summary statement
estado ribereño	coastal state

estancamiento	stagnation (of the economy)
estanflación	stagflation
estatutos	by-laws
estercoladura de superficie	top dressing
estercoladura de base	basal dressing; bottom dressing
estimación cuantitativa	bill of quantities
estimación cuantitativa con precios	priced bill of quantities
estimación de costos	cost estimate
estimaciones cuantitativas preliminares	preliminary estimates of quantities
estimaciones presupuestarias	budget estimates
estimador-medidor de materiales	quantity surveyor
estímulo	incentive
estipulaciones	covenants
estrangulamiento	bottleneck
Estrategia Internacional del Desarrollo	International Development Strategy
estructura	structural work
estructura de cabecera	head gate structure
estructura de capital	capital structure
estructura del capital social	ownership structure (of a company)
estructura del intercambio	trade pattern
estructura institucional	institutional framework
estructura orgánica	organizational structure
estructura social	corporate structure
estructuras metálicas	metal works
estudiante que no ha recibido el primer título universitario	undergraduate
estudio	survey
estudio aeromagnético	aeromagnetic survey
estudio básico	baseline survey
estudio de factibilidad, de viabilidad	feasibility study
estudio de preinversión	preinvestment study, survey
estudio de recursos energéticos	energy audit
estudio de seguimiento de egresados	tracer study
estudio de suelos, edafológico	soil study, survey
estudio de un caso práctico, de casos prácticos	case study
estudio documental, de referencia	desk study
estudio preliminar	reconnaissance survey
estudio sísmico	seismic survey
estudios avanzados	higher training
estudios avanzados, superiores, de perfeccionamiento	advanced studies

estudios de posgrado	postgraduate studies
estudios económicos y sectoriales	economic and sector work
estudios económicos y sectoriales de países	country economic and sector work
estudios para recibir el primer título universitario	undergraduate studies
estudios posteriores al primer título universitario	postgraduate studies
estudios técnicos, de ingeniería	engineering studies
estudios técnicos detallados	detailed design, engineering
estudios técnicos preliminares	preliminary design, engineering
etapa inicial	development period (of a project, of a company)
eurobonos	Eurobonds
eurodólares	Eurodollars
euroemisiones	Euroissues
euroesterlina	Eurosterling
evaluación	performance evaluation
evaluación administrativa	audit; management audit
evaluación de efectos ambientales	environmental impact assessment
evaluación de los resultados	audit
evaluación de recursos energéticos	energy assessment
evaluación de resultados	performance audit
evaluación ex ante	appraisal (technical and economic); ex ante evaluation
evaluación ex post	evaluation
evaluación ex post, a posteriori	ex post evaluation
evaluación ex post abreviada de un proyecto	pass-through audit
evaluación ex post de un proyecto	project audit
evaluación ex post de un proyecto, de proyectos	project evaluation
evaluación (inicial) de un proyecto, de proyectos	project appraisal
evaluación incorporada en los proyectos	built-in evaluation
evaluación inicial (técnica y económica)	appraisal (technical and economic)
evaluación previa	appraisal (technical and economic)
evaluación previa, ex ante	ex ante evaluation
evasión (ilegal) tributaria, fiscal, de impuestos	tax evasion
evasión, evitación legal de impuestos	tax avoidance
evolución	development

ex officio	ex-officio
ex participante	fellow
examen	examination (of witnesses or experts)
examen de la ejecución de proyectos (en un país)	country implementation review
examen de la ejecución del (de un) proyecto	project implementation review
examen de mitad del ejercicio, de mitad de año	midyear review
examen del uso de la energía	energy audit
exámenes	achievement tests
excedente	overhang
excedente de capacidad	excess capacity
excedente del consumidor	consumer surplus
exceder el objetivo	overshoot
excepción de incompetencia de jurisdicción	objection to jurisdiction
exceso de empleo	overemployment
exceso de inversiones	overinvestment
exceso de oferta	overhang
exceso de personal	redundancy
excretas	night soil
exención de impuestos	tax exemption
exención (de una obligación)	waiver
exención tributaria	tax allowance
exento de derechos	duty-free
exigencia	claim
exigible	callable (capital, subscription)
exigir el agotamiento previo de las vías administrativas o judiciales de un Estado	exhaustion of local administrative or juridical remedies
exigir el reembolso anticipado de un préstamo	accelerate a loan
exigir el reembolso de un préstamo	to call in a loan
exigir el reembolso de un préstamo antes de su vencimiento	accelerate a loan
eximir (de una obligación)	to waive
existencias	inventory; inventories
existencias reguladoras	buffer stocks
exoneración temporal (parcial o total) de impuestos	tax holiday
expatriado	expatriate

expectativas inflacionarias	inflationary expectations
expectativas racionales	rational expectations
expertos	expertise
explotación	development
explotación a cielo abierto	open pit, open cast, open cut, strip mining
explotación agrícola	farm
explotación forestal	logging
explotación inicial	initial operation
exportable o importable	tradable
exportaciones de excedentes del mercado interno	spill-over exports
exportador de petróleo con déficit de capital	capital-deficit oil exporter
exposición	statement
expresado	denominated in (dollars, etc.)
expresar en cifras netas	net out
extensión	extension
extensión agrícola	agricultural extension
extensionista	agricultural extension officer
extracción	offtake
extracción de madera	logging
extracto	abstract (of a publication)
extracto de cuenta	statement of account
extranjero	expatriate

- F -

fabricación con ayuda de computadoras	computer aided manufacture
fabricación de acero en hogar abierto, en horno Martin-Siemens	open-hearth steelmaking
fabricación por vía húmeda	wet process
fabricación por vía seca	dry process
facsímil de firma autenticado	authenticated specimen of signature
factor concesionario	concessional, concessionary element; grant element
factor de carga	load factor
factor de conversión basado en el consumo	consumption conversion factor
factor de conversión estándar	standard conversion factor
factor de descuento, actualización	discount factor
factor de disuasión, disuasivo	deterrent
factor de donación	concessional, concessionary element; grant element
factor de fondo de amortización	sinking fund factor
factor de interés compuesto	compounding factor
factor de recuperación del capital	capital recovery factor
factor de revaluación	revaluation factor
factoraje	factoring
facultad	authority
facultad de garantía	guarantee authority
facultad decisoria, de decisión	decision-making power
facultad legal	legal authority
facultad para conceder préstamos	lending authority
facultad para contraer compromisos	commitment authority; authority
facultad presupuestaria	budget authority
familia extensa	extended family
fase ascendente, de expansión	upswing
fase descendente, de contracción	downswing
fase inicial	development period (of a project, of a company)
favoritismo	cronyism
fecha de cierre	closing date
fecha de cierre, de liquidación	settlement date
fecha de desembolso	payout date
fecha de entrada en vigor	effective date
fecha de valor	value date

fenómeno de la doble tarea (de la mujer)	double-day phenomenon
fertilidad	fecundity
fertilizante compuesto	compound, mixed fertilizer
fertilizante de superficie	top dressing
fertilizante nitrogenado	nitrogen, nitrogenous fertilizer
fertilizante simple	single fertilizer
fianza de cumplimiento	performance bond
fianza de licitación	bid bond
fideicomiso	trust fund
fideicomiso "ciego"	blind trust
fideicomiso cuya composición es desconocida por el beneficiario	blind trust
fijación de precios	price fixing
fijación de precios al costo marginal	marginal cost pricing
fijación de precios de transferencia entre empresas	intercompany pricing
fijación de precios en función del costo	cost pricing
fijación ilícita de precios (entre productores)	price fixing
fijación de precios sociales	social pricing
fijar	to peg (prices, interest rates)
financiación con, mediante déficit presupuestario	deficit financing
financialización	financialization
financiamiento a mediano o largo plazo	term financing
financiamiento combinado (del BIRF y la AIF)	blend financing
financiamiento complementario	complementary financing; follow-up financing; repeat financing
financiamiento con garantía	collateral financing
financiamiento con recurso limitado	limited recourse finance
financiamiento con tipo de interés fijo	fixed-rate financing
financiamiento concatenado	piggyback financing
financiamiento conjunto especial	Special Joint Financing
financiamiento de la deuda	debt funding
financiamiento de los últimos vencimientos	funding latter maturities
financiamiento en apoyo de reformas de políticas	policy-based lending
financiamiento en condiciones comerciales	commercial lending
financiamiento en condiciones de mercado	market-related lending
financiamiento en valores	security lending
financiamiento innovador	creative financing

financiamiento para energía	energy lending
financiamiento para productos mineros de los países ACP y PTUM)	Sysmin
financiamiento para programas	program lending
financiamiento para un proyecto, para proyectos	project lending
financiamiento paralelo	parallel financing
financiamiento previo	prefinancing
financiamiento retroactivo	retroactive financing
financiamiento sin posibilidad de recurso	nonrecourse finance
financiamiento transitorio	bridging arrangement, credit
finca	farm
finca (de producción) de semillas	seed farm
firma consultora, de consultores	consulting firm
firmar un convenio, un acuerdo	to execute an agreement
fiscal	fiscal; financial; prosecuting attorney
fitogenética	plant breeding
flexibilidad monetaria	monetary ease
flota	fleet
fluctuación de los tipos de interés debida a la fuga de capitales	interest leakage
fluctuación de precios	price swing
flujo de capital	capital flow; capital movement
flujo de fondos	cash flow; funds flow; flow of funds
flujos de costos y beneficios	streams of costs and benefits
flujos financieros	financial flows
flujos oficiales	official flows
fomento	development
fomento del comercio	trade promotion
fondo común de inversiones	money market (mutual) fund; mutual fund
fondo común de monedas	currency pool
fondo de amortización	sinking fund
fondo de anticipos	imprest account, fund
fondo de comercio	goodwill
fondo de equiparación	equalization fund
fondo de estabilización	stabilization fund
fondo de estabilización cambiaria	exchange stabilization fund
fondo de igualación	equalization fund
fondo de inversión que no cobra comisión	no load fund
fondo de inversiones	investment company, fund
Fondo de Promoción de Mercados Incipientes	Emerging Markets Growth Fund
fondo de regulación, de estabilización	buffer fund

fondo de seguridad social	social security fund
Fondo de Subvención de Intereses	Interest Subsidy Fund
fondo fiduciario	trust fund
fondo internacional de garantías de crédito	international credit guarantee fund
fondo mutuo	money market (mutual) fund; mutual fund
fondo mutuo que cobra comisión	load fund
fondo para el fomento de las exportaciones	export development fund
fondo rotatorio	revolving fund
fondos de contrapartida, de contraparte	counterpart funds
fondos de explotación	working funds
fondos de libre utilización	free funds
fondos de libre utilización de la AIF	IDA's "free-funds"
fondos de un día para otro	overnight funds
fondos de un préstamo o crédito	proceeds
fondos en efectivo	balances
fondos fiduciarios	funds-in-trust
fondos no disponibles para préstamos	unreleased funds
forestación	afforestation
forfetización	forfeiting
formación	background; educational background; skills development
formación avanzada	advanced training
formación bruta de capital fijo	gross fixed capital formation
formación de capital	capital formation
formación de instructores	wholesale training
formación de recursos humanos, de la mano de obra	manpower development
formación en el empleo, trabajo	on-the-job training
formación en el propio país	retail training
formación en el servicio	in-service training
formación en la empresa	in-house training
formación especializada	advanced training
formación interna de capital	domestic asset formation; domestic capital formation
formación para el puesto, cargo	job-related training
formación profesional	vocational training
formación técnica	technical background
formalización	delivery (of a contract)
formas novedosas de financiamiento	creative financing
forraje arbóreo	tree fodder
fortalecimiento institucional	institution building

fosforita	phosphate rock; rock phosphate
foso séptico	septic tank
fraccionamiento de adquisiciones	slice and package
franco a bordo	free on board
franco al costado del buque	free alongside ship
franco de carga y descarga	free in and out
franco en muelle	free on quay; free on wharf
franquicia	franchise
freno fiscal	fiscal drag
fuel oil	fuel oil
fuerza de ley	legal force
fuerza de trabajo, laboral	labor force
fuga de capitales	capital flight
fumigación con tanque llevado a la espalda	knapsack spraying
función catalizadora	catalytic role
función de bienestar social	social welfare function
funcionamiento y mantenimiento	Operations & Maintenance
funcionario contratado localmente	local employee
funcionario de asistencia técnica	technical assistant
funcionario de extensión, de divulgación	outreach worker
funcionario destacado en el terreno	field worker
funcionario encargado de un país	desk officer
funcionarios	staff
funcionarios de alto nivel	higher level staff
funcionarios de contraparte	counterpart staff
funcionarios superiores	senior level staff
fungible	fungible
fusión	merger
fusión (mediante fundación de una nueva empresa)	consolidation (of companies)
futuros	futures

- G -

gama de precios	price range
ganadería	animal husbandry
ganado de doble finalidad	dual-purpose cattle
ganado en pie	cattle on the hoof
ganancia cambiaria	exchange premium
ganancia de capital	capital gain
ganancia neta	netback value; back value
ganancia neta no realizada	net unrealized gain
ganancia(s)	earnings
ganancias de capital realizadas	locked in capital gains
ganancias no realizadas	unrealized gains
ganancias ocasionales, eventuales	occasional earnings
garante	underwriter
garantía	collateral; security
garantía condicional	qualified guarantee
garantía de cumplimiento	performance guarantee; performance security
garantía de seriedad (de la licitación)	bid security
garantía de una deuda	debt security
garantía irrevocable de reembolso	irrevocable agreement to reimburse
garantizar un préstamo	to secure a loan
gas asociado	associated gas
gas de horno de coque	coke oven gas
gas de petróleo licuado	liquefied petroleum gas
gas húmedo	wet gas
gas natural licuado	liquefied natural gas
gas no asociado	nonasssociated gas
gas pobre	producer gas
gasificación del carbón	coal gasification
gasóleo	diesel fuel; diesel oil
gasto bruto de capital fijo	gross fixed investment; gross fixed capital expenditure
gasto concentrado al comienzo de un período	front-loaded spending
gasto discrecional	discretionary spending
gasto no asignable	unallocatable expenditure
gastos capitalizados	capitalized expenses

gastos, reembolsos, etc., concentrados al comienzo de un período	front loading
gasto(s) de capital	capital expenditure; capital outlay
gastos (iniciales) de constitución	organization expenses; formation expenses
gastos de emisión	flotation costs
gastos de explotación	running costs
gastos de explotación, de operación	business expenses
gastos de explotación, operación, funcionamiento	operating expenses
gastos de mantenimiento, conservación	upkeep costs
gastos diferidos	deferred charges, expenses
gastos en efectivo	cash expenditures
gastos en petróleo	oil bill
gastos extraordinarios	nonrecurring expenses
gastos fijos	fixed costs
gastos financiables, admisibles, aceptables	eligible expenses
gastos fiscales	tax expenditures
gastos generales	overhead costs; overheads
gastos iniciales, de instalación	initial expenses
gastos no monetarios	noncash expenses
gastos ordinarios	recurrent expenditures
gasto(s) público(s)	government expenditure
gastos públicos de capital	public (capital) expenditure
gastos superiores a los previstos	overexpenditures
generalización	stylized fact
genetista	breeder
gestión de caja	cash management
gestión de la demanda	demand management
gestión de la liquidez	liquidity management; liquidity portfolio management
gestión de pasivos	liability management
gestión de (los) riesgos	risk management
gestión económica, de la economía	economic management
gestión en línea	line management
gestión financiera de las sociedades	corporate finance
gestión participatoria	participative management
gestión por objetivos	management by objectives
girar fondos	to draw (funds)
giro	drawdown
giros pendientes de reembolso	outstanding drawings
gobernable	manageable

gobierno	government
goodwill	goodwill
grado de inclinación	steepness (of a curve)
graduación (paso de las condiciones de la AIF a las del Banco)	graduation
graduarse	to graduate
gráfico de barras	bar chart
gráfico de circulación	flow chart; process chart
gráfico de ejecución	progress chart
gráfico de ejecución de las obras	construction progress chart
gráfico de situación	performance chart; working table
gran computadora; gran ordenador	main frame computer
granel, a	in bulk
granja	farm
granja (de producción) de semillas	seed farm
granos alimentarios	food grains
gravamen	lien
gravamen (tributario)	levy
gravamen a las importaciones	import levy
grupo	caucus (of countries at Annual Meetings)
grupo abierto	open-ended group
Grupo Africano (del Banco Mundial)	African Caucus (of the World Bank)
grupo beneficiario	target group
grupo de colocación	selling consortium, group, syndicate
grupo de dirección	managing group
grupo de estudio	task force
Grupo de Estudio de la Estrategia para Africa	African Strategy Review Group
Grupo de Estudio sobre Corrientes de Fondos en Condiciones Concesionarias	Task Force on Concessional Flows
Grupo de Estudio sobre Corrientes de Fondos en Condiciones no Concesionarias	Task Force on Non-Concessional Flows
Grupo de Estudio sobre Inversión Privada Extranjera Directa	Task Force on Private Direct Foreign Investment
grupo de expertos	panel of experts; think tank
grupo de ingreso(s)	income bracket
Grupo del Banco Mundial	World Bank Group
grupo de los 77	Group of Seventy-Seven
Grupo de los Veinticuatro	Group of Twenty-Four
grupo de participación abierta	open-ended group
grupo de trabajo	task force

Grupo de Trabajo FAO/ONUDI/Banco Mundial sobre Fertilizantes — FAO/UNIDO/World Bank Working Group on Fertilizers

Grupo de Trabajo Internacional de Compiladores de Estadísticas sobre la Deuda Externa — International Compilers Working Group on External Debt Statistics

grupo desfavorecido — disadvantaged group

grupo escogido (como meta) — target group

grupo impositivo — tax bracket

grupo objeto de ...; grupo previsto — target group

grupo vendedor — selling consortium, group, syndicate

grupos de ingresos más elevados — higher income brackets

grupos que viven en la pobreza absoluta — absolute poor

guía del maestro — teacher's guide

- H -

habilitación	eligibility; eligibility conditions
habilitación de tierras	land development
hacerse cargo	to take over
hecho estilizado, de ocurrencia frecuente	stylized fact
hidrocraqueo	hydrocracking
higiene ambiental	environmental health, sanitation
hiperempleo	overemployment
hoja de asistencia	time sheet
homo economicus	economic man
honorario	consideration
honorario anticipado	retainer
horario (de trabajo) básico	core (working) hours
horario flexible	flexitime
hortaliza de fruta	fruit vegetable
huerta (de producción) de semillas	seed garden

idea	design
identificación de un proyecto, de proyectos	project identification
impone los precios, que	price maker, setter
importaciones, con alto contenido de	import-intensive
importe de un préstamo o crédito	proceeds
imposición de precios por el fabricante	resale price maintenance
impresión, impreso (de computadora)	printout
imprevistos	contingencies
imprevistos financieros	financial contingency
impuesto a las empresas, a las sociedades	corporate tax
impuesto al consumo	excise tax
impuesto cedular	schedular, scheduled tax
impuesto de capitación	poll tax; head tax; capitation
impuesto de igualación, de equiparación de intereses	interest equalization tax
impuesto de la inflación	inflation tax
impuesto de valorización	betterment levy, tax
impuesto de valorización, sobre la plusvalía	land betterment tax
impuesto en cascada	cascade tax; multiple stage tax
impuesto para fines específicos	earmarked tax
impuesto por etapas, en cascada	multiple stage tax
impuesto progresivo	graduated tax
impuesto que significa la inflación	inflation tax
impuesto retenido en la fuente	withholding tax
impuesto sobre el valor agregado, añadido	value-added tax
impuesto sobre el volumen, la cifra de negocios	turnover tax
impuesto sobre ganancias de capital	capital gains tax
impuesto sobre la plusvalía	betterment levy, tax; capital gains tax
impuesto sobre las utilidades	business (profit) tax; corporate income tax; corporation tax
impuesto sobre las utilidades, los beneficios	profits tax
impuesto sobre nóminas	payroll tax

impuesto sobre, a la renta, las utilidades, los beneficios	income tax
impuesto sobre, a la(s) venta(s)	sales tax
impuesto territorial	land tax
impuestos en mora	delinquent taxes
impuestos fronterizos	border taxes
impuestos por beneficios	benefit taxes
impuestos sobre la renta presuntiva, presunta	presumptive taxation
impulso	take-off
inadmisible	ineligible
inamovilidad	security of tenure
incentivo	incentive
incentivo en dinero	incentive payment
incentivo tributario	tax incentive
incentivos para la inversión	investment incentives
incidencia	incidence
inclinación	bias
incremento anual medio	mean annual increment
incumplimiento de contrato	breach of contract
incumplimiento de obligaciones	default on obligations
indemnización	compensation
indemnización por accidentes de trabajo	workmen's compensation
indemnización por despido	severance pay
indemnización por terminación, rescisión, cese de funciones, despido	termination grant
independiente	free standing; self-contained
indicador anticipado	leading indicator
indicador coincidente	convergent indicator
indicador contemporáneo	concurrent indicator
indicador económico	economic indicator
indicador primario de las tendencias económicas	bellwether (of economic trends)
indicador retrospectivo	lagging indicator
Indicadores del desarrollo mundial	World Development Indicators
indicadores del desempeño, de la actuación	performance indicators
índice de aprovechamiento del forraje	feed conversion ratio
índice de fletes marítimos	ocean freight rate index
índice de la calidad material de la vida	Physical Quality of Life Index
índice del valor unitario de las exportaciones	unit value export index

índice del valor unitario de las manufacturas	(World Bank) Manufacturing Unit Value Index
índice de octano	motor octane number
índice de precios al consumidor	consumer price index
índice de recuperación de la renta económica	rent recovery index
índice de vida dinámica	dynamic life index
índice de volumen	quantum index
índice en cadena	chain index
índice estático de las reservas (años)	Static Life Index
industria auxiliar, abastecedora	supplier industry
industria basada en recursos naturales	resource based industries
industria con gran intensidad de mano de obra	labor-intensive industry
industria de apoyo a la agricultura	agrosupport industry
industria de elaboración de alimentos	food processing industry
industria de la construcción	construction sector
industria del transporte por camión	trucking industry
industria de servicios	service industry
industria en decadencia, en crisis	depressed industry
industria familiar, casera, artesanal	cottage industry
industria fronteriza	border industry
industria incipiente	infant industry
industria ligera, liviana	light industry
industria metalmecánica	engineering industry; heavy engineering industry
industria naciente	infant industry
industria no localizada, sin vinculación permanente	footloose industry
industria pesada	heavy industry
industria pionera, de vanguardia	pioneer industry
industrias de elaboración de productos agrícolas	agroprocessing industries
industrias de zona franca	in-bond industries
industrias maquiladoras	in-bond industries
industrias pequeñas y medianas	small and medium industries; small- and medium-scale industries
inelasticidad con respecto al precio	price inelasticity
inestabilidad	volatility
inflación básica	core inflation
inflación de 10% o más	double digit inflation; two digit inflation
inflación desenfrenada, galopante	runaway inflation

inflación galopante	galloping inflation
inflación latente, oculta	hidden inflation
inflación producida por la presión de la demanda	demand-pull inflation
inflación progresiva	creeping inflation
inflación provocada por el alza de los costos	cost-push inflation
inflación subyacente	underlying inflation
información obtenida	feedback (of information)
información que se desactualiza	dated information
informe de cuentas por cobrar según fecha de vencimiento	aging schedule
informe de evaluación de los efectos	impact (evaluation) report
informe de evaluación ex post de un proyecto	project performance audit report
informe de evaluación previa	staff appraisal report
informe de terminación del proyecto, de proyectos	project completion report
informe inicial	inception report
informe sobre la ejecución y los resultados de un proyecto	project performance audit report
informe sobre la marcha (de un proyecto)	progress report
informe sobre las repercusiones (de un proyecto)	impact (evaluation) report
informe sobre los resultados de un proyecto	project performance report
informe sobre misión realizada	back-to-office report
infracostos	cost underrun
infraestructura (económica)	capital infrastructure
infraestructura física	physical infrastructure
infraestructura primaria	trunk infrastructure
infraestructura social	community facilities; social infrastructure; social overhead capital
ingeniería ambiental, del medio ambiente	environmental engineering
ingeniería de diseño	design engineering
ingeniería de procesos	process engineering
ingeniero consultor	engineering consultant
ingeniero hidrólogo, hidráulico	water engineer
ingesta	intake
ingesta, ingestión de alimentos	food intake
ingestión	intake
ingestión de calorías	calorie intake

ingreso	membership
ingreso discrecional	discretionary income
ingreso disponible	disposable income
ingreso imponible	assessed income
ingreso interno bruto	gross domestic income
ingreso monetario	money income
ingreso nacional bruto	gross national income
ingreso neto por servicios de los factores	net factor service income
ingreso per cápita, por habitante	per capita income
ingreso(s)	earnings; income
ingreso(s) agrícola(s)	farm income
ingreso(s) de equilibrio	equilibrium income
ingreso(s) de la propiedad, del patrimonio	property income
ingreso(s) de los valores en cartera	portfolio income
ingreso(s) no proveniente(s) del trabajo	unearned income
ingreso(s) no salarial(es)	unearned income
ingreso(s) proveniente(s) del trabajo	earned income
ingreso(s) proveniente(s) de propiedades públicas	property income
ingreso(s) salarial(es)	earned income
ingresos	returns; revenues
ingresos corrientes	current revenues
ingresos de explotación, de operación	operating income, profit
ingresos de exportación	export earnings, proceeds
ingresos de los factores	factor income
ingresos devengados, acumulados	accrued income
ingresos fiscales corrientes	current revenues
ingresos fiscales, tributarios	fiscal revenue
ingresos monetarios, en efectivo	cash income
ingresos netos	net income
ingresos no provenientes de las operaciones	nonoperating income
ingresos por (concepto de) inversiones, derivados de inversiones	investment income
ingresos por intereses	interest income, earnings
ingresos públicos	government receipts, revenues
iniciación de la fase ascendente	upturn (economic)
iniciación de la fase descendente	downturn (economic)
inmunidad tributaria	immunity from taxation
inscripción	registration
inscrito	registered (e.g. tradesmen)
inspector administrativo	management auditor

inspector de bancos	bank examiner
instalación	facility
instalación de servicios en los lotes	plot servicing
instalación sanitaria mínima	wetcore
instalaciones	physical facilities
instalaciones comunitarias	community facilities; social infrastructure
instalaciones de elaboración, transporte y distribución	downstream plant, facilities
instalaciones físicas	capital works
instalaciones y bienes de equipo	plant and equipment
institución afiliada	affiliate
institución de crédito, crediticia	lending agency, institution
institución de transferencia de hipotecas	secondary market mortgage institution
institución financiera de desarrollo	development finance company; development finance institution
institución paraestatal	parastatal
institución principal	apex institution
instituciones financieras internacionales	international financial institutions
instituciones inversionistas	institutional investors
instrucciones	software
instrucciones permanentes	standing instructions, orders
instrumento (oficial)	instrument
instrumento de aceptación	instrument of acceptance
instrumento financiero con características patrimoniales	equity-like instrument
instrumentos cuasimonetarios	near-cash instruments
instrumentos jurídicos, legales	legal instruments
insuficiencia	shortfall
insuficiencia de(l) capital	capital inadequacy
insuficiencia de las exportaciones	export shortfall
insuficiencia de liquidez	liquidity shortage
insuficiencia de los ingresos de exportación	export shortfall
insuficiencia de recursos	resource(s) gap
insumo	input
insumo de fondos en efectivo	cash input
insumo no monetario	noncash input
integración horizontal	horizontal integration
integración progresiva	forward integration
integración regresiva	backward integration, linkage
integración vertical	backward-forward integration, linkage
integrador de irregularidades	bump integrator

integrante de la Lista (de Conciliadores o de Arbitros)	Panel member
intensidad constante de utilización de energía	constant energy intensity
intensidad de capital	capital intensity
intensidad de capital, con gran	capital-intensive
intensidad de cultivo	cropping intensity
intensidad de importaciones, con gran	import-intensive
intensidad de mano de obra, con gran	labor-intensive
intensificación financiera	financial deepening
intensificación industrial	industrial deepening
intercambiable	fungible
intercambio de monedas	currency swap; swap
interés compuesto	compound interest
interés condicional, contingente	contingent interest
interés económico directo	working interest
interés mayoritario	controlling interest; proprietary interest
interés no financiado	unfunded interest
interés nominal	coupon rate (of a bond)
intereses (cobrados, pagados)	interest charges
intereses devengados, acumulados	accrued interest
intereses durante la construcción	interest during construction
intermediación	intermediation
intermediación del mercado	market intermediation
intermediario de crédito agrícola	agricultural credit intermediary
internado	internship
interrogatorio	examination (of witnesses or experts)
interrupción del servicio	outage
intervalo	time lag
intervención	statement
introducción	accession
invasión	crowding in
invención	development
inventario de recursos	survey of resources
inventario(s)	inventory; inventories
inversión (de capital)	capital investment
inversión bruta en capital fijo	gross fixed investment; gross fixed capital expenditure
inversión de tipo totalmente nuevo	greenfield investment
inversión en activos fijos	physical investment
inversión en capital fijo	capital expenditure; capital outlay; fixed investment

inversión en (el) capital social	equity financing, investment
inversión en existencias	inventory investment
inversión en forma de préstamo	loan investment
inversión en infraestructura social	social overhead investment
inversión excesiva	overinvestment
inversión insuficiente	underinvestment
inversión interna bruta	gross domestic investment
inversión nacional bruta	gross national investment
inversión orientada a aumentar la eficiencia de la producción y reducir los costos	capital deepening investment
inversión que no ha alcanzado su pleno rendimiento	unseasoned investment
inversiones que han alcanzado su fase productiva	mature investments
investigación académica	academic research
investigación aplicada	applied research
investigación básica	basic research
investigación con fines de adaptación	adaptive research
investigación inicial, de avanzada	pioneering research
investigación operativa, de operaciones	operational, operations research
investigación y desarrollo	research and development
invitación a la precalificación	invitation to prequalify

- J -

jubilación	superannuation
juego de gestión	management game
juego de suma cero, nula	zero sum game
juego de suma negativa	negative sum game
juego de suma positiva	plus, positive sum game
juicio hipotecario	foreclosure
junta de comercialización	marketing board
Junta de Directores	Board of Directors
Junta de Gobernadores	Board of Governors
jurisdicción	constituency of an Executive Director; constituent(s) of an Executive Director

- K -

kilómetro lineal   line kilometer

- L -

laboreo con abrigo vegetal	trashy farming
laguna tributaria	tax loophole
lanzar una emisión de bonos	to float a loan
lastre fiscal	fiscal drag
laudo	award
leasing	finance, financial, full pay out lease
leasing financiero	leasing
lenguaje de programación de computadoras	computer language
letra aduanera garantizada	customs duty bill
letra de cambio	bill of exchange
letrina de cisterna y sifón	cistern flush latrine
letrina de cubo	bucket latrine
letrina de pozo	pit latrine; pit privy
letrina de pozo anegado	aqua privy
letrina de pozo mejorada con ventilación	ventilated improved pit latrine
letrina de pozo negro	vault toilet
letrina de sifón	pour flush latrine
levantamiento aeromagnético	aeromagnetic survey
levantamiento del mapa escolar, de mapas escolares	school mapping
levantamiento topográfico	survey
ley (de un metal precioso)	fineness (of a noble metal)
ley aplicable	governing law
ley del presupuesto	appropriation law
ley de rendimientos decrecientes	law of diminishing returns
ley(es) que autoriza(n)	enabling legislation
liberar	to release
LIBOR	LIBOR
libre comercio	free trade
libre de derechos	duty-free
libro del maestro	teacher's guide
libre determinación	self-determination
libre intercambio	free trade
licencia	franchise
licencia de tiempo completo	block release
licitación internacional limitada	limited international bidding
licitación pública	competitive bidding; open tender; public tender

licitación pública internacional	international competitive bidding
licitación pública según procedimientos nacionales, anunciada localmente	competitive bidding in accordance with local procedures; local competitive bidding
licitante calificado	qualified bidder
licitante favorecido	successful bidder
licitante que presenta la oferta clasificada en segundo lugar	second lowest bidder
licitante que presenta la oferta más alta	highest bidder
licitante que presenta la oferta más baja	lowest bidder
licitante (que somete la oferta más alta, más baja)	bidder (highest/lowest)
licuefacción del carbón	coal liquefaction
lignito	brown coal
limitación voluntaria (del comercio)	voluntary restraints (on trade)
limitación voluntaria de las exportaciones	voluntary export restraints
limitaciones por razones de prudencia	prudential constraints
límite de aprobación autónoma	free limit
límite de crédito	credit limit; credit ceiling
límite de crédito, de préstamos	lending limit
límite de redescuento	rediscount ceiling
límite estatutario, legal, reglamentario	statutory ceiling
límite máximo de los préstamos de aprobación autónoma	free limit of loan
límite (para la concesión de financiamiento de la AIF o del Banco)	cutoff point (for Bank or IDA financing)
límites a la facultad para contraer compromisos impuestos por el principio de proporcionalidad	pro rata commitment authority limitations
línea de capital accionario	equity line
línea de crédito	credit line
línea de subtransmisión, de transmisión secundaria	subtransmission line
línea financiera de (un) agente	agency line
liofilización	freeze drying
liquidación de activos	asset stripping
liquidación de impuestos	tax bill, demand
liquidez	moneyness
liquidez internacional	international liquidity
líquidos de gas natural	natural gas liquids
Lista de Conciliadores, de Arbitros	Panel of Conciliators, Arbitrators
lista final de selección	short list

llamada a licitación	invitation to bid, to tender
llamada de cobro revertido	collect call; transfer charge call; reverse charge call
llanura inundada, de inundación	floodplain
los ingresos de exportación de los Estados ACP y PTUM)	Stabex
los países (en desarrollo) menos adelantados	least developed countries
los propietarios de las acciones	ownership (of a corporation)
lote con servicios	serviced area, lot, site
lote de prueba	test plot
lote sin servicios, no urbanizado	undeveloped plot
lotes y servicios	sites and services
lucro, con fines de	profit-making
lucha contra	control
lucha contra plagas y enfermedades	pest and disease control
lugar (de un proyecto)	site
lugar de destino	duty station
lutita bituminosa	oil shale
luz	clearance

- M -

madera; madera en pie	timber
madera redonda	roundwood
maduración	maturation (of borrowers from IDA to IBRD loans)
maduración tardía, de	late maturing
maduración temprana, precoz de	early (maturing)
malnutrición	malnutrition
malnutrido	malnourished
mancomunado y solidario	joint and several
mandato	terms of reference
manejable	manageable
manipulación de la contabilidad (para aparentar una mejor situación)	window-dressing
mano de obra	labor force
mano de obra calificada	skilled manpower
mano de obra no calificada	unskilled labor
mano de obra ocasional	casual labor
mano de obra semicalificada	semiskilled manpower
mantenimiento del valor	maintenance of value
mantenimiento de rutina, rutinario	routine maintenance
manual del instructor	teacher's guide
máquina de tratamiento de textos	word processor
marcar	to peg out
marco institucional	institutional framework
marco temporal, cronológico	time frame
margen	spread
margen (de precio) en concepto de riesgos	risk allowance
margen de preferencia	preference, preferential margin; margin of preference
margen de preferencia a empresas nacionales	domestic preference; preference margin; margin of preference
margen de utilidad	mark-up
margen de utilidad, de beneficios	profit margin
margen (entre las cotizaciones al contado y a término)	spread (between spot and forward quotations)
margen entre los precios	price differential, spread
margen entre tipos, tasas de interés	interest-rate differential
marginado	underprivileged

masa salarial	wage bill
materia	subject matter
material (de transporte)	equipment
material complementario	balancing equipment
material de siembra	planting material
material didáctico	educational material
material didáctico, pedagógico	instructional aid
material fungible	expendable equipment
material genético, de mejora	breeding material
material no fungible	nonexpendable equipment
materiales	feedstock
materiales didácticos	teaching aids
materias básicas	core subjects; basic subjects
matrícula	enrollments
matriculado	registered
matriz de contabilidad social	social accounting matrix
máxima estacional	seasonal peak
mayoría calificada	qualified majority
mecanismo	facility
mecanismo administrativo	administrative machinery
mecanismo complementario	additional facility
mecanismo de financiamiento transitorio	bridging facility
mecanismo de precios de intervención	Trigger Price Mechanism
mecanismo de suscripción de reserva	backup (underwriting) facility
Mecanismo para Inversiones de Bancos Centrales (en el BIRF)	Central Bank Facility
mecanismos de apoyo	backstopping
mecanismos de crédito, crediticios	credit facilities
media armónica	harmonic mean
media ponderada	weighted average
media móvil	moving average; running average
medicamento genérico	generic drug
médico "descalzo"	barefoot doctor
medida en que la asistencia es concesionaria, muy favorable	degree of concessionality
medida provisional	provisional measure
medida temporal, de transición	stopgap measure
mediería	sharecropping
medio circulante	money supply; money stock
medio de prueba	evidence
medios de información, difusión, comunicación	mass media

medios empresariales	business community
medios y arbitrios	ways and means
mejoramiento	development
mejoramiento de tierras	land improvement
mejoramiento de zonas, barrios de tugurios	slum upgrading
mejoras en las explotaciones agrícolas	on-farm developments, improvements
memorando de acuerdo	memorandum of understanding
memorando de transmisión	covering memorandum
memorando económico (sobre un país)	country economic memorandum
memorando jurídico	memorandum of law
memorando sectorial (sobre un país)	country sector memorandum
Memorando sobre Arreglos Administrativos	Memorandum of Administrative Arrangements
memorando sobre el sector de...	country sector memorandum
memorial	memorial
mercado abierto	open market
mercado activo	buoyant market
mercado alcista	bull market
mercado al contado	spot market; cash market
mercado bajista	bear market
mercado de capital(es)	capital market
mercado clandestino	black market
mercado de competencia, competitivo	competitive market
mercado de compradores	buyer's market
mercado de divisas a término, a plazo	forward exchange market
mercado de divisas, de cambios	foreign exchange market
mercado de dos niveles	two-tier market
mercado de eurodivisas	Eurocurrency market
mercado de futuros	futures market
mercado de productos disponibles, de entrega inmediata	spot market
mercado de trabajo, laboral	labor market
mercado de valores	securities market
mercado de vendedores	seller's market
mercado extrabursátil, fuera de bolsa	over-the-counter market; curb market
mercado extraterritorial	offshore market
mercado favorable a los compradores	buyer's market
mercado favorable al vendedor	seller's market
mercado financiero	open market
mercado gris	grey, gray market
mercado monetario, del dinero	money market
mercado muy activo	deep market
mercado negro	black market

mercado secundario	secondary market
mercados bien establecidos	mature markets
mercados incipientes	emerging markets
mercancías de detalle	less than carload freight
mercancías en depósito, en almacén de aduanas	bonded goods
mercancías en existencia	off-the-shelf goods
mes-funcionario	staff-month
método contable, de contabilidad	accounting procedure
método de actualización de los flujos de fondos	discounted cash flow method
método de "con y sin"	"with-and-without" test
método del camino crítico	critical path method
método de los efectos	effects method
método de máxima verosimilitud	maximum likelihood method
método de mínimos cuadrados	least squares method
método de roza y quema	slash-and-burn cultivation
métodos de cultivo	farming techniques
MIBOR (tipo, tasa de oferta interbancaria de Madrid)	MIBOR
microdatos	microdata
microenseñanza	microteaching
miembros	membership
millones de barriles diarios de equivalente en petróleo	millions of barrels per day oil equivalent
minerales no combustibles	nonfuel minerals
mínimo	hard core
ministerio de ejecución	spending ministry
ministerio de operaciones, sectorial, de ejecución	line ministry, department
ministerio que efectúa gastos	spending ministry
ministerios de hacienda y de planificación	core ministries, departments
misión de estudio	survey mission
misión de estudio de oportunidades de inversión	investment review mission
misión de evaluación complementaria	post appraisal mission
misión de evaluación ex post	audit mission
misión de evaluación inicial, previa, ex ante	appraisal mission
misión de examen	review mission
misión de examen externo	external review mission

misión de supervisión	supervision mission
misión en el terreno, de observación sobre el terreno	field assignment, mission
misión general	full mission
misión multidisciplinaria	composite mission
misión previa a la evaluación inicial	pre-appraisal mission
modalidad del intercambio	trade pattern
modelo	design
modelo agregado, global	aggregate model
modelo computadorizado de equilibrio general	computable general equilibrium model
modelo de insumo-producto	input-output model
modelo de las dos brechas	two gap model
modelo de normas de diseño y mantenimiento de carreteras	Highways Design and Maintenance Model
modelo de oferta	bid form
modelo estándar mínimo modificado	revised minimum standard model
modelo exhaustivo	ultimate model
modelo multisectorial de equilibrio general	multisectoral general equilibrium model
modelos de documentos de licitación	model bid documents
moderación	self-restraint
moderación financiera	financial restraint, stringency
modernización	rehabilitation
modificación de los vencimientos	maturity transformation
modificación de productos fabricados en serie	custom retrofitting
módulos audiovisuales de capacitación	multimedia training modules
moneda admisible	eligible currency
moneda débil	soft currency
moneda de curso legal	legal tender
moneda de intercambio	trading currency
moneda de intervención	intervention currency
moneda de reserva	reserve currency
moneda extranjera	foreign currency
moneda fuerte	hard currency
moneda importante	major currency
moneda nacional	domestic currency
moneda nacional, local	local currency
moneda vinculada	tied currency
moneda vinculada al oro	gold-pegged currency
monetización	monetization

monocultivo	sole cropping; monoculture
montaje de material fabricado en otro país	offshore processing, assembly
monto de los préstamos bancarios vigentes	bank exposure
monto de los préstamos desembolsados y pendientes	bank exposure
monto global	aggregate; lump sum price
monto neto de los giros	outstanding drawings
moratoria	tax deferral
mortalidad de niños menores de un año	infant mortality
mortalidad en la niñez	child mortality
mortalidad infantil	infant mortality
movilización	harnessing
movilizar (fondos, etc.)	to raise (funds, etc.)
movimiento	turnover
movimiento ascendente	upswing
movimiento del inventario, de las existencias	inventory turnover
movimiento de mercancías en los muelles	berth throughput
movimiento descendente	downswing
muellaje	wharfage; wharfage charges
muestra aleatoria, al azar	random sample
muestra representativa	cross section sample
muestreo por conglomerados, grupos	cluster sampling
multiplicador del crédito	credit multiplier

- N -

nacionalización	inward clearance; importation
necesidades netas de efectivo	net cash requirements
necesidades sociales	social wants
negociación de bloques de acciones	block trading
negociación en pie de igualdad, entre iguales	arm's length negotiation
negociaciones arancelarias, sobre aranceles	tariff negotiations, round
negociaciones comerciales multilaterales	multilateral trade negotiations
nivel crítico de consumo	critical consumption level
nivel de alfabetización	literacy level
nivel de endeudamiento relativo al capital	leverage (ratio); gearing (ratio)
nivel de ingreso(s)	income bracket
nivel de ingresos de pobreza, de pobreza	poverty line; poverty income threshold
nivel de reemplazo, de renovación	replacement level
nivel de vida	standard of living
nivel estable de préstamos	steady state lending
nivel freático	groundwater table
nivel impositivo	tax bracket
nivelación	flattening out; levelling-off
niveles medios; niveles de supervisión	supervisory grades
no contabilizado	unaccounted
no cumple los requisitos, que	ineligible
no disponible	not available
no especificado en otra parte	not elsewhere specified
no exportable o importable	nontradable
no garantizado	unsecured (note, loan, etc.)
no habilitado	ineligible
no indicado separadamente	not included elsewhere
no rescatable, no redimible antes del vencimiento	noncallable
no se aplica	not applicable
nombramiento ordinario, permanente	regular appointment
nombre genérico	nonproprietary name
nómina	payroll
normas de diseño	design standards
normas de prudente discreción	prudent man rule
normas generales	guidelines

notificación de desembolso	disbursement letter
notificación de impuestos	tax bill, demand
nuclearización	nuclearization
núcleo	hard core
núcleo habitacional	dwelling core
nueva circunstancia; nueva situación	development
nuevo orden económico internacional	New International Economic Order
numéraire	numeraire
número acumulado para fines de cargo de intereses	cumulative charge number
número de alumnos matriculados	enrollments
número de animales al final del período contable	closing stock
número de estudiantes que pasan por el sistema escolar	throughput
número para fines de cargo de intereses	charge number
nutrientes	nutrients

- O -

obligación contingente	contingent obligation
obligación tributaria	tax liability
obligaciones	liabilities
obligaciones a la vista	sight liabilities
obligaciones por concepto de depósitos	deposit liabilities
obligaciones relacionadas con el servicio de la deuda	debt-service requirements
obligaciones sin financiamiento previsto	unfunded liabilities
obra gruesa	shell (of a building); structural work
obras civiles	civil works
observación	monitoring
obtención de cotizaciones	prudent shopping
obtener cifras netas	net out
obtener (fondos, etc.)	to raise (funds, etc.)
obtener un empréstito	to float a loan
obtener un préstamo	to secure a loan
octanaje	motor octane number
ocupante sin título, ilegal, precario	squatter
ocupar un terreno sin tener derecho	to squat
oferta	tender
oferta alternativa	alternative bid
oferta de acciones (con derecho preferencial de suscripción)	rights issue, offering
oferta de capital	capital supply
oferta evaluada como la más baja	lowest evaluated bid
oferta excesiva	oversupply
oferta monetaria	money supply; money stock
oferta no favorecida (con la adjudicación)	unsuccessful bid
oferta parcial	component bidding
oferta pública	public borrowing, offering
oferta pública de compra	takeover bid
oficial de desembolsos	disbursement officer
oficial de extensión, de divulgación agrícola	extension officer
oficial de extensión de zona	zone extension officer
oficial del préstamo, de préstamos	loan officer
oficial del proyecto, de proyectos	project officer
oficina de impuestos	tax office

oficina exterior, fuera de la sede	field office
oncocercosis	river blindness; onchocerciasis
oneroso, a título	on a payment basis
opción	alternative
opción a participar en el capital social	equity feature
opción de compra	call option
opción de compra de acciones	stock option
opción de venta	put option
operación	venture
operación bursátil	stock exchange transaction
operación concertada por, con un club bancario, consorcio	club deal
operación conjunta	joint venture
operación de compromiso de compra	stand-by commitment
operación de demostración	demonstration activity
operación de garantía de emisión	underwriting commitment
operaciones de cobertura, de protección cambiaria	hedging
operaciones "en reserva"	reserve operations
operaciones invisibles	invisible transactions
operador(a) de tratamiento de textos	word processor
opinión jurídica	legal opinion
orador principal	keynote speaker; keynoter
orden de compra	trading ticket
orden de proceder	notice to proceed
orden de venta	trading ticket
ordenación	control
ordenación de cuencas hidrográficas, de vertientes	watershed management
ordenación de las aguas	water management
ordenación de tierras de pastoreo	range management
ordenación salarial	wage control
organismo afiliado de energía	energy affiliate
organismo agente de cobranza	billing agent
Organismo Anfitrión	Host Organization
organismo de centralización de trámites	one-stop agency
organismo de clasificación de valores	rating agency
organismo de contraparte	counterpart agency
organismo de crédito, crediticio	lending agency, institution
organismo de derecho público	statutory body
organismo de ejecución	owner (of a project); implementing agency; client; executing agency

organismo de energía afiliado al Banco	energy affiliate
organismo del proyecto	project agency
organismo director, principal	lead agency
organismo especializado	specialized agency
Organismo Multilateral de Garantía de Inversiones	Multilateral Investment Guarantee Agency
organismo multilateral de seguros de inversiones	Multilateral Investment Insurance Agency
organismo paraestatal	parastatal
organismo principal	parent body
organismo regulador	regulatory agency
organismo responsable del proyecto	project agency
Organismo Solicitante	Requesting Organization
organismos internacionales de productos básicos	international commodity organizations
organización gremial, patronal	trade organization
organización no gubernamental	nongovernmental organization
organización privada de voluntarios	private voluntary organization
organización sin fines de lucro	nonprofit organization; not-for-profit
órgano decisorio, de decisión	decision-making body
órgano principal	parent body
orientación profesional	vocational guidance
orientado hacia el interior	inward-looking
orientado hacia la exportación	export oriented
oscilación de precios	price swing
otorgar un convenio, un acuerdo	to execute an agreement
otras corrientes oficiales	other official flows

- P -

pagadero a la vista, contra presentación	payable on demand
pagaré	note; promissory note
pagaré a la vista	demand note
pagaré con interés variable, flotante	floating rate note
pagaré del Tesoro	Treasury note
pagaré del Tesoro a corto plazo	Treasury bill
pagaré descontado	discount note
pagaré no negociable	nonnegotiable note
pagaré que devenga intereses	interest bearing note
pagaré sin intereses	noninterest bearing note
pago	consideration
pago a cuenta	progress payment
pago al contado	cash payment
pago de contrapartida	matching payment
pago en efectivo	cash payment
pago final, global	balloon payment
pago parcial	progress payment
pagos anticipados por concepto de exportaciones	advanced export payments
pagos de transferencia	transfer payments
pagos en concepto de ingresos de los factores	factor income payments
pagos en mora	payment arrears
pagos internacionales corrientes	current international payments
pagos nivelados	annuity
país beneficiario	recipient country
país con economía de planificación centralizada	centrally planned economy (country)
país con superávit de capital	capital-surplus country
país de baja capacidad de absorción	low absorber
país de bajo(s) ingreso(s)	low income country
país declarante	reporting country
país de elevada absorción, de gran capacidad de absorción	high absorber
país deficitario	deficit country
país de franja litoral estrecha	coastal strip country
país de ingresos medianos	middle income country
país de ingresos medianos bajos	lower middle income country

país de mediana capacidad de absorción	medium absorber
país de nivel intermedio	second tier country
país de producción primaria	primary producing country
país de reciente industrialización, en vías de industrialización	newly industrializing country
país donante	donor country
país en desarrollo	less developed country
país en desarrollo no petrolero	nonoil developing country
país exportador de productos primarios	primary exporting country
país huésped, anfitrión	host country
país industrial con economía de mercado	industrial market economy
país informante	reporting country
país insular en desarrollo	developing island country; island developing country
país medianamente industrializado	halfway country
país menos desarrollado	less developed country
país orientado hacia el exterior	outward-looking, outward-oriented country
país parcialmente industrializado	halfway country
país prestatario de la AIF	IDA recipient
país que no influye en los precios internacionales	price taker
país que puede obtener financiamiento combinado (del BIRF y la AIF)	blend country
país que recurre a los servicios del Banco	client country
país receptor	host country; recipient country
país recientemente industrializado	newly industrialized country
país sin litoral, mediterráneo	landlocked country
país solicitante	client country
país superavitario	capital-surplus country; surplus country
países ACP (Africa, el Caribe y el Pacífico)	ACP countries
países asociados, que mantienen relaciones comerciales	partner countries
países de alto(s) ingreso(s)	high income countries
países de comercio estatal	state-trading countries
países de la Parte I	Part I countries
países de la Parte II	Part II countries
países de producción primaria	commodity producing countries, sectors
países más gravemente afectados	most seriously affected countries
países que mantienen relaciones comerciales	trading partners

países que reciben financiamiento en condiciones predominantemente gravosas	hard-blend countries
países que se encuentran "en el umbral"	threshold countries
países que sólo reciben financiamiento de la AIF	pure IDA countries
países que tienen acceso al mercado financiero	market-eligible countries
país(es) representado(s) por un Director Ejecutivo	constituency of an Executive Director; constituent(s) of an Executive Director
papel comercial; papeles de comercio	commercial paper; commercial bills
parámetros (de un estudio)	terms of reference
parcela de demostración	demonstration plot
paraíso tributario	tax haven
parcela de prueba	test plot
parcialmente montado	partly knocked down
paridad	par value
paridad del poder adquisitivo	purchasing power parity
parque	fleet
parque industrial	industrial estate, park
parte (en el procedimiento o en la diferencia)	party (to proceeding or to the dispute)
participación de fundador	founder's share
participación del concesionario	working interest
participación en cada uno de los vencimientos (de un préstamo)	strip participation
participación en el capital social	equity ownership; equity financing, investment
participación en inversiones inmobiliarias	real estate equity
participación en la carga	burden sharing
participación en las ganancias, utilidades netas	net profits interest
participación en las utilidades	profit-sharing
participación en los costos	cost-sharing
participación en los costos, gastos	burden sharing
participación en los impuestos	tax sharing; matching credit
participación en los ingresos (fiscales)	revenue-sharing
participación en una inversión	exposure
participación proporcional	funding pro rata
participación sin posibilidad de recurso	nonrecourse participation
participante en un curso o programa de capacitación	trainee
participar en el capital social	to supply share capital

partida	item
partida (presupuestaria)	line item
partida arancelaria	tariff item
partida compensatoria	balancing item, entry
partida de memorando	memorandum entry, item; memo item
partida de reconciliación	reconciliation item
partida de transacción no monetaria	noncash item
(partida) extraordinaria	below the line (item)
partida ordinaria	above the line (item)
partida pro memoria	memorandum entry, item; memo item
partidas que se compensan mutuamente	mutually offsetting entries
pasantía	internship
pasar de las condiciones de asistencia de la AIF a las del Banco	to graduate
pasar el punto más bajo	bottom out (of a recession)
pasivo	liabilities
pasivo acumulado	accrued liabilities
pasivo contingente	contingent liability
pasivo corriente, exigible a corto plazo	current liabilities
pasivos a largo plazo	long-term liabilities
pasivos en moneda	currency liabilities
pasivos transitorios	temporary liabilities
pasivos varios	sundry liabilities
paso gradual a tasas impositivas más altas	bracket creep, progression
pastor nómada	pastoralist
pastoreo excesivo	overgrazing
patio de maniobra, de clasificación	marshalling yard
patrimonio (neto)	equity
patrimonio neto	stockholders' equity; shareholders' equity; owners' equity; equity; net worth
patrocinador	sponsor
pauta cronológica	time pattern
pautas generales	guidelines
pendiente (de una curva)	steepness (of a curve)
pensión de jubilación	retirement benefits
peón caminero	lengthman
pequeña empresa	small-scale enterprise
pequeña explotación agrícola	smallholding
pequeña industria	small-scale industry
pequeña zona, pequeño proyecto de riego	small-scale irrigation
pequeño agricultor	smallholder
pérdida	waste; loss in weight

pérdida cambiaria	exchange discount
pérdida de capital	capital loss
pérdidas de explotación, de operación	operating losses
pérdidas de peso muerto	deadweight (losses)
perdido	unaccounted
perfeccionamiento	upgrading of skills; delivery (of a contract)
perfeccionamiento de la función de gestión	management development
perfeccionamiento de los recursos humanos	human resource development
perfeccionamiento del personal	staff development
perfeccionamiento del personal administrativo	management development
perfeccionamiento de recursos humanos, de la mano de obra	manpower development
perforación	drilling
perforación de explotación	development drilling
perforación exploratoria	wildcat (drilling)
perforación submarina, mar adentro	offshore drilling
pericia	expertise
período contable	accounting period
período de eliminación gradual de los préstamos del Banco	phase out period
período de gestación de un proyecto	lead time of a project
período de gracia	grace period
período de sesiones	session
peritaje	expert appraisal
permanencia (en el cargo)	tenure
persona a cargo	dependent
persona jurídica	body corporate; corporate body, institution; legal entity, person
persona que recibe adiestramiento	trainee
persona responsable de adoptar decisiones	decision-maker
personal	staff
personal, con exceso de	overstaffed
personal contratado a plazo fijo	fixed term staff
personal de apoyo	support staff
personal de contraparte	counterpart staff
personal de las oficinas exteriores, fuera de la sede	field staff
personal de operaciones	line staff
personal de supervisión	supervisory staff
personal en el terreno	field staff

personalidad jurídica	juridical personality; legal existence
personas que viven en la pobreza absoluta	absolute poor
pesca de altura	deep sea fishing
pesca en aguas interiores	inland fisheries, fishing
petróleo crudo liviano, ligero de Arabia Saudita	light Arabian crude; Saudi Arabian light crude
petróleo pesado	heavy oil
petróleo residual	fuel oil
PIB comercial	commercial, commercialized GDP
PIB monetizado	monetized GDP
pila de combustible	fuel cell
piquetear	to peg out
plan contractual	program contract
Plan de Acción de Lagos (para la aplicación de la Estrategia de Monrovia para el Desarrollo Económico de Africa)	Lagos Plan of Action (for the Implementation of the Monrovia Strategy for the Economic Development of Africa)
plan de amortización	amortization schedule; repayment schedule
plan de cuentas	chart of accounts
plan de distribución	layout plan
plan de estudios	curriculum
plan de estudios común	core curriculum
plan de existencias reguladoras	buffer stock scheme
plan de financiamiento	financial, financing plan
plan de jubilación anticipada	early retirement scheme
Plan de Pensiones del Personal	Staff Retirement Plan
plan de seguridad social	social security scheme
plan de seguro global	"wrap-up" insurance arrangement
plan de sucesión para cargos de dirección	management succession planning
plan de utilización de tierras	land use plan
plan de vivienda por el sistema de esfuerzo propio y ayuda mutua	self-help housing scheme
plan financiero	financial, financing plan
plan maestro	master plan
plan modelo de presupuesto de finca	pattern farm plan
plan para situaciones imprevistas	contingency plan
plan renovable	rolling plan
planificación agregativa	aggregative planning
planificación de recursos humanos, de la mano de obra	manpower planning
planificación del avance profesional	career development
planificación del desarrollo	development planning

planificación del espacio físico	physical planning
planificación detallada	blueprint planning
planificación de tierras	land use planning
planificación familiar, de la familia	family planning
planificación global	aggregative planning; comprehensive planning
planificación integral	comprehensive planning
planificación obligatoria, preceptiva	mandatory planning
planificador del desarrollo	development planner
planificador de obras, de instalaciones	physical planner
plano	design
plano del emplazamiento, del lugar	site plan
planos definitivos	final design
planos generales (de un proyecto)	layout
planos preliminares	preliminary design, engineering
planos técnicos detallados	detailed design, engineering
planta alimentaria	food plant
planta de elaboración secundaria	downstream plant, facilities
planta eléctrica diesel	diesel(-fired) power plant
planta de simiente	seed plant
planta de tratamiento de aguas negras, servidas	sewage (treatment) plant
planta para semilla	seed plant
planta textil	fiber crop
planta totalmente nueva	grass root, greenfield plant
plantación cortavientos	windbreak
plantación de bosques comunitarios	social forestry
plantación en franjas	strip planting
plantación núcleo	nucleus estate
plantón	seedling
plántula	seedling
plasma germinal	germplasm
plataforma de perforación petrolera	oil (drilling) rig, platform
plazo	time limit
plazo de amortización, de reembolso	payback period
plazo de recuperación (de inversiones)	payback period
plazo de vencimiento	maturity (of a loan, bond, etc.)
pleno funcionamiento, en	at full development
pliego de condiciones de la licitación	bidding conditions
plusvalía	capital gain
plusvalía mercantil	goodwill
población activa	labor force; working population

población en edad de trabajar	working age population
poder (jurídico)	proxy
poder calorífico	heat value
polígono industrial	industrial estate, park
política cambiaria	exchange rate policy
política comercial restrictiva	restrictive trade policy
política coyuntural	business cycle policy
política crediticia restrictiva	tight credit policy
política de austeridad	restraint policy
política de avance intermitente	stop-go, stop and go policy
política de contracción	contractionary policy
política de empobrecer al vecino	beggar-my-neighbor policy
política de precios	pricing policy
política de reactivación	pump priming policy
política de restricción crediticia	tight credit policy
política de servicios gratuitos	zero fee policy
política expansionista	expansionary policy
política favorable a la economía de la oferta	supply side politics
política fiscal	fiscal policy
política tarifaria	pricing policy
ponderación distributiva	distributional weight
poner en servicio	to commission
por administración	by/on force account
por encima de la cuota	above quota
(porcentaje de) reserva mínima obligatoria	minimum cash requirement
porción	slice
porción de cada uno de los vencimientos de un préstamo	strip of maturities
poscalificación de licitantes	postqualification of bidders
posibilidad de comercialización, de colocación	marketability
posibilidad de repetición, de duplicación	replicability
posibilidad de repetición financiera	financial replicability
posición de balanza de pagos	balance of payments position
posición de capital	capital position
posición de reserva(s)	reserve position
pozo entubado	tubewell
pozo exploratorio	wildcat well
práctica(s)	internship
prácticas contables	accounting practices
prácticas de avalúo aduanero, de aduana	customs valuation (practices)

precalificación de licitantes	prequalification of bidders
precio administrado	administered price
precio al consumidor	consumer price
precio al contado, para entrega inmediata	spot price
precio al desembarque	landed price
precio al productor	producer price
precio a nivel de la explotación agrícola	farm gate price
precio c.i.f./puerto de entrada	cost, insurance and freight (cif) port of entry/border point price
precio contractual	contract price
precio controlado	administered price
precio corriente	going price
precio cotizado	posted price
precio de apoyo	support price
precio de compra, de adquisición	historical cost
precio de compuerta	sluice, sluice gate price; lock gate
precio de costo	cost price
precio de cotización	posted price
precio de cuenta	accounting price; shadow price
precio de eficiencia	economic price; efficiency price
precio de intervención	intervention price
precio de liquidación, de realización	selling value
precio de lista	posted price
precio de los factores	factor price
precio de mercado, de plena competencia	arm's length price
precio de necesidad	distress price
precio de oferta	bid price
precio de paridad	parity price
precio de realización	realized price; selling value
precio de referencia	marker, benchmark price
precio de referencia para fines tributarios	tax reference price
precio de reserva	reservation price (of labor)
precio desleal	predatory price
precio de sostén; precio de sustentación	support price
precio de transferencia	transfer price
precio de venta	selling rate
precio económico	economic price; efficiency price
precio efectivo	realized price
precio en almacén	off-the-shelf price
precio en fábrica	ex factory price; price ex factory; factory

	gate price
precio en la boca, en la cabeza del pozo	wellhead price
precio en (la) frontera	border price
precio f.o.b. puerto de embarque	free on board (fob) port of shipment price
precio global	lump sum price
precio impuesto	administered price
precio indicativo	target price; guiding price
precio ínfimo	nominal price
precio mínimo	floor price
precio neto	payout price
precio paritario de exportación	export parity price
precio paritario de importación	import parity price
precio por pie	stumpage price
precio puesto en fábrica	price to factory
precio recibido por el productor	producer price
precio social	social price
precio sombra	shadow price
precio tope, máximo	ceiling price
precio umbral	threshold price
precio unitario	unit cost
precio vendedor	selling rate
precio vigente	going price
precios constantes	constant prices
precios corrientes	current prices
precios de equilibrio del mercado	market-clearing prices
precios en plaza (lista de)	posted values
predisposición	bias
preferencia	preference, preferential margin; margin of preference
preferencia por los amigos	cronyism
prefinanciamiento	prefinancing
preparación	development
preparación del terreno	site development
preparación de un proyecto, de proyectos	project preparation
preparación técnica	technical background
presa de almacenamiento	storage dam
presa de derivación	diversion dam
presa de terraplén	earthfill dam
presentación de ofertas	bid submission
presentaciones	pleadings
presentar y ofrecer pruebas	to marshal evidence
presidente en funciones	serving chairman

presión de los salarios	wage pressure
presión fiscal	tax burden
prestación de cesantía	severance pay
prestación de jubilación	retirement benefits
prestaciones	benefits
prestaciones de (la) seguridad social	social security benefits
prestaciones sociales	social benefits
prestaciones suplementarias	fringe benefits
prestamista en última instancia	lender of last resort
prestamista subordinado	subordinate lender
préstamo "A"	"A" loan
préstamo a corto plazo para salvar una dificultad temporal	carryover loan
préstamo a la vista	call loan
préstamo a mediano o largo plazo	term loan
préstamo amortizable en su mayor parte al vencimiento	balloon loan
préstamo "B"	"B" loan
préstamo "balloon"	balloon loan
préstamo bancario de primera categoría	top-rated bank loan
préstamo cofinanciado	co-loan
préstamo complementario	repeater loan
préstamo concedido por un club bancario, por un consorcio	club loan
préstamo contingente	stand-by loan
préstamo convertible en acciones de capital	equity feature
préstamo cuyo vencimiento se ha anticipado	prematured loan
préstamo de aprobación autónoma	free-limit loan
préstamo de rápido desembolso	quick disbursing (loan)
préstamo de un consorcio, concedido por un consorcio	syndicated loan
préstamo en condiciones concesionarias, blando, liberal	soft loan
préstamo en condiciones ordinarias, de mercado	hard loan
préstamo (que se halla) en dificultades	distressed loan
préstamo en especie	commodity loan
préstamo en forma de participación en el capital	equity loan
préstamo en tramitación	pipeline loan

préstamo en valores	security lending
préstamo garantizado	secured loan
préstamo incluido en el sistema de fondo común de monedas	pooled loan
préstamo indizado, reajustado según un índice	indexed, index-linked, index-tied loan
préstamo no redituable, no productivo	nonperforming loan; nonaccruing loan
préstamo para capital de trabajo	working capital loan
préstamo para cubrir posibles excesos de costos	overage loan
préstamo para programas	program loan
préstamo para programas de un país, de países	country loan
préstamo para un proyecto, para proyectos	project loan
préstamo por etapas	time-slice loan
préstamo principal	apex loan
préstamo prioritario	senior debt, loan
préstamo que entraña un riesgo soberano	sovereign risk loan
préstamo representado por obligaciones convertibles	convertible debenture loan investment
préstamo sectorial, para un sector	sector loan
préstamo sin finalidad específica	nonpurpose loan
préstamo subordinado	subordinated loan
préstamo subsidiario	subsidiary loan
préstamos (a un país) desembolsados y pendientes	country exposure
préstamos en apoyo de reformas de políticas	policy-based lending
préstamos en condiciones comerciales	commercial lending
préstamos hipotecarios	mortgage financing
préstamos no voluntarios	involuntary lending
préstamos obtenidos de intermediarios financieros	intermediative borrowing
préstamos para (fines de) ajuste estructural	structural adjustment lending
préstamos pendientes	exposure; outstanding loans
préstamos voluntarios	spontaneous, voluntary lending
prestar de nuevo (el importe de un préstamo)	onlend; relend
prestatario preferencial, preferente, de primera clase	prime borrower; premier borrower

presupuestación a partir de cero	zero base budgeting
presupuestación completa	full budgeting
presupuestación incremental	incremental budgeting
presupuesto	cost estimate
presupuesto corriente	current budget
presupuesto de caja	cash budget
presupuesto de capital	capital budget
presupuesto de divisas	exchange budget
presupuesto de explotación	operating budget
presupuesto de inversiones	investment budget
presupuesto de la explotación agrícola	farm budget
presupuesto extraordinario	special budget; extraordinary budget
presupuesto global de la explotación	whole farm budget
presupuesto ordinario	current budget
presupuesto parcial	partial budget
presupuesto por funciones	performance budget
presupuesto por programas	program budget
presupuesto por unidad de actividad	unit activity (crop) budget
prevalencia	prevalence
previsión social	social insurance
previsiones de caja	cash forecast
previsiones inflacionarias	inflationary expectations
prima	incentive payment; premium
prima cambiaria	exchange premium
prima de, por calidad	quality premium
prima de emisión	premium
prima de inflación	inflation premium
prima por reembolso anticipado	premium on prepayment
prima por trabajo en el exterior	overseas allowance
primeros procesos	upstream process
principal	principal
principal sostén económico	principal (income) earner
principales productos básicos, primarios	core commodities
principiante	trainee
principio del trato entre iguales	arm's length principle
principio de proporcionalidad	pro rata rules
principio de utilización de los fondos del Banco en primera instancia	"Bank first" principle
principio de utilización de los fondos del Banco en última instancia	"Bank last" principle

Principios Relativos al Empleo del Personal	Principles of Staff Employment
problema de las colas	queueing problem
problemas iniciales	teething problems
procedimiento contable, de contabilidad	accounting procedure
procedimiento de aprobación tácita	"no objection" (procedure)
procedimiento oral	oral procedure
procedimientos de adquisición	procurement (procedures)
proceso presupuestario	budget process
producción	output
producción a escala comercial	commercial production
producción agrícola, de cultivos	crop production
producción alimentaria, de alimentos	food production
producción antieconómica	uneconomic production
producción a que se renuncia	forgone output
producción de abonos a partir de desechos	composting
producción de alimentos para consumo propio	autoconsumption of food
producción en gran escala, en serie	mass production
producir efecto multiplicador	leverage
productividad del capital	capital efficiency
productividad marginal del capital	marginal efficiency of capital
producto	output; proceeds
producto agrícola para elaboración de bebidas	beverage crop
producto básico	commodity; primary commodity, product
producto de marca registrada	brand name product
producto destinado por su propia índole a determinados grupos de la población	self-targeting (commodity)
producto farmacéutico genérico	generic drug
producto geográfico bruto	gross domestic product
producto interno bruto	gross domestic product
producto interno bruto a precios de mercado	gross domestic product at market prices
producto interno bruto al costo de los factores	gross domestic product at factor cost
producto material bruto	gross material product
producto material neto	net material product
producto nacional bruto	gross national product
producto primario	commodity; primary commodity, product

producto territorial bruto	gross domestic product
producto útil neto	net beneficial product
productos agrícolas	crops
productos alimentarios	foodstuffs
productos industriales	industrial goods
productos pesados	heavy commodities
programa	schedule
Programa Conjunto de Acción para Africa al Sur del Sahara	Joint Program of Action for Sub-Saharan Africa
programa cuya magnitud depende del volumen de actividad	volume driven program
Programa de Acción Especial para Africa al Sur del Sahara	Special Action Program for Sub-Saharan Africa
programa de alcance exterior	outreach program
programa de alimentos por trabajo	food-for-work programme
Programa de Asistencia Especial (del Banco Mundial a los Países Miembros)	(World Bank) Program of Special Assistance (to Member Countries)
Programa de asistencia para la gestión en el sector de la energía	Energy Sector Management Assistance Programme
Programa de Clasificación de Cargos	Job Grading Program
programa de cooperación	cooperative program
programa de demanda de alimentos	food demand program
programa de divulgación	outreach program
programa de eliminación gradual de los préstamos del Banco	phase out program
Programa de evaluación del sector de la energía	Energy Sector Assessment Programme
Programa de evaluaciones energéticas del PNUD y el Banco Mundial	UNDP/World Bank Energy Assessment Program
programa de extensión	outreach program
programa de financiamiento	lending program
programa (de financiamiento) de base	base (lending) program
programa (de financiamiento) de reserva	standby (lending) program
programa ordinario de financiamiento	regular lending program
programa de medidas, etc.	package
programa de medidas de rescate, de salvamento	rescue package
programa de operaciones	operating program
programa de operaciones crediticias	lending program
programa de ventas subvencionadas	social marketing program

Programa Especial de Investigaciones y Enseñanzas sobre Enfermedades Tropicales	Special Programme for Research and Training in Tropical Diseases
programa integrado de capacitación y perfeccionamiento de funcionarios que ocupan cargos de dirección	integrated management training program
programación lineal	linear programming
programas	software
programas de fortalecimiento institucional	institutional programs
progreso	development
promedio móvil	running average; moving average
promedio ponderado	weighted average
promesa de contribuciones	pledging
promesa de participación en el capital accionario	pledge (of shares)
promoción del comercio	trade promotion
promotor	motivator; outreach worker; sponsor
promotor inmobiliario	real estate developer
propensión marginal (al consumo, al ahorro, etc.)	marginal propensity (to consume, to save, etc.)
propiedad extranjera, de	foreign-owned
propuesta	tender
propuesta de candidatura	nomination
prospecto	prospectus
proyección del flujo de fondos	cash projections
proyectista	designer
proyecto	design
proyecto agropecuario	mixed farming project
proyecto básico	core project
proyecto complementario	repeater project; follow-up project
proyecto concatenado	piggyback project
proyecto de alcantarillado	sewerage project
proyecto de carácter social	soft project
Proyecto de Comparación Internacional	International Comparison Project
proyecto de contenido mínimo	minimum package project
proyecto de cultivos múltiples	mixed farming project
proyecto de desarrollo rural integrado	integrated rural development project
proyecto de exposición	showcase project
proyecto de fines múltiples	multipurpose project
proyecto de inversión	investment project
proyecto de "nuevo estilo"	"new style" project
proyecto de presupuesto	budget estimates

proyecto de rápido rendimiento	quick yielding project
proyecto de rehabilitación de las exportaciones	export rehabilitation project
proyecto en avanzado estado de ejecución, próximo a terminarse	mature project
proyecto enclave	enclave project
proyecto en tramitación, en reserva	pipeline project
proyecto financiable (por el Banco)	bankable project
proyecto global	umbrella project
proyecto llave en mano	turnkey contract, project
proyecto no básico	noncore project
proyecto que se autofinancia	self-liquidating project
proyecto que sirve de marco para otros	umbrella project
proyecto totalmente nuevo	greenfield project
proyectos en tramitación, en reserva	pipeline of projects
prueba	evidence
prueba de "antes y después"	"before-and-after" test
prueba de "con y sin"	"with-and-without" test
prueba del rendimiento de los proyectos	yield test of projects
prueba de variedad(es)	variety trial
pruebas de aprovechamiento, de progreso escolar, de rendimiento	achievement tests
pruebas documentales	documentary evidence
publicación especializada para determinada industria, negocio o profesión	trade publication
puente-báscula	weighbridge
puerto de aguas profundas	deep water port
puerto franco, libre	free port
puesto de atraque de fines múltiples	multipurpose berth
puesto de monta	service station
puesto de monta, de cubrición, de reproducción	breeding station
puesto de operaciones	line position
puesto de salud	health post
punto máximo estacional	seasonal peak
punto muerto, de equilibrio	break-even point
punto porcentual	percentage point

- Q -

que impone los precios	price maker, setter
que no cumple los requisitos	ineligible

- R -

racimo de frutas frescas	fresh fruit bunch
racionalización	streamlining
raíces alimentarias	root crops
raíz feculento	starchy root crop
raza	breed
reactivación	recovery; upturn (economic)
readiestramiento	retraining
reajuste	adjustment
reajuste financiero	financial adjustment
rebaja de intereses	interest rebate
rebajar el valor en libros	to write down; to expense
rebeldía (únicamente en el sentido del Art. 45[2] del Convenio)	default
rebrote	regrowth
recargo a la(s) importación(es)	import surcharge
recargo tributario	tax surcharge
recaudación de impuestos	collection of taxes
recaudación del impuesto en el origen	withholding tax
recaudación tributaria	tax yield
receptor de créditos de la AIF	IDA recipient
recesión	recession; slump
recesión con inflación	slumpflation
recibo	certificate of payment
reciclaje	recycling (of capital)
recinto (ocupado por una familia extensa)	compound
recirculación (de capital)	recycling (of capital)
reclamación	claim
reclamación salarial	wage claim
reclasificación	regrading
reconciliar	reconcile
reconocimiento sísmico	seismic survey
reconocimiento y ejecución (de un laudo)	recognition and enforcement (of award)
reconstitución del capital	return to capital
reconstitución de los recursos	replenishment of resources
reconstituir	replenish (an account)
reconversión industrial	retrofitting
recopilación de datos	data collection
recorte de la demanda de punta	peak shaving

recubrimiento	overlay
recubrimiento de grava	graveling; regraveling
recuento de tráfico	traffic count
recuperación	recovery; retrieval; upturn (economic)
recuperación de costos	cost recovery
recuperación de la inversión	return of investment
recuperación del capital	return of capital
recuperación de tierras	land reclamation
recuperación de un préstamo, de préstamos	loan recovery
recuperación mejorada	enhanced recovery
recuperación secundaria	secondary recovery
recuperación terciaria	tertiary (oil) recovery
recuperar	reclaim
recurso (legal)	legal remedy
recurso provisional	stopgap measure
recursos en divisas	foreign exchange resources
recursos inexplotados	untapped resources
recursos propios, provenientes de las operaciones	internal cash generation; internally generated funds; cash generation
recursos reservados (para un determinado proyecto)	tied resources
recusación	disqualification
red de distribución, de reparto	delivery system; supply system
red de energía eléctrica	power system
red de seguridad	safety net out-migration
red principal	main power grid (electricity)
redención	redemption
redescontar	rediscount
redescuento	rediscount; discount window
redimible	redeemable
reducción	rolling back; drawdown
reducción de impuestos	tax rebate
reducción del capital	capital impairment
reducción de los impuestos	tax mitigation
reducción de los márgenes de utilidad	profit squeeze
reducción del valor en libros	writing down
reducción de personal	redundancy
reducción inicial	down payment (on the budget deficit)
reducciones presupuestarias	budget cuts
reembolso	refunding
reembolso anticipado	prepayment; advance repayment
reembolso de impuestos	tax refund

reembolso (anticipado) de la deuda	retirement of outstanding debt
reembolso en cuotas iguales	level repayment
reembolsos, etc., concentrados al comienzo de un período	front loading
reemplazo de personal extranjero por personal nacional	indigenization
refinanciación	refinancing; refunding
refinanciamiento	refinancing
refinanciamiento continuo	rollover
refinar	upgrade
reflación	reflation
reforestación	reforestation
reforma de la tenencia de la tierra	land reform
refugio tributario	tax shelter
régimen cambiario	exchange system
régimen de licencias de importación	import licensing
régimen de no contabilización de intereses impagados	nonaccrual status
régimen de pagos con cargo a los ingresos corrientes	pay-as-you-go system
régimen de tenencia de la tierra	land tenure system
registrado	registered (e.g. tradesmen)
registrador	registrar
Registro	Register
registro catastral	land register
regla del primer año	first year rule
reglamento	bylaws
Reglamento	ByLaws
Reglamento del Personal	Staff Rules
Reglamento Interno para las Reuniones del Directorio	Rules of Procedure for Meetings of the Executive Directors
Reglamento y Reglas (del Centro)	Regulations and Rules (of the Centre)
Reglas de Arbitraje	Arbitration Rules
Reglas de Conciliación	Conciliation Rules
Reglas Procesales aplicables a la Conciliación y al Arbitraje	Rules of Procedure for Conciliation and Arbitration Proceedings
regulación de la demanda	demand management
regulación de la oferta	supply management
regulación de (las) aguas	water control
regulación salarial	wage control
rehabilitación	rehabilitation

reintegro	drawback
reintegro de impuestos	tax refund
reivindicación salarial	wage claim
relación activo disponible- pasivo corriente	acid-test ratio; liquid ratio; quick ratio
relación alumnos-profesor, alumnos por profesor	pupil-teacher ratio
relación beneficio neto-inversión	net benefit investment ratio
relación capital-activo	equity ratio
relación capital-producto	capital-output ratio
relación capital-servicio	capital-service ratio
relación capital-trabajo	capital-labor ratio
relación corriente	current ratio; working capital ratio
relación costos-beneficios	cost-benefit ratio
relación de Bruno	Bruno ratio
relación de cobertura de intereses	interest coverage ratio
relación de cuenta	accounting ratio
relación de dependencia (por edades)	dependency ratio
relación de desmonte	stripping ratio
relación de endeudamiento	debt ratio
relación de endeudamiento a largo plazo	long-term debt ratio
relación de energía neta	net energy ratio
relación de gastos	statement of expenditure
relación de inestabilidad	volatility ratio
relación de intercambio	terms of trade
relación de intercambio de dos factores	double factorial terms of trade
relación de intercambio de ingresos	income terms of trade
relación de intercambio de trueque	barter terms of trade
relación de intercambio de un solo factor	single factorial terms of trade
relación del servicio de la deuda	debt-service ratio
relación de recaudación de impuestos	tax performance ratio
relación deuda-capital	debt-equity ratio; debt-to-equity ratio; debt-to-capital ratio
relación endeudamiento-capital propio	leverage (ratio); gearing (ratio)
relación gastos de vivienda-ingresos	affordability ratio; housing expenses/income ratio
relación impuestos-ingresos	tax ratio
relación impuestos-PIB	tax/GDP ratio
relación incremental capital-producto	incremental capital-output ratio
relación insumo-producto	input-output ratio
relación personal-población	staffing ratio
relación precio-utilidades	price-earning ratio; P/E ratio

relación préstamos desembolsados y pendientes-capital y reservas	gearing ratio
relación profesor-alumnos	teacher-pupil ratio
relaciones entre empleados y empleadores	labor-management relations; labor relations; industrial relations
relaciones financieras	financial ratios
relaciones obrero-patronales	labor-management relations; labor relations; industrial relations
relajación monetaria	monetary ease
relleno	landfill
remesas	remittances
remesas de los trabajadores (emigrados, expatriados)	workers' remittance
remisión	referral
rémora fiscal	fiscal drag
remuneración	compensation; earnings
remuneración neta	take-home pay
rendición de cuentas	accountability
rendimiento	performance
rendimiento a escala	returns to scale
rendimiento al vencimiento	yield to maturity
rendimiento corriente	current yield
rendimiento de la inversión	investment return, yield; return on investment
rendimiento del capital	return on capital
rendimiento en la fabricación, la molienda, el maquinado	milling yield
rendimientos en función de la escala	returns to scale
rendimiento equivalente a un interés nominal	coupon equivalent yield
rendimiento térmico	heat rate
rendimientos decrecientes	diminishing returns
renglón arancelario	tariff linerenivelación regrading
renovación	rollover
renovación de la superficie	resurfacing
renovación industrial	retrofitting
renta	income
renta económica	economic rent
renta per cápita, por habitante	per capita income
rentabilidad	earning power
rentabilidad de equilibrio del mercado	market-clearing returns
rentabilidad de la inversión	investment return, yield; return on

	investment
rentabilidad del capital	return on capital; capital efficiency
rentas	returns; revenues
renta(s) proveniente(s) de propiedades públicas	property income
rentas públicas	government receipts, revenues
repoblación forestal	afforestation
renuncia	waiver (of immunity, of a right)
renuncia (a un derecho)	waiver
renunciar (a un derecho)	to waive
reorganización	rehabilitation
reparación de baches	spot improvement, patching; patching
reparación general de equipo	overhaul
repartición en porciones, tramos	tranching
repercusiones de las alzas de precios	ripple price effects
repetición de un proyecto, programa	rollover project, program
repoblación forestal	reforestation
reponer	replenish (an account)
reposición de existencias	restocking
reposición de los recursos	replenishment of resources
represa de almacenamiento	storage dam
represa de derivación	diversion dam
represa de terraplén	earthfill dam
representación	representative office
representativo	proxy
represión financiera	financial repression
représtamo	onlending; onward lending
represtar	onlend; relend
reproductor	breeder
reprogramación (del servicio) de la deuda	rescheduling of debt
reprogramación de los vencimientos de la deuda	rephasing of a debt
reputación en materia de crédito	credit standing
requerimiento de capital	call for capital; call of capital
requisito de depósito previo, anticipado (a la importación)	advance deposit requirements (on imports)
requisito en materia de informes	reporting requirement(s)
requisitos de desempeño, cumplimiento, funcionamiento	performance requirements
requisitos que deben cumplirse	eligibility; eligibility conditions
rescatable	redeemable
rescate	redemption

rescate (anticipado) de la deuda	retirement of outstanding debt
rescate de la deuda	debt retirement
rescindir	terminate
rescisión	termination; termination grant
resellado	resealing
reserva	provision
reserva de valor	store-of-value
Reserva especial	Special Reserve
reserva flotante en efectivo	floating cash reserve
Reserva General	General Reserve(s)
reserva obligatoria	reserve requirement; legal reserve
reserva obligatoria marginal	marginal reserve requirement
reserva para depreciación	allowance for depreciation; reserve for depreciation; capital consumption allowance
reserva para depreciación, amortización	depreciation allowance
reserva para imprevistos	contingent reserve
reserva para imprevistos, contingencias	reserve for contingencies; allowance for contingencies; contingency allowance
reserva para pérdidas	reserve for losses; provision for losses; loss provision
reserva por agotamiento	depletion allowance, reserve
Reserva Suplementaria para Pérdidas en Préstamos y por Devaluaciones de Monedas (Reserva Suplementaria)	Supplemental Reserve against Losses on Loans and from Currency Devaluations (Supplemental Reserve)
reservas de divisas	foreign exchange reserves
reservas de oro	gold holdings
reservas disponibles	free reserves
reservas internacionales	international reserves
reservas ocultas	hidden reserves
reservas primarias	primary reserves
reservas recuperables definitivas	ultimate recoverable reserves
resometimiento (en el sentido del Art. 52[6] del Convenio)	resubmission
responsabilidad	accountability
responsabilidad ante más de una autoridad, entidad, jefe	matrix reporting
resquicio	window (in a market)
resquicio tributario	tax loophole
restricción del crédito	credit squeeze; credit tightening
restricción oficiosa del crédito	window guidance
restricción salarial	wage restraint

restricciones crediticias	tightening of credit
resultado final	bottom line
resultados	performance
resultados escolares	educational achievements
resultado(s) financiero(s)	financial performance, results
resumen	executive summary
retención de garantía	retention money
retención (de impuestos) en la fuente	pay-as-you-earn; pay-as-you-go
retirar fondos	to draw (funds)
retiro de una moneda de la circulación	calling in of a currency
retraso	time lag; slippage; lag
retroacción; retroinformación	feedback (of information)
retroarriendo; retrocesión en arrendamiento	leaseback
Reunión Anual	Annual Meeting
reunión de conclusiones	wrap-up meeting
Reunión Inaugural	Inaugural Meeting
reunión informal (del Directorio)	Board seminar
reunión oficiosa	informal meeting
Reuniones Anuales (de las Juntas de Gobernadores) del Banco Mundial y del Fondo Monetario Internacional	Annual Meetings (of the Boards of Governors) of the World Bank and the International Monetary Fund
reutilización de las ganancias	rollover of gains
revalorización; revaluación	revaluation
revestimiento	overlay; surfacing
riego por anegación controlada	flood control irrigation
riego por aspersión	sprinkle irrigation
riego por compartimientos	basin irrigation; level border irrigation
riego por corrugación	corrugation irrigation
riego por desbordamiento natural	wild flooding
riego por eras, por gravedad con retenes, por tablares	strip irrigation; border irrigation; border strip irrigation; strip check irrigation; ribbon check irrigation; border check irrigation; border ditch irrigation; gravity check irrigation
riego por escorrentía, por escurrimiento	runoff irrigation
riego por goteo	trickle irrigation; drip irrigation
riego por gravedad	gravity irrigation
riego por inundación	flood irrigation
riego por surcos	furrow irrigation
riego por surcos pequeños y próximos	corrugation irrigation
riego subterráneo	subirrigation; subsoil irrigation
riego superficial, de superficie	surface irrigation

riesgo	exposure
riesgo cambiario	exchange risk; foreign exchange risk
riesgo de pérdida por concepto de intereses	interest rate risk
riesgo que plantea el Estado prestatario	sovereign risk
riesgo soberano	sovereign risk
rizomas	rootstock crops; rhizomes
roca fosfatada	phosphate rock; rock phosphate
roce	ash farming; burn-beating; burning
rociado con tanque llevado a la espalda	knapsack spraying
rociado de muy bajo volumen	ultra low volume spraying
rodal	stand
rotación	turnover
rotación del inventario, de las existencias	inventory turnover
rotafolio	flip chart
roza	ash farming; burn-beating; burning
ruido de fondo	background noise
rulo, de	rainfed

- S -

sacar de apuros	to bail out
sacudimiento	shakeout (of the market)
salario	wage rate
salario de cuenta	shadow wages
salario de cuenta social	social shadow wage rate
salario de eficiencia	efficiency wage
salario de reserva	reservation salary, wage
salario monetario, nominal	money wage
salario neto	take-home pay
salario-producto	product wage
salario sombra	shadow wages
saldo acreedor no utilizado	unspent credit balance
saldo de, en caja	cash balance; cash holdings; cash in hand; cash on hand
saldo no utilizado	undrawn balance
saldo presupuestario	fiscal balance
saldo traspasado	balance carried forward
saldos en efectivo	balances
saldos pendientes	overhang
saldos que se traspasan	carryovers
saldos retenidos para cubrir operaciones a término, a plazo	balances held on a covered basis
saldos traspasados	carryovers
salegar	mineral lick; salt lick
salida en el orden de adquisición	first in, first out
salida en orden inverso al de adquisición	last in, first out
salida impresa	hard copy
saneamiento	sanitation
saneamiento ambiental	environmental health, sanitation
saneamiento de tierras	land reclamation
sanear	reclaim
satélite de exploración de los recursos terrestres	earth resources satellite
satélite para el estudio de los recursos terrestres	earth resources satellite
secano, de	rainfed
sección de evisceración	dressing section, hall
Secretario General Adjunto	Deputy Secretary General

sector de la construcción	construction sector
sector empresarial	corporate sector
sector estructurado	formal sector
sector informal, no estructurado	informal sector
sectores de producción primaria	commodity producing countries, sectors
seguimiento	follow-up; monitoring
seguimiento y evaluación	monitoring and evaluation
segunda línea de reservas	secondary reserves
según el criterio de registro de caja	on a cash basis
seguridad	security
seguridad alimentaria	food security
seguridad de tenencia, en el cargo	security of tenure
seguridad social	social insurance
seguridades aceptables para los bancos	bankable assurances
seguro contra todo riesgo	comprehensive insurance
seguro de desempleo	unemployment compensation, benefit
seguro de inversión	investment insurance
seguro multilateral de inversiones	multilateral investment insurance
seguro social	social insurance
selección	triage
selva tropical	rain forest
sellado superficial, de superficie	surface dressing
semilla básica	foundation seed
semilla certificada	certified seed
semilla del mejorador	breeder seed
semilla registrada	registered seed
semillas de campo	field seeds
semimontado	semiknocked down
señal de alerta, de prevención	warning signal
separación del servicio	separation
serie cronológica	time series
serie de beneficios	benefit stream
serie de disposiciones, equipos, proyectos, actividades, financiamiento	package
serie de medidas financieras	financial package
servicio	facility
Servicio Africano	African Facility
servicio bancario internacional	International banking facility
Servicio de Asistencia Especial	Special Assistance Facility

Servicio de financiamiento a largo plazo para la compra de bienes de capital por los países en desarrollo	Long-term Facility for Financing Purchases of Capital Goods by Developing Countries
Servicio de Financiamiento para Preparación de Proyectos	Project Preparation Facility
servicio de financiamiento transitorio	bridging facility
Servicio de Preparación de Proyectos para Africa	Africa Project Development Facility
servicio de préstamos en condiciones ordinarias, no concesionarias	hard loan window
servicio de sobregiro	overdraft facilities
Servicio Especial de Asistencia para Africa al Sur del Sahara	Special Facility for Sub-Saharan Africa
Servicio Especial de Financiamiento para Preparación de Proyectos	Special Project Preparation Facility
servicio mínimo	nominal service
servicio paraestatal	parastatal
servicio para préstamos concesionarios	soft loan window
servicios bancarios para consumidores	retail banking
servicios comunitarios de salud	community health services
servicios de apoyo	backstopping
servicios de crédito, crediticios	credit facilities
servicios no atribuibles a factores	non factor services
servicios no comerciales	nonmarket services
servicios públicos	public utilities
servidumbre de paso	right of way
sesgo	bias
sesión	sitting
SIBOR (tasa de oferta interbancaria de Singapur)	SIBOR
simientes de campo	field seeds
simplificación	streamlining
sin efecto sobre los recursos	resource-neutral
sin garantía	unsecured (note, loan, etc.)
sistema administrativo	administrative machinery
sistema cambiario	exchange system
sistema de alerta anticipada	early warning system
sistema (de amortización) de saldo decreciente	declining balance method; reducing charge method
sistema de capacitación y visitas	training and visit system
sistema de captación de rentas	rent-seeking
sistema de cultivo	cropping pattern

sistema de cultivo sin laboreo	zero tillage system
sistema de determinación de precios en función del costo más honorario	cost plus pricing system
sistema de distribución, de reparto	delivery system; supply system
sistema de dos sobres	two-envelope system
sistema de explotación agrícola	farming system
sistema de fijación de tipos, tasas de interés	pricing system
Sistema de información del Banco Mundial sobre los mercados de capital	World Bank Capital Markets System
sistema de información para la administración	management information system
sistema de licencias de importación	import licensing
sistema de modelos algebraicos generales	General Algebraic Modeling System
Sistema de notificación de la deuda al Banco Mundial	World Bank Debtor Reporting System
sistema de notificación de la deuda externa	external debt reporting system
sistema de participación en la gestión, administración	codetermination; comanagement; management participation system
sistema de planificación, programación y presupuestación	planning, programming, budgeting system
(sistema de) planificación y evaluación del desempeño (del funcionario)	Performance Planning and Review
sistema de presentación de informes	reporting system
sistema de prestación de servicios de salud	health delivery system
sistema de prestación, de suministro (de un servicio)	delivery system; supply system
sistema de seguridad social	social security scheme
sistema de tipos de interés basados en una cesta de empréstitos pendientes	Pool-Based Lending Rate System
sistema de votación ponderada	weighted voting system
sistema financiado con aportaciones	unfunded system
sistema financiado con fondos propios	fully funded system
Sistema Generalizado de Preferencias	Generalized System of Preferences
sistema internacional de garantías de crédito	international credit guarantee system
sistemas de crédito, crediticios	credit facilities
situación	status
situación de autosostenimiento	self-sustaining state

situación de balanza de pagos	balance of payments position
situación de efectivo, de liquidez	cash position
situación de las reservas	reserve position
situación de liquidez	liquidity position
situación de pagos (de un país)	payments position (of a country)
situación de pagos externos	external payment position
situación de pagos internacionales	international payments position
situación en materia de reservas de divisas	foreign exchange position
situación socioeconómica	socioeconomic status
sobrante	overhang
sobrecostos	cost overrun
sobreempleo	overemployment
sobreprecio	price premium
sobretasa	tax surcharge
sociedad anónima	stock corporation
sociedad cuyas acciones se cotizan en bolsa	publicly traded company
sociedad de ahorro y crédito	savings and loan association
sociedad de ahorro y préstamo	savings and loan association
sociedad de cartera, de inversiones	holding company
sociedad de inversión con número de acciones fijo	closed-end investment company, fund; investment trust
sociedad de inversiones	investment company, fund
sociedad de inversiones con número de acciones variable	open-end (investment) fund; unit trust
sociedad de responsabilidad limitada	limited liability company
sociedad de valores	securities dealer; securities firm
sociedad en comandita por acciones	joint stock company
sociedad ficticia	shell company
sociedad matriz	parent company
sociedad no accionaria	nonstock corporation
sociedad pública	public corporation
sociedad simple, colectiva	partnership
socorro	relief
solicitud de ingreso	membership application
solicitud de préstamo	loan application
solicitud de propuestas	request for proposal
solicitud de retiro de fondos (de la cuenta del préstamo o crédito)	application for withdrawal (from loan account or credit account)
solucción de compromiso	trade-off
solvencia	creditworthiness

sostén de la familia	breadwinner
sostén de precios	price support
subcapitalizado	undercapitalized
subcontratista	subcontractor
subcontratista propuesto	nominated subcontractor
subcontrato	subcontract
subdivisión política u organismo público (de un Estado Contratante)	constituent subdivision or agency (of a Contracting State)
subempleo	underemployment
subfacturación de exportaciones	underinvoicing of exports
subgarante	subunderwriter
subida por efecto de trinquete	ratcheting up
subinversión	underinvestment
subocupación	underemployment
subpréstamo	subloan
subpréstamo de aprobación autónoma	free-limit subloan
subprestatario	subborrower
subproyecto	subproject
subrasante	subgrade
subsidiaria en propiedad absoluta	wholly owned subsidiary
subsidio a las exportaciones	export subsidy
subsidio a las importaciones	import subsidy
subsidio a los consumidores	consumer subsidy
subsidio cruzado	cross subsidization
subsidio cruzado interno	internal cross subsidy
subsidio de explotación, de operación, de funcionamiento	operating subsidy
subsidio de instalación	settling-in grant
subsidio por lugar de destino difícil	hardship allowance
subsidio por reasentamiento, por reinstalación	resettlement grant
subsidio por traslado	relocation grant
subsidios de asistencia social	welfare payments
subvaloración de las facturas de exportación	underinvoicing of exports
subvención	grant-in-aid
subvención a los consumidores	consumer subsidy
subvención cruzada	cross subsidization
subvención de explotación, de operación, de funcionamiento	operating subsidy
subvención de intereses	interest subsidy, subsidization
subvención equilibradora	balancing subsidy

subvención para insumos	input subsidy
subvención para inversión	investment grant
subvención a las exportaciones	export subsidy
subvención a las importaciones	import subsidy
sueldos y salarios	salaries and wages
suelo(s) de fertilidad marginal, de baja fertilidad	marginal soil(s)
suficiencia de(l) capital	capital adequacy
sujeto al cobro, al pago de derechos	dutiable
sujetos (potenciales) del impuesto	tax handles
suma alzada	lump sum price
suministro de agua	water supply
superar el punto más bajo	bottom out (of a recession)
superávit de explotación, operación	operating surplus
superávit de las transacciones invisibles	surplus on invisibles
superávit presupuestario	budget surplus
superficie agrícola útil	useful farm space
superficie habitable	living area
superfosfato triple	triple superphosphate
superintendente de bancos	bank examiner
supervisión	monitoring
supervisión de un proyecto, de proyectos	project supervision
supervisión en línea	line management
supervisor directo, inmediato	line manager
Suplente	alternate; Deputy
suprimir	disestablish
suscripción de capital social, de capital accionario	equity subscription
suscripción en exceso de la emisión	oversubscription
suscripción inicial	initial subscription
suscripción no sujeta a restricciones	unrestricted subscription
suscriptor	underwriter
suspender por etapas, progresivamente	to phase out
suspensión de la ejecución (del laudo)	stay of enforcement
sustancias nutritivos(as)	nutrients
sustitución de importaciones	import substitution
sustitutivo; sustituto	proxy
swap	swap
swap de monedas	currency swap

- T -

tabla de insumo-producto	input-output table
tanque de inmersión	dipping tank
tanque séptico	septic tank
tanto alzado	lump sum price
tarifa	tariff schedule; tariffs
tarifa mínima, vital	lifeline tariff
tarifa uniforme, a tanto alzado	flat rate
tarifas	charges
tarifas de agua	water charges
tarifas portuarias	port charges, tariffs
tasa activo(a)	lending rate
tasa bruta de matrícula (primaria)	gross (primary) enrollment ratio
tasa bruta de mortalidad	crude death rate
tasa bruta de natalidad	crude birth rate
tasa central	key money rate; central rate
tasa compuesta de crecimiento	compound rate of growth
tasa crítica de rentabilidad	hurdle rate
tasa cruzada	cross rate
tasa de aceptación	acceptance rate (by beneficiaries of a project)
tasa de actividad	labor force penetration; labor force participation rate
tasa de actualización	discount rate
tasa de actualización de equilibrio	crossover discount rate; equalizing discount rate
tasa de asimiliación de conocimientos	learning rate
tasa de atrición	attrition rate
tasa de carga	stocking rate
tasa de continuidad de utilización	continuation rate
tasa de descuento de cuenta, sombra	shadow discount rate
tasa de deserción	waste; wastage; dropout rate
tasa de desgaste, de eliminación	attrition rate
tasa de emisión	coupon rate (of a bond)
tasa de extracción	offtake rate
tasa de fecundidad	fertility rate
tasa de fecundidad total	total fertility rate
tasa de inflación de 10% o más	two digit inflation; double digit inflation
tasa de inflación de dos dígitos	two digit inflation; double digit inflation

tasa de integración	domestic content ratio
tasa de interés del consumo	consumption rate of interest
tasa de interés efectivo(a)	effective interest rate
tasa de interés inmodificable	locked in interest rate
tasa de interés negativa	negative interest rate
tasa de interés sobre los depósitos	depositor rate of interest; borrowing rate
tasa de interés sobre los préstamos	lending rate
tasa del mercado monetario	money market rate
tasa de los fondos comunes de inversiones	money market rate
tasa de matrícula	enrollment ratio
tasa de parición	calving rate
tasa de preferencia pura en el tiempo	rate of pure time preference
tasa de preferencia social en el tiempo	social time preference rate
tasa de promoción	pass rate
tasa de redescuento	discount rate
tasa de rendimiento	yield rate
tasa de rendimiento económico, de rentabilidad económica	economic rate of return; economic internal rate of return
tasa de rendimiento financiero, de rentabilidad financiera	financial rate of return; internal rate of financial return;
tasa de rentabilidad, de rendimiento	rate of return
tasa de rentabilidad aceptable, de desistimiento	cut off rate (of return)
tasa de rentabilidad de equilibrio	equalizing rate of return
tasa de rentabilidad interna	internal rate of return
tasa de rentabilidad social	social rate of return
tasa de repetición	repeater rate
tasa de reproducción neta	net reproduction rate
tasa de retención	retention rate; grade ratio
tasa de supervivencia escolar	survival rate
tasa diferencial de rentabilidad	incremental rate of return
tasa límite de rentabilidad aceptable	cut off rate (of return)
tasa oficial de descuento	bank rate
tasa pasivo(a)	depositor rate of interest; borrowing rate
tasa preferencial a largo plazo	long-term prime rate
tasa uniforme, a tanto alzado	flat rate
tasa preferencial	prime rate
tasa tendencial	trend rate
tasa vigente en el mercado	prevailing market rate
tasación para fines impositivos	tax assessment
tasación pericial	expert appraisal
tasas arancelarios	tariff rates

tasas de interés clave	key interest rates
técnica de evaluación y revisión de programas	program evaluation and review technique
técnica de variables múltiples	multivariate technique
técnicas de cultivo	farming techniques
técnico agrícola	agriculturist
técnico especializado	subject matter specialist
tecnología apropiada	appropriate technology
tecnología avanzada, de vanguardia	frontier technology
tecnología de estado sólido	solid state technology
tecnología de semiconductores, de transistores	solid state technology
teledetección; teleobservación	remote sensing
temario anotado	annotated agenda
Temas del Banco Mundial	issues paper
temporal, de	rainfed
tendencia	bias
tendencia a condiciones de préstamo más gravosas	hardening of loan terms
tendencia a muy largo plazo	secular trend
tendencia alcista, ascendente	upward trend
tendencia descendente	downward trend
tendencia hacia categorías más altas de clasificación del personal	grade creep
tendencia intrínseca	built-in tendency
tenedor de bonos	bondholder
tenencias	holdings
tenencias en oro	gold holdings
tenencias oficiales	official holdings
tensión debida a la sequía	drought stress
teoría cuantitativa del dinero	quantity theory of money
teoría de las colas	queueing theory
teoría del control del dinero implicado	implied money control theory
terapia de rehidratación oral	oral rehydration therapy
Tercera Ventanilla	Third Window
terminación	termination
terminación de las instalaciones	mechanical completion
terminación del derecho a financiamiento del Banco	graduation
terminar	terminate
términos corrientes, en	in current terms
términos de intercambio	terms of trade

términos de referencia	terms of reference
términos de referencia (de un estudio)	terms of reference
términos reales, en	in real terms
terraplén	bund
terraplén en curva de nivel	contour bund
terreno aluvial, de aluvión	floodplain
terreno comprendido, cubierto	site coverage
terreno no parcelado	unsubdivided plot
testigo	drill core
tiempo compartido	time sharing
tiempo de inactividad	down time
tiempo de rotación, del viaje de ida y vuelta	turnaround (time)
tiempo mayor que el plazo previsto	time overrun
tiempo menor que el plazo previsto	time underrun
tiempo necesario para un servicio	turnaround (time)
tierra de pastoreo	rangeland
timbre fiscal	revenue stamp
tipo activo(a)	lending rate
tipo central	key money rate; central rate
tipo cruzado	cross rate
tipo de alojamiento	accommodation type
tipo de cambio al contado	spot exchange rate
tipo de cambio a término, a plazo	forward exchange rate
tipo de cambio central	central rate
tipo de cambio comprador	buying rate of exchange
tipo de cambio de cuenta	shadow exchange rate; shadow pricing of the exchange rate
tipo de cambio de equilibrio	equilibrium exchange rate
tipo de cambio efectivo	effective exchange rate
tipo de cambio efectivo nominal	nominal effective exchange rate
tipo de cambio efectivo real	real effective exchange rate
tipo de cambio flotante	floating rate
tipo de cambio interno	internal exchange rate; modified Bruno ratio
tipo de cambio mínimo	floor rate of exchange
tipo de cambio sombra	shadow exchange rate; shadow pricing of the exchange rate
tipo de interés contable	accounting rate; accounting rate of interest
tipo de interés de cuenta	shadow rate of interest
tipo de interés del consumo	consumption rate of interest

tipo de interés efectivo(a)	effective interest rate
tipo de interés inmodificable	locked in interest rate
tipo de interés negativo	negative rate of interest
tipo de interés real ex post	ex post real interest rate
tipo de interés sobre los depósitos	depositor rate of interest; borrowing rate
tipo de interés sobre los préstamos	lending rate
tipo de interés sombra	shadow rate of interest
tipo de interés variable basado en una cesta de empréstitos pendientes	pool-based variable lending rate
tipo (de interés) vigente	standard rate (of interest)
tipo de redescuento	discount rate
tipo oficial de descuento	bank rate
tipo para fines contables	accounting rate
tipo pasivo(a)	depositor rate of interest; borrowing rate
tipo preferencial	prime rate
tipo preferencial a largo plazo	long-term prime rate
tipo vigente en el mercado	prevailing market rate
tipos cruzados dispares	broken cross rates
tipos de cambio concordantes	unified cross rates
tipos de interés clave	key interest rates
título	security
(título de) crédito	claim
título de crédito	financial claim
títulos del mercado monetario	money market paper
títulos de organismos federales	agency securities, obligations
toma (de agua)	intake
toma de agua	standpipe; standpost; hydrant
toma de fuerza	power takeoff
tonelada de equivalente en carbón	ton of coal equivalent
tonelada de equivalente en petróleo	ton of oil equivalent
tonelada en seco, secada al aire	air dried ton
toneladas de peso muerto	deadweight tonnage
tonelaje (de registro) bruto	gross (register) tonnage
tonelaje de registro neto	net register tonnage
tope de crédito	credit limit; credit ceiling
tope de los tipos de interés	interest rate cap
torre de perforación petrolera	oil (drilling) rig, platform
torta de estiércol	dung cake
torta (de semillas) oleaginosa(s)	oilcake
total neto de los giros	outstanding drawings
trabajador ambulante	unlocated worker
trabajador a nivel de poblado	village level worker

trabajador calificado	skilled worker
trabajador de extensión, de divulgación	outreach worker
trabajador de salud de la comunidad	community health worker
trabajador no sindicado	unorganized worker
trabajador por cuenta propia, independiente, autónomo	self-employed person
trabajador semicalificado	semiskilled worker
trabajadores ocasionales	casual labor
trabajo a destajo	jobbing
trabajo en, sobre el terreno	field work
trabajos de urbanización	site development
traducción de monedas	currency translation
tráfico de detalle	less than carload freight
tráfico de regreso	backhaul traffic
tráfico directo; tráfico en tránsito	through traffic
tráfico generado	generated traffic
tramitación	processing
tramitación del (de un) préstamo	loan processing
tramo impositivo	tax bracket
transacción	trade-off
transacción cubierta contra riesgos cambiarios	currency-hedged transaction
transacción fuera de mercado	off-market transaction
transacciones de personas iniciadas	insider dealing
transacciones entre grandes bancos y entre éstos y otras instituciones financieras, interbancarias	wholesale banking
transacciones invisibles	invisible transactions
transferencia con, de contrapartida	requited transfer
transferencia de activos (de una sociedad) a cambio de accion	spinoff
transferencia de capital	capital transfer
transferencia electrónica de fondos	electronic funds transfer
transparencia fiscal	fiscal transparency
transferencia inversa de tecnología	reverse transfer of technology
transferencia sin contrapartida	unrequited transfer
transferencia unilateral	unrequited transfer
transferencias	remittances
transformación	processing
transformación de la carne	meat processing
transitable	serviceable
transparencia	transparency

transporte de productos empacados	nonbulk traffic
transporte entre terminales	line-haul
transporte marítimo	shipping
transporte multimodal	multimodal transport
traslación del impuesto	shifting of tax
traspaso de intereses	divestiture
tratamiento	processing
tratamiento ambulatorio	outpatient treatment
tratamiento superficial	surface dressing
trazar	to peg out
tregua tributaria	tax holiday
tren bloque	block train
trenes unidades	unit trains
triaje	triage
Tribunal de Arbitraje	Arbitral Tribunal
tribunales competentes o cualquier otra autoridad (para ejecutar laudos)	competent court or other authority (to enforce awards)
trimestre del año civil	calendar quarter
trueque de tipos de interés	interest (rate) swap
tubérculo feculento	starchy root crop
tubería de presión, de carga	penstock

- U -

umbral de pobreza	poverty line; poverty income threshold
unidad agrícola, de explotación agrícola	farming unit
unidad contable	accounting unit
unidad de administración del proyecto	project management unit
unidad de capacitación práctica	training production unit
unidad de cuenta	numeraire; unit of account
unidad de cuenta basada en una cesta de monedas	basket unit of account
unidad de cuenta europea	European Unit of Account
unidad de eficiencia	efficiency unit
unidad de extensión (agrícola)	field unit
unidad de ganado	animal unit
unidad de ganado tropical	tropical cattle unit
unidad del proyecto	project unit
unidad de moneda fronteriza	border currency (unit)
unidad de producción	unit of output
unidad forrajera	feed unit; forage unit
unidad ganadera	cattle unit
unidad mínima de vivienda	core housing; nuclear housing
unidad monetaria	currency unit
unidad monetaria compuesta	composite currency unit
unidad monetaria europea	European Currency Unit
unidad móvil de formación, de capacitación	mobile training unit
unidades de 20 pies (de contenedores)	twenty equivalent units
unión	pooling
urbanización	development; land development
urbanización de lotes	plot servicing
urbanizador	real estate developer
uso de contenedores	containerization
uso de (los) fondos	application of funds
uso de recursos por el gobierno	financial claims of government
uso fácil, de	user friendly
uso final	end use (of a commodity)
uso intensivo de energía, de	energy-intensive
uso intensivo de mano de obra, de	labor-intensive
usuario	consumer

utilidad bruta de operación, de explotación	gross operating profit
utilidad imprevista, extraordinaria	windfall profit
utilidad marginal	marginal utility
utilidad sobre la venta de inversiones	profit on sales of investments
utilidad(es)	earnings
utilidades acumuladas	accumulated profit
utilidades de explotación, de operación	operating income, profit
utilidades en libros	paper profit
utilidades netas	net income
utilidades netas derivadas de un proyecto	project rent
utilidades no distribuidas	retained earnings; earned surplus
utilidades no distribuidas y no asignadas	unappropriated (earned) surplus
utilidades reinvertidas	plowed-back profits
utilización	drawdown
utilización del capital	drawdown of equity
utilización de (los) fondos	application of funds
utilización de recursos	claim (on resources)
utilización escalonada de energía	energy cascading
utilizar fondos	to draw (funds)

- V -

vaca de desecho	culled cow
vado pavimentado	submerged bridge
valor	security
valor actual de una anualidad constante	present worth of an annuity factor
valor actual neto a precios económicos	net present value in efficiency prices
valor actual, actualizado	present value, worth
valor agregado, añadido en el país	domestic value added
valor a la par, nominal	par value
valor comercial, de mercado	market value
valor contable, en libros	book value
valor crítico	switching value
valor de liquidación, de realización	selling value
valor del producto marginal	marginal value product
valor de primera clase	prime bill; blue chip; blue chip security
valor de protección	hedge
valor de realización	exit value; current exit value; net realizable value
valor de recuperación, de rescate	salvage value
valor de reposición	current (entry) value; replacement value; current cost
valor de venta forzosa	forced sale value; liquidation value
valor en boca de mina	minehead price
valor en razón de la escasez	scarcity value
valor esperado	expected value
valor estimado de la cartera	evaluated portfolio
valor imputado	imputed value
valor inicial	historical cost
valor neto actual, actualizado	net present worth, value
valor neto actualizado	net discounted value
valor nominal	face value
valor oro	gold value
valor residual, de desecho	scrap value
valor social neto actual, actualizado	social net present value
valor temporal del dinero	time value of money
valor unitario	unit value
valoración aduanera	valuations for customs purposes
valores	paper
valores acreditados	seasoned securities

valores a más largo plazo ofrecidos continuamente	Continuously Offered Longer-Term Securities
valores corrientes	standard values
valores del Estado	government securities
valores del mercado monetario	money market paper
valores de primer orden	gilt-edged securities
valores de segundo orden	secondary securities
valores en cartera	portfolio securities
valores en circulación	outstanding bonds, securities, shares, stock
valores estándar	standard values
valores extrabursátiles, fuera de bolsa	over-the-counter securities
valores financieros	financial paper
valores negociables	eligible paper; marketable securities
valores normales	standard values
valores públicos	government securities
valorización	appreciation (in value)
variable ficticia, artificial, simulada	dummy variable
variable independiente, predictiva	predictor; predicated, independent, explanatory variable; fixed variate; regressor
variaciones estacionales	seasonal movements
variante	alternative
variedad pura	true to type variety; pure variety
vehículo de tracción en las cuatro ruedas	four-wheel drive vehicle
velocidad de diseño, nominal	design speed
vencimientos a menos de un año	current maturities
vencimiento (de un préstamo, obligación, etc.)	maturity (of a loan, bond, etc.)
vencimiento de un día para otro	overnight maturity
venta (de una empresa)	divestiture
venta a cualquier precio, de urgencia	distress sale, selling
venta a plazos	extended payment plan
venta con prima	premium sale
venta de bienes embargados, secuestrados	distress sale, selling
venta de un crédito fuera del consorcio	sell down
venta de valores en cartera	portfolio sale
venta de vencimientos de préstamos	sale of loan maturities
venta simple, al contado	outright sale
venta sin compromiso de garantía de emisión	"best efforts" sale
venta sin recurso de rescisión,	no recourse sale

irrevocable

ventaja comparativa	comparative advantage
ventaja relativa	trade-off
ventajas sociales, colectivas	social advantages
ventanilla para préstamos concesionarios	soft loan window
ventas	merchandising
verificación	monitoring
verificación de cuentas	audit
verificación de prueba	test check
verificar cuentas	to audit
vía de comercialización	channel
vía de servicio	service road
vía navegable	waterway
viaje de observación, estudio, etc.	field trip
viajero frecuente o cotidiano (por razones de trabajo, de negocios)	commuter
viático	subsistence allowance
vida útil	useful life; economic life; life (of a project)
vida útil de un proyecto	project life
vigencia de un préstamo	life of a loan
vigilancia	monitoring
vinculación de los salarios con los precios	wage-price indexing
vinculación regresiva	backward integration, linkage
vinculación vertical	backward-forward integration, linkage
vinculaciones y efectos externos	externalities and linkages
vincular	to peg (prices, interest rates)
vínculo móvil	crawling peg
violación de contrato	breach of contract
visión hacia el futuro, con	forward-looking
vivienda ilegal	illegal housing
vivienda mínima	core housing; nuclear housing; dwelling core
vivienda semipermanente	semipermanent housing
viviendas multifamiliares	multidwelling houses
volumen de deserción	waste; wastage
volumen de material elaborado	throughput
volumen de negocios	turnover
votación formal	formal vote
votación sin convocar a reunión	vote without meeting
votos de adhesión	membership votes

- X -

xenodivisas; xenomonedas   xenocurrencies

- Y -

yacimiento de carbón	coal field
yacimiento geotérmico	geothermal deposit
yacimiento rentable	commercial deposit
yacimiento submarino, mar adentro	offshore field

- Z -

zona bajo riego controlado	command area
zona con servicios	serviced area, lot, site
zona de captación, de influencia	catchment area; catch basin
zona de contratación de mano de obra	labor shed
zona de libre comercio	free trade area
zona del proyecto	project area
zona de soberanía económica	exclusive economic zone
zona en desarrollo	development area
zona expropiada	right of way
zona franca	free trade zone
zona franca industrial	export processing zone
zona industrial	industrial estate, park
zona industrial en régimen de franquicia aduanera	bonded industrial estate
zona infestada, de infestación	infected area
zonas de ocupantes sin título	squatter area, settlement
zootecnia	animal husbandry

Organizations
Organizaciones

Organizations/*Organizaciones*

<u>(* = World Bank and Associated Bodies/** = CGIAR and associated bodies)</u>

Abu Dhabi Fund for Arab Economic Development - ADFAED
Fondo de Abu Dhabi para el Desarrollo Económico Arabe - **FADDEA**

African, Caribbean and Pacific States - ACP
Estados de Africa, el Caribe y el Pacífico - ACP

African Development Bank - ADB, AfDB
Banco Africano de Desarrollo - BAfD

African Development Fund - ADF, AfDF
Fondo Africano de Desarrollo - FAD

African and Mauritian Union of Development Banks - UAMBD
Unión Africana y Mauriciana de Bancos de Desarrollo - UAMBD

African Management Services Company - AMSC
Compañía de Servicios de Gestión Empresarial para Africa

(United States) Agency for International Development - AID, USAID
Agencia para el Desarrollo Internacional (Estados Unidos) - **AID, USAID**

Andean Development Corporation - ADC
Corporación Andina de Fomento - CAF

Arab Bank for Economic Development in Africa - ABEDA
Banco Arabe para el Desarrollo Económico de Africa - BADEA

Arab Centre for the Studies of Arid Zones and Dry Lands - ACSAD
Centro Arabe para el Estudio de las Zonas Aridas y las **Tierras de Secano**

Arab Fund for Economic and Social Development - AFESD
Fondo Arabe para el Desarrollo Económico y Social - FADES

Asian Development Bank - ADB, AsDB
Banco Asiático de Desarrollo - BAsD

Association of African Development Finance Institutions - AADFI
Asociación Africana de Instituciones Financieras de Desarrollo - **AAIFD**

Australian Development Assistance Bureau - ADAB
Oficina Australiana de Asistencia para el Desarrollo - OAAD

Bank for International Settlement - BIS
Banco de Pagos Internacionales - BPI

Belgian Administration for Development Cooperation - AGCD
Administración de Cooperación para el Desarrollo (Bélgica) - ACD

Caisse Centrale de Coopération Economique - CCCE
Caja Central de Cooperación Económica (Francia) - CCCE

Canadian International Development Agency - CIDA
Agencia Canadiense de Desarrollo Internacional - CIDA

Caribbean Community - CARICOM
Comunidad del Caribe - CARICOM

Caribbean Development Bank - CDB, CARIBANK
Banco de Desarrollo del Caribe - BDC

Center for Latin American Monetary Studies - CEMLA
Centro de Estudios Monetarios Latinoamericanos - CEMLA

Central African Customs and Economic Union - UDEAC
Unión Aduanera y Económica del Africa Central - UDEAC

Central American Bank for Economic Integration - CABEI
Banco Centroamericano de Integración Económica - BCIE

Central American Common Market - CACM
Mercado Común Centroamericano - MCCA

Central Bank of West African States - BCEAO
Banco Central de los Estados del Africa Occidental - BCEAO

Common African and Mauritian Organization - OCAM
Organización Común Africana y Mauriciana - OCAM

Commonwealth Development Corporation - CDC
Corporación de Desarrollo del Commonwealth (Reino Unido) - CDC

**Consultative Group on International Agricultural Research - CGIAR
Grupo Consultivo sobre Investigaciones Agronómicas Internacionales - GCIAI

Council of Europe
Consejo de Europa

Council for Mutual Economic Assistance - CMEA, COMECON
Consejo de Asistencia Económica Mutua - CAEM, COMECON

Danish International Development Agency - DANIDA
Organismo Danés de Desarrollo Internacional - DANIDA

Development Assistance Committee (OECD) - DAC
Comité de Asistencia para el Desarrollo - CAD

Bank of Central African States - BEAC
Banco de los Estados del Africa Central - BEAC

Eastern and Southern African Management Institute - ESAMI
Instituto de Gestión de Africa Oriental y Meridional - ESAMI

Economic and Social Commission for Asia and the Pacific - ESCAP
Comisión Económica y Social para Asia y el Pacífico - CESPAP

Economic Commission for Africa - ECA
Comisión Económica para Africa - CEPA

Economic Commission for Europe - ECE
Comisión Económica para Europa - CEPE

Economic Commission for Latin America and the Caribbean - ECLAC
Comisión Económica para América Latina y el Caribe - CEPAL

*Economic Development Institute - EDI
Instituto de Desarrollo Económico - IDE

European Communities - EC
Comunidades Europeas - CE

European Development Fund - EDF
Fondo Europeo de Desarrollo - FED

European Economic Community - EEC
Comunidad Económica Europea - CEE

European Investment Bank - EIB
Banco Europeo de Inversiones - BEI

Export Development Corporation (Canada) - EDC
Corporación de Fomento de las Exportaciones (Canadá) - CFE

Finnish Department of International Development Cooperation - FINNIDA
Organismo Finlandés de Desarrollo Internacional - FINNIDA

Fonds d'Aide et de Coopération - FAC
Fondo de Ayuda y Cooperación (Francia) - FAC

Food and Agricultural Organization of the United Nations - FAO
Organización de las Naciones Unidas para la Agricultura y la Alimentación - FAO

General Agreement on Tariffs and Trade - GATT
Acuerdo General sobre Aranceles Aduaneros y Comercio - GATT

German Agency for Technical Cooperation - GTZ
Sociedad Alemana de Cooperación Técnica - GTZ

Inter-American Development Bank - IDB
Banco Interamericano de Desarrollo - BID

International Atomic Energy Agency - IAEA
Organismo Internacional de Energía Atómica - OIEA

*International Bank for Reconstruction and Development - IBRD
Banco Internacional de Reconstrucción y Fomento - BIRF

**International Board for Plant Genetic Resources - IBPGR
Junta Internacional de Recursos Fitogenéticos - IBPGR

**International Center for Agricultural Research in the Dry Areas - ICARDA
Centro Internacional de Investigaciones Agronómicas en Zonas Aridas - ICARDA

**International Center for Maize and Wheat Improvement - CIMMYT
Centro Internacional de Mejoramiento de Maíz y Trigo - CIMMYT

*International Center for Settlement of Investment Disputes - ICSID
Centro Internacional de Arreglo de Diferencias Relativas a Inversiones - CIADI

**International Center for Tropical Agriculture - CIAT
Centro Internacional de Agricultura Tropical - CIAT

International Centre of Insect Physiology and Ecology - ICIPE
Centro Internacional de Fisiología y Ecología de los Insectos - ICIPE

International Civil Aviation Organization - ICAO
Organización de Aviación Civil Internacional - OACI

**International Crops Research Institute for the Semi-Arid Tropics - ICRISAT
Instituto Internacional de Investigaciones sobre Cultivos en los Trópicos Semiáridos - ICRISAT

*International Development Association - IDA
Asociación Internacional de Fomento - AIF

International Development Research Centre - IDRC
Centro Internacional de Investigaciones para el Desarrollo - CIID

International Energy Agency - IEA
Organismo Internacional de Energía - OIE

*International Finance Corporation - IFC
Corporación Financiera Internacional - CFI

**International Food Policy Research Institute - IFPRI
Instituto Internacional de Investigaciones sobre Política Alimentaria - IFPRI

International Fund for Agricultural Development - IFAD
Fondo Internacional de Desarrollo Agrícola - FIDA

**International Institute of Tropical Agriculture - IITA
Instituto Internacional de Agricultura Tropical - IITA

**International Laboratory for Research on Animal Diseases - ILRAD
Laboratorio Internacional de Investigaciones sobre Enfermedades Animales - ILRAD

International Labour Office - ILO
Oficina Internacional del Trabajo - OIT

International Labour Organization - ILO
Organización Internacional del Trabajo - OIT

**International Livestock Centre for Africa - ILCA
Centro Internacional de Producción Pecuaria de Africa - ILCA

International Maritime Organisation - IMO
Organización Marítima Internacional - OMI

International Monetary Fund - IMF
Fondo Monetario Internacional - FMI

International Planned Parenthood Federation - IPPF
Federación Internacional de Planificación de la Familia

**International Potato Center - CIP
Centro Internacional de la Papa - CIP

**International Rice Research Institute - IRRI
Instituto Internacional de Investigaciones sobre el Arroz - IRRI

**International Service for National Agricultural Research - ISNAR
Servicio Internacional para la Investigación Agrícola Nacional - ISNAR

International Telecommunications Union - ITU
Unión Internacional de Telecomunicaciones - UIT

Islamic Development Bank - IsDB
Banco Islámico de Desarrollo - BIsD

Kreditanstalt für Wiederaufbau - KfW
Kreditanstalt für Wiederaufbau - KfW

Kuwait Fund for Arab Economic Development - KFAED
Fondo Kuwaití para el Desarrollo Económico Arabe - FKDEA

Latin American Energy Organization - OLADE
Organización Latinoamericana de Energía - OLADE

Latin American Integration Association - ALADI
Asociación Latinoamericana de Integración - ALADI

*Multilateral Investment Guarantee Agency - MIGA
Organismo Multilateral de Garantía de Inversiones - OMGI

Netherlands Ministry for Development Cooperation - NMDC
Ministerio de Cooperación para el Desarrollo (Países Bajos) - MCD

Norwegian Agency for International Development - NORAD
Organismo Noruego de Desarrollo Internacional - NORAD

Office for Emergency Operations in Africa - OEOA
Oficina de Operaciones de Emergencia en Africa - OOEA

OPEC Fund for International Development
Fondo OPEP para el Desarrollo Internacional

Organization of African Unity - OAU
Organización de la Unidad Africana - OUA

Organization of American States - OAS
Organización de los Estados Americanos - OEA

Organization of Eastern Caribbean States - OECS
Organización de Estados del Caribe Oriental - OECO

Organization for Economic Cooperation and Development - OECD
Organización de Cooperación y Desarrollo Económicos - OCDE

Organization of Petroleum Exporting Countries - OPEC
Organización de Países Exportadores de Petróleo - OPEP

Overseas Development Administration (United Kingdom) - ODA
Administración de Desarrollo de Ultramar (Reino Unido) - ADU

Overseas Economic Cooperation Fund (Japan) - OECF
Fondo de Cooperación Económica a Ultramar (Japón) - OECF

Pan American Health Organization - PAHO
Organización Panamericana de la Salud - OPS

Permanent Inter-State Committee for Drought Control in the Sahel - CILSS
Comité Interestatal Permanente de Lucha contra la Sequía en el Sahel - CILSS

Saudi Arabian Monetary Agency - SAMA
Instituto Monetario de Arabia Saudita - SAMA

Saudi Fund for Development - SFD
Fondo Saudita para el Desarrollo - FSD

Society for International Development - SID
Sociedad Internacional para el Desarrollo - SID

Southern African Development Co-ordination Conference - SADCC
Conferencia para la Coordinación del Desarrollo de Africa Meridional - SADCC

Swedish International Development Authority - SIDA
Agencia Sueca para el Desarrollo Internacional - SIDA

Swiss Development Corporation - SDC
Sociedad Suiza para el Desarrollo - SSD

United Nations Capital Development Fund - UNCDF
Fondo de las Naciones Unidas para el Desarrollo de la Capitalización - FNUDC

United Nations Centre for Human Settlements - HABITAT
Centro de las Naciones Unidas para los Asentamientos Humanos - HABITAT

United Nations Centre on Transnational Corporations - UNCTC
Centro de las Naciones Unidas sobre las Empresas Transnacionales - UNCTC

United Nations Children's Fund - UNICEF
Fondo de las Naciones Unidas para la Infancia - UNICEF

United Nations Conference on Science and Technology for Development - UNCSTD
Conferencia de las Naciones Unidas sobre Ciencia y Tecnología para el Desarrollo - UNCSTD

United Nations Conference on Trade and Development - UNCTAD
Conferencia de las Naciones Unidas sobre Comercio y Desarrollo - UNCTAD

United Nations Development Program - UNDP
Programa de las Naciones Unidas para el Desarrollo - PNUD

United Nations Educational, Scientific and Cultural Organization - UNESCO
Organización de las Naciones Unidas para la Educación, la Ciencia y la Cultura - UNESCO

United Nations Emergency Operations - UNEO
Operación de emergencia de las Naciones Unidas

United Nations Environment Programme - UNEP
Programa de las Naciones Unidas para el Medio Ambiente - PNUMA

United Nations Financing System for Science and Technology for Development - UNFSTD
Sistema de las Naciones Unidas de Financiación de la Ciencia y la Tecnología para el Desarrollo

United Nations Fund for Population Activities - UNFPA
Fondo de las Naciones Unidas para Actividades en Materia de Población - FNUAP

United Nations Industrial Development Organization - UNIDO
Organización de las Naciones Unidas para el Desarrollo Industrial - ONUDI

United Nations Institute for Training and Research - UNITAR
Instituto de las Naciones Unidas para la Formación Profesional y la Investigacion - UNITAR

United Nations Interim Fund on Science and Technology for Development - UNIFSTD
Fondo Provisional de las Naciones Unidas para la Ciencia y la Tecnología para el Desarrollo - FPNUCTD

United Nations Office for Emergency Operations in Africa *see* Office for Emergency Operations in Africa

United Nations Sudano-Sahelian Office - UNSO
Oficina de las Naciones Unidas para la región sudanosaheliana - ONUS

West African Development Bank - BOAD
Banco de Desarrollo del Africa Occidental- BAOD

West African Monetary Union - UMOA, WAMU
Unión Monetaria del Africa Occidental - UMAO

**West Africa Rice Development Association - WARDA
Asociación del Africa Occidental para el Fomento del Arroz - WARDA

*World Bank
Banco Mundial

World Energy Conference - WEC
Conferencia Mundial de la Energía - CME

World Food Council - WFC
Consejo Mundial de la Alimentación - CMA

World Food Programme - WFP
Programa Mundial de Alimentos - PMA

World Health Organization - WHO
Organización Mundial de la Salud - OMS

Acronyms (English)
Siglas (inglés)

Acronyms (English)/*Siglas (inglés)*

AADFI	Association of African Development Finance Institutions
AADT	annual average daily traffic
ABEDA	Arab Bank for Economic Development in Africa
ACP	African, Caribbean and Pacific States
ACP	African, Caribbean and Pacific
ACSAD	Arab Centre for the Studies of Arid Zones and Dry Lands
ADAB	Australian Development Assistance Bureau
ADB	African Development Bank
ADB	Asian Development Bank
ADC	Andean Development Corporation
ADF	African Development Fund
ADFAED	Abu Dhabi Fund for Arab Economic Development
ADT	average daily traffic
AEO	agricultural extension officer
AFESD	Arab Fund for Economic and Social Development
AfDB	African Development Bank
AfDF	African Development Fund
AGCD	Belgian Administration for Development Cooperation
AID	(United States) Agency for International Development
ALADI	Latin American Integration Association
AMSC	African Management Services Company
APDF	Africa Project Development Facility
ARI	accounting rate of interest
AsDB	Asian Development Bank
AT	appropriate technology
AU	animal unit
BCEAO	Central Bank of West African States
bdoe	barrels per day of oil equivalent
BEAC	Bank of Central African States
BIS	Bank for International Settlement
BOAD	West African Development Bank
BOD	biochemical oxygen demand
BOD5	biochemical oxygen demand over five days
boe	barrels of oil equivalent
BTO	back-to-office report
BTU	British Thermal Unit
CABEI	Central American Bank for Economic Integration

CACM	Central American Common Market
CAD	computer aided design
CAI	computer aided instruction
CAM	computer aided manufacture
CARIBANK	Caribbean Development Bank
CARICOM	Caribbean Community
CBR	crude birth rate
CCCE	Caisse Centrale de Coopération Economique
CCF	consumption conversion factor
CCL	critical consumption level
CDB	Caribbean Development Bank
CDC	Commonwealth Development Corporation
CEM	country economic memorandum
CEMLA	Center for Latin American Monetary Studies
CES	constant elasticity of substitution
CESW	country economic and sector work
CGE	computable general equilibrium model
CGIAR	Consultative Group on International Agricultural Research
CHW	community health worker
CIAT	International Center for Tropical Agriculture
CIDA	Canadian International Development Agency
CIF	cost, insurance and freight
CILSS	Permanent Inter-State Committee for Drought Control in the Sahel
CIMMYT	International Center for Maize and Wheat Improvement
CIP	International Potato Center
CIR	country implementation review
CKD	completely knocked down
CMEA	Council for Mutual Economic Assistance
CMS	World Bank Capital Markets System
c.o.b.	close of business
CODAM	Committee on Directors' Administrative Matters
COLTS	Continuously Offered Longer-Term Securities
COMECON	Council for Mutual Economic Assistance
c/p	charter party
CPE	centrally planned economy
CPI	consumer price index
CPM	critical path method
CPP	country program paper
CRF	capital recovery factor
CRI	consumption rate of interest
DAC	Development Assistance Committee (OECD)
DACON	Data on Consulting Firms

DANIDA	Danish International Development Agency
DCF	discounted cash flow
DFC	development finance company
DFI	development finance institution
DRC	domestic resource cost
DRCC	domestic resource cost coefficient
DWT	deadweight tonnage
EC	European Communities
ECA	Economic Commission for Africa
ECE	Economic Commission for Europe
ECLAC	Economic Commission for Latin America and the Caribbean
ECU	European Currency Unit
EDC	Export Development Corporation (Canada)
EDF	European Development Fund
EDF	export development fund
EDI	Economic Development Institute
EEC	European Economic Community
EEZ	exclusive economic zone
EFT	electronic funds transfer
EIB	European Investment Bank
EIRR	economic internal rate of return
ENVP	net present value in efficiency prices
EPC	effective protection coefficient
EPZ	export processing zone
ERP	export rehabilitation project
ERR	economic rate of return
ESAMI	Eastern and Southern African Management Institute
ESCAP	Economic and Social Commission for Asia and the Pacific
ESMAP	Energy Sector Management Assistance Programme
ESW	economic and sector work
EUA	European Unit of Account
FAC	Fonds d'Aide et de Coopération
FAO	Food and Agricultural Organization of the United Nations
FAS	free alongside ship
FCL	full container load
FFB	fresh fruit bunch
FIFO	first in, first out
FINNIDA	Finnish Department of International Development Cooperation
fio	free in and out
FIRR	financial internal rate of return
FOB, fob	free on board
foq	free on quay

fow	free on wharf
FTZ	free trade zone
GAMS	General Algebraic Modeling System
GATT	General Agreement on Tariffs and Trade
GCI	General Capital Increase
GDI	gross domestic investment
GDP	gross domestic product
GDY	gross domestic income
GFCF	gross fixed capital formation
GMP	gross material product
GNI	gross national investment
GNP	gross national product
GNY	gross national income
GRT	gross (register) tonnage
GSP	Generalized System of Preferences
GTZ	German Agency for Technical Cooperation
GW	gigawatt
HABITAT	United Nations Centre for Human Settlements
HDM	Highways Design and Maintenance Model
HYV	high yielding variety
IAEA	International Atomic Energy Agency
IBF	international banking facility
IBPGR	International Board for Plant Genetic Resources
IBRD	International Bank for Reconstruction and Development
ICAO	International Civil Aviation Organization
ICARDA	International Center for Agricultural Research in the Dry Areas
ICAs	international commodity agreements
ICB	international competitive bidding
ICIPE	International Centre of Insect Physiology and Ecology
ICOR	incremental capital-output ratio
ICOs	international commodity organizations
ICP	International Comparison Project
ICRISAT	International Crops Research Institute for the Semi-Arid Tropics
ICSID	International Center for Settlement of Investment Disputes
IDA	International Development Association
IDB	Inter-American Development Bank
IDC	interest during construction
IDRC	International Development Research Centre
IDS	International Development Strategy
IEA	International Energy Agency
IFAD	International Fund for Agricultural Development
IFC	International Finance Corporation

IFIs	international financial institutions
IFPRI	International Food Policy Research Institute
IITA	International Institute of Tropical Agriculture
ILCA	International Livestock Centre for Africa
ILO	International Labour Office
ILO	International Labour Organization
ILRAD	International Laboratory for Research on Animal Diseases
IMF	International Monetary Fund
IMO	International Maritime Organisation
IPF	Indicative Planning Figures
IPPF	International Planned Parenthood Federation
IRR	internal rate of return
IRRI	International Rice Research Institute
ISIC	International Standard Industrial Classification of All Economic Activities
ISNAR	International Service for National Agricultural Research
IsDB	Islamic Development Bank
ITU	International Telecommunications Union
KFAED	Kuwait Fund for Arab Economic Development
KfW	Kreditanstalt für Wiederaufbau
LCB	local competitive bidding
LCL	less than carload freight
LDC	less developed country
LER	land equivalent, equivalency ratio
LIB	limited international bidding
LIBOR	London interbank offer rate
LIFO	last in, first out
LLDCs	least developed countries
LMIC	lower middle income country
LNG	liquefied natural gas
LPG	liquefied petroleum gas
LRMC	long-run marginal cost
LTPR	long-term prime rate
M & E	monitoring and evaluation
MAI	mean annual increment
mbdoe	millions of barrels per day oil equivalent
MBO	management by objectives
MCH	maternal and child health
MCH	mother and child health
MCH	mother and child health
MFA	Multifibre Arrangement
MFN	most-favored-nation
MIBOR	Madrid interbank offer rate

MIGA	Multilateral Investment Guarantee Agency
MIIA	Multilateral Investment Insurance Agency
MIS	management information system
MON	motor octane number
MOV	maintenance of value
MSAs	most seriously affected countries
MTN	multilateral trade negotiations
MUV	(World Bank) Manufacturing Unit Value
n.a.	not applicable
n.a.	not available
NER	net energy ratio
n.e.s.	not elsewhere specified
n.f.s.	non-factor services
NGL	natural gas liquids
NGO	non-governmental organization
NIC	newly industrialized country
NIC	newly industrializing country
n.i.e.	not included elsewhere
NIEO	New International Economic Order
NMDC	Netherlands Ministry for Development Cooperation
NMP	net material product
NORAD	Norwegian Agency for International Development
NPC	nominal protection coefficient
NPV	net present value
NPW	net present worth
NRR	net reproduction rate
NRT	net register tonnage
O & M	Operations & Maintenance
O & M	organization & methods
OAS	Organization of American States
OAU	Organization of African Unity
OCAM	Common African and Mauritian Organization
OCT	overseas countries and territories
ODA	Overseas Development Administration (United Kingdom)
ODA	official development assistance
OECD	Organization for Economic Cooperation and Development
OECF	Overseas Economic Cooperation Fund (Japan)
OECS	Organization of Eastern Caribbean States
OEOA	Office for Emergency Operations in Africa
OLADE	Latin American Energy Organization
OMA	orderly marketing arrangements
OMS	Operational Manual Statement

OOF	other official flows
OPAS	Operational Assistance
OPEC	Organization of Petroleum Exporting Countries
ORT	oral rehydration therapy
PAHO	Pan American Health Organization
PAYE	pay-as-you-earn
PCR	project completion report
PER	price-earning ratio; P/E ratio
PERT	program evaluation and review technique
PIB	Project Information Brief
PIR	project implementation review
PKD	partly knocked down
PMU	project management unit
PPAR	project performance audit report
PPBS	planning, programming, budgeting system
PPF	Project Preparation Facility
PPR	Performance Planning and Review
PPR	project performance report
PQLI	Physical Quality of Life Index
PTO	power take-off
PTR	pupil-teacher ratio
PVO	private voluntary organization
R & D	research and development
RFP	request for proposal
RIC	reconstruction import credit
RMSM	revised minimum standard model
ro/ro	roll-on/roll-off
SADCC	Southern African Development Co-ordination Conference
SAL	structural adjustment lending
SAM	social accounting matrix
SAMA	Saudi Arabian Monetary Agency
SAR	staff appraisal report
SCF	standard conversion factor
SCI	selective capital increase
SDC	Swiss Development Corporation
SES	socio-economic status
SFD	Saudi Fund for Development
SIBOR	Singapore interbank offer rate
SID	Society for International Development
SIDA	Swedish International Development Authority
SITC	Standard International Trade Classification
SKD	semi-knocked down

SLL	sustainable level of lending
SME	small and medium enterprises
SMI	small and medium industries
SMS	subject matter specialist
SMSE	small- and medium-scale enterprises
SMSI	small- and medium-scale industries
SNPV	social net present value
SOE	statement of expenditure
SOE	state-owned enterprise
SPPF	Special Project Preparation Facility
SRR	social rate of return
SSE	small-scale enterprise
SSI	small-scale industry
SSWR	social shadow wage rate
Stabex	System for the stabilization of ACP and OCT mining products
SWP	Staff Working Paper
Sysmin	Special financing facility for ACP and OCT mining products
T & V	Training & Visit
TAC	Technical Advisory Committee
TCDC	technical cooperation among developing countries
tce	ton of coal equivalent
TDR	Special Programme for Research and Training in Tropical Diseases
TEU	twenty equivalent units
toe	ton of oil equivalent
TPC	tax-paid cost
TPM	Trigger Price Mechanism
TSP	triple superphosphate
UA	unit of account
UAMBD	African and Mauritian Union of Development Banks
UDEAC	Central African Customs and Economic Union
UFS	useful farm space
ULV	ultra low volume
UMIC	upper middle income country
UMOA	West African Monetary Union
UNCDF	United Nations Capital Development Fund
UNCSTD	United Nations Conference on Science and Technology for Development
UNCTAD	United Nations Conference on Trade and Development
UNCTC	United Nations Centre on Transnational Corporations
UNDP	United Nations Development Program
UNEO	United Nations Emergency Operations
UNEP	United Nations Environment Programme
UNESCO	United Nations Educational, Scientific and Cultural Organization

UNFPA	United Nations Fund for Population Activities
UNFSTD	United Nations Financing System for Science and Technology for Development
UNICEF	United Nations Children's Fund
UNIDO	United Nations Industrial Development Organization
UNIFSTD	United Nations Interim Fund on Science and Technology for Development
UNITAR	United Nations Institute for Training and Research
UNSO	United Nations Sudano-Sahelian Office
URR	ultimate recoverable reserves
USAID	(United States) Agency for International Development
VAT	value-added tax
VER	voluntary export restraints
VEW	village extension worker
VIP	ventilated improved pit
VLOM	village level operation and maintenance
VLW	village level worker
VOC	vehicle operating costs
WAM	West African Monetary Union
WARDA	West Africa Rice Development Association
WDIs	World Development Indicators
WEC	World Energy Conference
WFC	World Food Council
WFP	World Food Programme
WHO	World Health Organization
YTM	yield to maturity
ZBB	zero base budgeting
ZEO	zone extension officer
ZPG	zero population growth

Acronyms (Spanish)
Siglas (español)

Siglas (español)/Acronyms (Spanish)

AAIFD	Asociación Africana de Instituciones Financieras de Desarrollo
ACD	Administración de Cooperación para el Desarrollo (Bélgica)
ACP	Estados de Africa, el Caribe y el Pacífico
ACP	Africa, el Caribe y el Pacífico
ADU	Administración de Desarrollo de Ultramar (Reino Unido)
AEP	agente de extensión de poblado
AID	Agencia para el Desarrollo Internacional (Estados Unidos)
AIF	Asociación Internacional de Fomento
ALADI	Asociación Latinoamericana de Integración
AOD	asistencia oficial para el desarrollo
ASOP	asistencia operacional
BADEA	Banco Arabe para el Desarrollo Económico de Africa
BAfD	Banco Africano de Desarrollo
BAOD	Banco de Desarrollo del Africa Occidental
BAsD	Banco Asiático de Desarrollo
BCEAO	Banco Central de los Estados del Africa Occidental
BCIE	Banco Centroamericano de Integración Económica
BDC	Banco de Desarrollo del Caribe
bdep	barriles diarios de equivalente en petróleo
BEAC	Banco de los Estados del Africa Central
BEI	Banco Europeo de Inversiones
bep	barriles de equivalente en petróleo
BID	Banco Interamericano de Desarrollo
BIRF	Banco Internacional de Reconstrucción y Fomento
BIsD	Banco Islámico de Desarrollo
BOMPO	(bomba) de operación y mantenimiento a nivel del poblado
BPI	Banco de Pagos Internacionales
CAD	Comité de Asistencia para el Desarrollo
CAEM	Consejo de Asistencia Económica Mutua
CAF	Corporación Andina de Fomento
CARICOM	Comunidad del Caribe
CAT	Comité Asesor Técnico
CCCE	Caja Central de Cooperación Económica (Francia)
CDC	Corporación de Desarrollo del Commonwealth (Reino Unido)
CE	Comunidades Europeas
CEE	Comunidad Económica Europea
CEMLA	Centro de Estudios Monetarios Latinoamericanos
CEPA	Comisión Económica para Africa
CEPAL	Comisión Económica para América Latina y el Caribe
CEPE	Comisión Económica para Europa

CESPAP	Comisión Económica y Social para Asia y el Pacífico
CFE	Corporación de Fomento de las Exportaciones (Canadá)
CFI	Corporación Financiera Internacional
CIADI	Centro Internacional de Arreglo de Diferencias Relativas a Inversiones
CIAT	Centro Internacional de Agricultura Tropical
CIDA	Agencia Canadiense de Desarrollo Internacional
c.i.f.	costo, seguro y flete
CIID	Centro Internacional de Investigaciones para el Desarrollo
CILSS	Comité Interestatal Permanente de Lucha contra la Sequía en el Sahel
CIMMYT	Centro Internacional de Mejoramiento de Maíz y Trigo
CIP	Centro Internacional de la Papa
CMA	Consejo Mundial de la Alimentación
CME	Conferencia Mundial de la Energía
COLTS	valores a más largo plazo ofrecidos continuamente
COMECON	Consejo de Asistencia Económica Mutua
CTPD	cooperación técnica entre países en desarrollo
CUCI	Clasificación Uniforme para el Comercio Internacional
DANIDA	Organismo Danés de Desarrollo Internacional
DBO	demanda bioquímica de oxígeno
DBO5	demanda bioquímica de oxígeno en cinco días
ECU	unidad monetaria europea
ESAMI	Instituto de Gestión de Africa Oriental y Meridional
FAC	Fondo de Ayuda y Cooperación (Francia)
FAD	Fondo Africano de Desarrollo
FADDEA	Fondo de Abu Dhabi para el Desarrollo Económico Arabe
FADES	Fondo Arabe para el Desarrollo Económico y Social
FAO	Organización de las Naciones Unidas para la Agricultura y la Alimentación
f.a.s.	franco al costado del buque
FED	Fondo Europeo de Desarrollo
FIDA	Fondo Internacional de Desarrollo Agrícola
FINNIDA	Organismo Finlandés de Desarrollo Internacional
f.i.o.	franco de carga y descarga
FKDEA	Fondo Kuwaití para el Desarrollo Económico Arabe
FMI	Fondo Monetario Internacional
FNUAP	Fondo de las Naciones Unidas para Actividades en Materia de Población
FNUDC	Fondo de las Naciones Unidas para el Desarrollo de la Capitalización
f.o.b.	franco a bordo
FPNUCTD	Fondo Provisional de las Naciones Unidas para la Ciencia y la Tecnología para el Desarrollo
FSD	Fondo Saudita para el Desarrollo
GATT	Acuerdo General sobre Aranceles Aduaneros y Comercio
GCIAI	Grupo Consultivo sobre Investigaciones Agronómicas Internacionales
GNL	gas natural licuado

GPL	gas de petróleo licuado
GTZ	Sociedad Alemana de Cooperación Técnica
HABITAT	Centro de las Naciones Unidas para los Asentamientos Humanos
IBPGR	Junta Internacional de Recursos Fitogenéticos
ICARDA	Centro Internacional de Investigaciones Agronómicas en Zonas Aridas
ICIPE	Centro Internacional de Fisiología y Ecología de los Insectos
ICRISAT	Instituto Internacional de Investigaciones sobre Cultivos en los Trópicos Semiáridos
IDE	Instituto de Desarrollo Económico
IFPRI	Instituto Internacional de Investigaciones sobre Política Alimentaria
IIB	inversión interna bruta
IITA	Instituto Internacional de Agricultura Tropical
ILCA	Centro Internacional de Producción Pecuaria de Africa
ILRAD	Laboratorio Internacional de Investigaciones sobre Enfermedades Animales
INB	inversión nacional bruta
IRRI	Instituto Internacional de Investigaciones sobre el Arroz
ISNAR	Servicio Internacional para la Investigación Agrícola Nacional
ITP	informe de terminación del proyecto, de proyectos
IVA	impuesto sobre el valor agregado, añadido
KfW	Kreditanstalt für Wiederaufbau
MCCA	Mercado Común Centroamericano
MCD	Ministerio de Cooperación para el Desarrollo (Países Bajos)
mbdep	millones de barriles diarios de equivalente en petróleo
n.a.	no se aplica
NCC	nivel crítico de consumo
n.d.	no disponible
n.e.p.	no especificado en otra parte
n.i.s.	no indicado separadamente
NOEI	nuevo orden económico internacional
NORAD	Organismo Noruego de Desarrollo Internacional
OAAD	Oficina Australiana de Asistencia para el Desarrollo
OACI	Organización de Aviación Civil Internacional
OCAM	Organización Común Africana y Mauriciana
OCDE	Organización de Cooperación y Desarrollo Económicos
OEA	Organización de los Estados Americanos
OECF	Fondo de Cooperación Económica a Ultramar (Japón)
OECO	Organización de Estados del Caribe Oriental
OEZ	oficial de extensión de zona
OIE	Organismo Internacional de Energía
OIEA	Organismo Internacional de Energía Atómica
OIT	Oficina Internacional del Trabajo
OIT	Organización Internacional del Trabajo
OLADE	Organización Latinoamericana de Energía

OMGI	Organismo Multilateral de Garantía de Inversiones
OMI	Organización Marítima Internacional
OMS	Organización Mundial de la Salud
ONG	organización no gubernamental
ONUDI	Organización de las Naciones Unidas para el Desarrollo Industrial
ONUS	Oficina de las Naciones Unidas para la región sudanosaheliana
OOEA	Oficina de Operaciones de Emergencia en Africa
OPEP	Organización de Países Exportadores de Petróleo
OPS	Organización Panamericana de la Salud
OUA	Organización de la Unidad Africana
PCI	proyecto de Comparación Internacional
PERT	técnica de evaluación y revisión de programas
PIB	producto interno bruto
PMA	Programa Mundial de Alimentos
PMA	los países (en desarrollo) menos adelantados
PMB	producto material bruto
PMD	país menos desarrollado
PMN	producto material neto
PNB	producto nacional bruto
PNUD	Programa de las Naciones Unidas para el Desarrollo
PNUMA	Programa de las Naciones Unidas para el Medio Ambiente
PTUM	Países y territorios de ultramar
REN	relación de energía neta
RRD	reservas recuperables definitivas
SADCC	Conferencia para la Coordinación del Desarrollo de Africa Meridional
SAMA	Instituto Monetario de Arabia Saudita
SGP	sistema Generalizado de Preferencias
SID	Sociedad Internacional para el Desarrollo
SIDA	Agencia Sueca para el Desarrollo Internacional
SPPP	sistema de planificación, programación y presupuestación
SSD	Sociedad Suiza para el Desarrollo
tec	tonelada de equivalente en carbón
tep	tonelada de equivalente en petróleo
TEU	unidades de 20 pies (de contenedores)
TIC	tipo de interés contable
TICO	tipo, tasa de interés del consumo
TRN	tasa de reproducción neta
UAMBD	Unión Africana y Mauriciana de Bancos de Desarrollo
UCE	unidad de cuenta europea
UDEAC	Unión Aduanera y Económica del Africa Central
UIT	Unión Internacional de Telecomunicaciones
UMAO	Unión Monetaria del Africa Occidental

UNCSTD	Conferencia de las Naciones Unidas sobre Ciencia y Tecnología para el Desarrollo
UNCTAD	Conferencia de las Naciones Unidas sobre Comercio y Desarrollo
UNCTC	Centro de las Naciones Unidas sobre las Empresas Transnacionales
UNESCO	Organización de las Naciones Unidas para la Educación, la Ciencia y la Cultura
UNICEF	Fondo de las Naciones Unidas para la Infancia
UNITAR	Instituto de las Naciones Unidas para la Formación Profesional y la Investigacion
USAID	Agencia para el Desarrollo Internacional (Estados Unidos)
VUM	Índice del valor unitario de manufactura
WARDA	Asociación del Africa Occidental para el Fomento del Arroz
YIB	ingreso interno bruto
YNB	ingreso nacional bruto